中国南方电网
CHINA SOUTHERN POWER GRID

U0831185

中国南方电网公司“十三五”法治实践
优秀案例汇编

中国南方电网有限责任公司法规部
南方电网能源发展研究院有限责任公司
组编

中国电力出版社
CHINA ELECTRIC POWER PRESS

图书在版编目（CIP）数据

中国南方电网公司"十三五"法治实践优秀案例汇编 / 中国南方电网有限责任公司法规部，南方电网能源发展研究院有限责任公司组编．—北京：中国电力出版社，2020.12

ISBN 978-7-5198-5356-3

Ⅰ．①中… Ⅱ．①中…②南… Ⅲ．①电力工业–工业企业–企业法–案例–汇编–中国 Ⅳ．①D922.291.915

中国版本图书馆 CIP 数据核字（2021）第 025291 号

出版发行：中国电力出版社
地　　址：北京市东城区北京站西街 19 号（邮政编码 100005）
网　　址：http://www.cepp.sgcc.com.cn
责任编辑：岳　璐（010-63412339）
责任校对：黄　蓓　王海南
装帧设计：张俊霞
责任印制：石　雷

印　　刷：北京博图彩色印刷有限公司
版　　次：2020 年 12 月第一版
印　　次：2020 年 12 月北京第一次印刷
开　　本：787 毫米×1092 毫米　16 开本
印　　张：22
字　　数：320 千字
印　　数：0001—1000 册
定　　价：150.00 元

编　委　会

序

PREFACE

全面依法治国是坚持和发展中国特色社会主义的本质要求和重要保障，是实现国家治理体系和治理能力现代化的必然要求。党的十八大以来，以习近平同志为核心的党中央提出一系列全面依法治国新理念新思想新战略，为推进全面依法治国提供了根本遵循。依法治企是全面依法治国的必然要求和重要组成部分，2015 年 12 月，国务院国有资产监督管理委员会（简称国资委）印发《关于全面推进法治央企建设的意见》（国资发法规〔2015〕166 号），提出了“十三五”时期全面建设治理完善、经营合规、管理规范、守法诚信的法治央企总目标，为中央企业深入贯彻落实全面依法治国战略提供了目标指引和方法路径。

新时代，中国南方电网有限责任公司（简称中国南方电网公司）立足国家队定位，始终将践行全面依法治国战略作为自己的政治责任和社会责任，认真落实国资委法治央企建设安排部署，聚焦法治央企建设目标，强化顶层设计，以推进治理完善为首要任务，以推进经营合规为突破重点，以推进管理规范为关键环节，以推进守法诚信为基础工程，坚持抓住“关键少数”，争当法治央企建设先行者，开创了法治南网建设新局面，在创建具有全球竞争力的世界一流企业伟大实践中发挥了更大的法治价值。

五年来，中国南方电网公司坚持法治央企建设目标不动摇，构建上下齐心横向协同的法治南网建设新格局。主动承接全面依法治国战略，在央企中率先制订实施《南方电网公司关于全面推进依法治企若干问题的实施意见》《南方电网公司党组关于加快推进依法从严治企的意见》《南方电网公司“十三五”法治建设规划》，从宏观、中观、微观三个层面对依法治企作出了全面部署，绘就了法治南网建设蓝图，指明了法治工作努力方向，法治南网顶层设计文件被国资委纳入中央企业法治建设优秀案例库。坚持领导带头推进法治建设，牢牢抓住领导干部“关键少数”，建立主要负责人履行推进法治建设第一责任人职责制度，以考核为抓手，压实依法治企主体责任。创新开展领导干部法治建设“六个一”活动，全面落实党组（党委）理论学习中心组专题学法要求，定期举办领导干部依法治企专题培训班，领导干部法治思维和法治能力显著提升，充分发挥了法治建设“领头雁”作用。总法律顾问制度不断完善，法律服务中心实体化运作，专职法律人员比例和持证率逐年上升，法治队伍集约化管理、专业化建设取得新突破。

五年来，中国南方电网公司坚持建设具有中国特色的现代企业制度，推进治理完善达到新水平。坚持两个“一以贯之”，完成公司及各级子公司章程修订，切实发挥党组织在公司治理中的领导作用。印发实施《南方电网公司治理主体权责清单和授权清单》《南方电网公司授权体系管理规定》，修订完成党组、董事会、经理层议事规则和议事清单，建立“集权有道、分权有序、授权有章、用权有度”的授权体系，完善了公司治理主体权责分配，提高了行权履责效率，促进各治理主体依法履职。不断加强子公司董事会、监事会建设，不断健全子公司法人治理结构，在深圳供电局有限公司、南方电网科学研究院、南方电网国际有限责任公司、南方电网数字电网研究院有限公司 4 家二级单位和多家三级单位建立专职外部董事占多数的规范董事会。出台公司专职董事管理办法、专职监事管理办法，切实促进子公司董事会规范高效运作，发挥子公司监事会监督制衡作用。公司“双百行动”向纵深推进，混合所有制改革取得新进展，依法治理能力和水平显著提升。

五年来，中国南方电网公司坚持强基础控风险，推进经营合规迈上新台阶。坚持以合规管理为基础，以风险管理为重点，深化内控体系建设，着力推进经营合规。打好防范化解重大风险攻坚战，积极落实防范化解重大风险责任，构建重大风险防控协同机制，建立战略风险、市场风险、运营风险、财务风险等7类风险87个指标风险指标库，强化重大风险动态跟踪及重大经营风险事件报告机制。切实防范电网及网络安全风险，在“护网—2019”网络攻防演习中获得央企第二名。全面排查并有效防范境外法律风险，编制执行《境外业务法律合规工作标准》，强化境外项目合规管理。落实国资委关于中美经贸摩擦专项工作要求，编制《关于美国长臂管辖对公司境外业务的影响分析报告》，研究美国相关制裁法案对公司的影响，加强新冠疫情期间境外项目法律合规风险管控，确保境外法律风险可控在控。全面落实国资委《中央企业合规管理指引》要求，建立了符合电网特点的合规管理体系，并得到国资委充分肯定。有效推进内控风险合规管理体系建设融合，完善《内控管理手册》《内控评价手册》，提炼18个业务领域共407项业务事项内控合规要求，统一管控规范；建立风险分类清单与内控管理业务的映射关系，统一管控策略；加强12类业务50个不相容岗位职务管控，统一管控重点，推动体系有效融合、高效运行。

五年来，中国南方电网公司坚持业法融合，推进管理规范取得新成效。聚焦改革重点领域和关键环节，坚持将法治工作深入改革前端，运用法治方式提前一年完成僵尸企业、特困企业处置治理任务，全面完成全网“三供一业”供电设施接收改造，广东、广西、云南地方电网管理体制改革取得重大突破，南方电力现货市场在全国率先运行，确保各项改革在法治轨道上有序开展。依法推动公司高质量发展，聚焦公司由传统电网公司向智能电网运营商、能源产业价值链整合商、能源生态系统服务商转型的战略目标，坚持法律服务与法律审核并行，提前介入、全程服务，法治力量在高质量发展中进一步彰显。按照现代企业制度的要求，梳理了公司业务管理框架，建立健全企业制度管理体系，各项经营管理活动实现有章可循、有规可依。坚持问题导向，推进合同全过程精益管理，提升合同管理信息化、标准化水平，从招标开始到合同审批完毕平均用时从180天大幅缩短到80余天，合同管理效率显著提升。坚持落实“四项机制”，做好重大案件管控，加大主动维权力度，法律案件胜诉率从2016年的86.85%提升到2019年的95.28%，上升8.43个百分点，累计挽回经济损失超过

46 亿元，在保障国有资产安全的同时，有效促进了经营绩效的提升。公司连续 14 年获得国资委经营业绩考核 A 级。

五年来，中国南方电网公司坚持文化建设与普法培训有机融合，推进守法诚信展现新气象。践行“诚信立企”经营理念，推进“知法于心，守法于行”的法治理念深入人心，公司先后荣获“中国企业信用 500 强”“中国服务业企业信用 100 强”荣誉称号。创新普法载体，丰富普法形式，组织举办“趣味模拟法庭”“法治路跑起来”“送法进景区”等形式多样的法治宣传活动，形成“两全三重”普法格局，营造依法治企良好氛围，荣获“全国‘七五’普法中期先进集体”荣誉称号。推动法治培训全员覆盖，精准定位法律需求，分层分类开展法治培训，切实增强员工法治意识，诚实守信正逐步成为全体南网人的共同信仰。创建 16 家法治文化示范单位，以点带面推动法治文化建设不断深入，南网法治品牌影响力持续提升，深圳、广州“获得电力”指标在全国营商环境评价中名列前茅。

“凡是过往，皆为序章。”值此“十三五”法治建设收官之年及法治央企验收之际，我们选取中国南方电网公司及下属 21 家单位的 62 个优秀法治工作案例，总结提炼可复制、可推广的经验和模式，为下一阶段推进法治工作提供宝贵的示范成果和经验借鉴。

面向“十四五”，随着电力体制改革和国有企业改革的深入、“走出去”战略的进一步推进，中国南方电网公司面临的法律环境更加复杂、形势更加多变、风险更加严峻。中国南方电网公司党组将会继续深入贯彻习近平总书记全面依法治国新理念新思想新战略，坚持目标不变、靶心不散，谋划好“十四五”法治南网建设的目标任务，促进法治管理向全局性、战略性管理升级，从更高站位、更广视野瞄准世界一流企业，推动公司治理体系和治理能力现代化，为公司高质量发展提供坚强法治保障，为建设具有中国特色的现代企业制度提供“南网样本”。

编　者

2020 年 10 月

目　录
CONTENTS

第二章 经营合规篇 ······ 55

第一章

治理完善篇

建立科学授权体系，
助力公司治理体系和治理能力现代化

（中国南方电网公司法规部）

一、背景

党的十九届四中全会提出，坚持和完善中国特色社会主义制度、推进国家治理体系和治理能力现代化。2017 年 4 月，国务院办公厅印发《关于进一步完善国有企业法人治理结构的指导意见》，提出坚持权利义务责任相统一，规范权力运行、强化权力责任对等，改革国有资本授权经营体制。2019 年，国务院《关于印发改革国有资本授权经营体制方案的通知》与国资委《关于印发〈国务院国资委授权放权清单〉的通知》要求，推动国有企业进一步完善公司治理体系，强化基础管理，优化集团管控，确保各项授权放权接得住、行得稳。

当前，中国南方电网公司正由传统电网公司向智能电网运营商、能源产业价值链整合商、能源生态系统服务商转型，原有偏运营型管控的权力分配模式，已不适应当前多元化的产业发展布局，不能满足中国南方电网公司高质量发展、高效运行的要求。为贯彻落实党的十九届四中全会精神，提升治理体系和治理能力现代化水平，建设具有中国特色的社会主义国有企业制度，中国南方电网公司开展了授权体系建设工作，把加强党的领导和完善公司治理统一起来，坚持依法合规、权责对等，坚持协调与制衡并重，对标美的集团股份有限公司（简称美的集团）等先进企业，科学分配不同组织机构和个人的权力，构建“集权有道、分权有序、授权有章、用权有度”的授权体系，提高决策效率，支撑公司高质量发展，为加快建成具有全球竞争力的世界一流企业奠定坚实基础。

二、工作举措

（一）以依法合规为基础，构建治理主体授权机制

公司的权力来源于党内规范、法律规定、国资委授权以及公司章程、规章制度等文件，开展授权体系建设，应当确保党组、董事会、经理层等治理主体权责合法合规，同时契合公司的实际需要。中国南方电网公司汇编整理了多份重要党内法规、法律法规及司法解释和中央部委文件，梳理出治理主体的法定权责。通过对公司 405 份制度和《南方电网公司总部权责清单（2019年版）》进行梳理，对比治理主体法定权责后，分别划分出党组权责事项、董事会权责事项、经理层权责事项。在此基础上，详细分析了 2017～2019 年三年的党组会、董事会、总经理办公会议题与会议情况，找出了公司治理决策中存在的问题。基于问题导向，按照党组、董事会、经理层的职能定位，通过精简不合时宜的权责事项 89 项，增加业务拓展的权责事项 29 项，形成《南方电网公司党组权责清单》《南方电网公司党组权责调整清单》《南方电网公司董事会权责清单和授权清单》《南方电网公司经理层权责清单》四个清单。探索“制度审议”“综合审议”“一事一议”三种党组会前置研究方式，明确总经理办公会集体决策制的内容要求，规范治理主体行权方式，完善《南方电网公司党组议事规则》《南方电网公司董事会议事规则》《南方电网公司总经理办公会议议事规则》三个议事规则，实现不同治理主体权责对等与平衡，构建了治理主体授权机制。

（二）以职责定位为基准，优化组织机构职能授权

突出总部管方向、政策、标准、规范、品牌形象等职能，梳理各部门职责，将不符合定位的职责权限划归相应部门，将应当由治理主体或下级单位决策的事项归入相应主体，形成《南方电网公司总部组织机构优化调整方案》及部门

职责、管理界面划分等配套文件。

（三）以基础权责为依托，完善授权到岗权责事项

将需要个人履行的权责全部固化到流程，细化分类授权、分岗设权的具体标准，明确配套的审查、审核和审批要求，规范权责运行。选取广东电网有限责任公司（简称广东电网公司）、广西电网有限责任公司（简称广西电网公司）为试点，将部门审批类职权落实到个人，广东电网公司部门内超过两个审查环节的事项从39项减少至0项，广西电网公司审查审定环节压缩率达64%。同时开展制度简明化工作，重塑业务流程，明确岗位权限，编制《业务流程图》《业务指导书》，将其作为制度的有效附件，推动授权到岗固化落地。

（四）以增强管控为目的，制定对外业务授权规则

为建设一支德才兼备、业务精通、勇于担当的高素质专业化外部董事监事队伍，增强公司战略管控能力和依法行使出资人权利的能力，制定《南方电网公司专职董事管理办法》《南方电网公司专职监事管理办法》《南方电网公司所属企业独立董事管理办法》，规范公司选任董事、监事履职行为。修编《南方电网公司授权委托管理办法》，明确“一事一授权”，严格规范授权委托书的办理程序、相关主体、授权事项及授权期限等，加强法定代表人授权的合法合规性审查，防止超越授权范围执行事务的情况发生。

（五）以激发活力为要点，编制法人层级授权清单

基于合法合规、战略导向、分类管控、权责对等、持续优化五大原则，梳理出总部与各分子公司之间的权责事项298项。按照公司产业布局，对不同业务板块的分子公司分类授放权，调整下放“高频次、高规律、高市场扰动”以及与分子公司管理职能重叠的业务事项，印发《南方电网公司总部权责和授权放权清单（2019年版）》，明确授权事项30项、放权事项60项。

三、工作成效

通过完善治理主体权力分配、动态优化部门职责、开展授权到岗、编制法人层级权责清单等实践活动，公司制定了《授权体系管理规定》，建立健全“集权有道、分权有序、授权有章、用权有度”的授权体系，推动授权体系全面落地，规范治理主体权力运行，常态化运行授权体系，满足公司改革发展的现实需要。

（一）明晰了治理主体权责边界

通过梳理调整公司党组、董事会、经理层的职责权限，调整党组权责事项至 12 类 75 项，明确董事会权责事项 15 类 30 项，适当增强经理层权责事项至 8 类 23 项，厘清了治理主体权责边界，衔接了公司的实际决策情况，满足企业转型发展的需求。公司治理主体摆脱过去由党组承担主要决策功能的局面，三大治理主体各司其职、各负其责、协调运转、有效制衡。

（二）提升了治理主体决策效率

通过修订《党组议事规则》《董事会议事规则》《总经理办公会议议事规则》，进一步明晰治理主体职责定位，划清权责界限，厘清治理主体决策程序，避免出现审议事项集中在某一治理主体的情形。创新探索了党组会“制度审议”“综合审议”等前置研究方式，规范了董事会运行，适当增加经理层权责，将企业日常经营管理事项交给经理层决策，提升了工作效率。经测算，党组会前置研究次数年均减少 44 次，议题数减少 71 个，较 2019 年实际议题数减少 50%；董事会应当决策的议题数将下降到 30 个，较 2019 年实际议题数减少 61%。

（三）明确了部门职责分工界面

通过组织机构优化调整，基本实现一类事项由一个部门统筹、一件事情由一个部门负责，加强了总部以人、财、物为核心的权责体系。建立以战略、评价、激励、监督、服务功能为主的集团总部，更好地发挥了总部战略决策中心和资本运作中心的作用。

（四）优化了具体岗位职责分配

确定必须集体决策的事项后，将剩余需要决策的事项交由各管理岗位。根据不同岗位的岗位特性和职能，明确了不同岗位的审批事项和授权到岗的具体标准，减少和避免了职能交叉及承担了“隐藏”责任情况的出现，规范了行权方式，增加了管理岗位的灵活性和主观能动性。

（五）精简了业务流程审批节点

通过制定岗位权责清单，精简审批节点，调整原有制度中同一主体重复审批的事项，明确不同岗位具体职责，逐步摆脱了长期以来形成的部门“一把手”说了算、大事小事都要领导审批的状态。制定《南方电网公司总部权责和授权放权清单》，增加分子公司自行决策事项，提升了管理效率。

四、经验启示

（一）加强党组在建立授权体系中的领导是基础

授权体系建设涉及公司所有职能部门及分子公司，工作覆盖范围较广，全面加强党的领导是基础。在推进实施过程中，必须充分发挥党组把方向、管大局、保落实的重要作用，促进授权体系顺利建立并推行，最终实现常态化运作。

（二）明确治理主体在公司经营中的地位是重点

授权体系建设的重要目标是完善法人治理结构，提升法人治理能力，其中，最基本的就是要重视打造公司治理主体的规范化、高效化、科学化运作机制。在构建授权体系的过程中，通过适当的权力分配，下放权力，发挥好治理主体授权的示范作用，有效激发各级机构活力，提高管理效率。

（三）抓好制度体系在生产经营中的落实是保障

通过建立授权制度，规范治理主体授权、部门职能授权、法定代表人委托授权、领导岗位授权、公司出资企业外部董事监事授权、管理与专业技术岗位授权、法人层级授权七类授权。加强治理主体决策的全过程把控，规范各岗位决策权限，重塑业务流程节点，充分落实好授权管理制度在公司的实施。及时做好授权评价与考核，在实践中不断优化制度建设。

（四）夯实授权意识在全体员工中的根基是关键

构建、推行授权管理体系，关键在于全员参与、全员落实。不仅要将授权管理体系建设的成果固化到制度中，更要夯实群众基础，做好授权管理体系宣贯培训，让授权管理的意识不断深化，调动员工主观能动性，才能让授权管理体系建设稳固、运行顺畅。

（五）强调深入调研在体系建设中的作用是支点

在建设授权体系之初，公司法规部即组织对美的集团、神华集团有限责任公司、中国广核集团有限公司等公司的管理体系进行了深入研究，以求真务实的态度，深挖其他公司在管理体系上的优势及弊端，同时走访调研公司职能部门、各分子公司，了解各部门、单位在实际业务中的现状，分析公司在授权管理体系上的不足，以解决实际问题为目标，逐步构建既符合实际又对标先进的授权管理体系。

增强依法治理能力，助力迈向全国最好、世界一流

（广东电网公司）

一、背景

2015 年 12 月，国务院国有资产监督管理委员会（简称国资委）出台了《关于全面推进法治央企建设的意见》，明确了建设“治理完善、经营合规、管理规范、守法诚信”的法治央企目标。在国有企业改革迈向深水区的新形势下，加快推进法治央企建设，完善企业法人治理结构，推进治理体系和治理能力现代化，是国有企业实现高质量发展的重要路径。

广东电网有限责任公司（简称广东电网公司）在全面深化改革和全面推进依法治国的两大战略部署下，借助改革东风，将法治央企建设与国有企业改革两大重任有效结合，共同推进法人治理结构的优化完善，逐步建立权责对等、协调运作、有效制衡的法人治理结构，显著提升依法治企能力，为创建全国最好、世界一流企业提供了坚强的法治保障。

二、工作举措

（一）加强组织领导，完善监督考核，确保“推动有力”

一是坚持党组织在法治建设过程中的领导作用。坚持党的领导和法人治理结构的有机统一，明确党组织在决策、执行、监督各环节的权责和工作方式，使党组织发挥作用组织化、制度化、具体化。广东电网公司充分发挥党委在依法治企工作中的领导作用，强化党委对领导人员依法履职监督。建立党委听取依

法治企工作汇报机制，研究解决依法治企工作开展过程中存在的困难和问题，推动公司法治建设不断深入。

二是推行职工代表大会的民主管理制度。主动开展落实职工代表专项巡视检查活动，积极收集职工提案和合理化建议，对发现的问题及时整改，对职工代表依法参与涉及职工切身利益的规章制度和重大事项进行审查，保障职工依法行使权利。坚持厂务公开民主管理长效机制，定期开展职工代表专项巡视检查活动，保障职工参与企业民主管理的权利，充分发挥工会在法人治理机制中的作用。

三是创新开展领导班子及干部依法治企实绩考核。建立领导干部述法机制，将依法决策、推进法治建设、加强法律学习、强化法律风险管控和抓好重大案件处理等依法治企内容提升至衡量领导班子和干部工作实绩的重要测评标准，并实行一票否决制，明确了依法经营作为企业经营管理不可逾越的底线。同时，通过签订组织绩效合约，将依法治企内容纳入各单位业绩考核体系，促使各单位严格落实依法治企要求。

（二）健全公司章程，发挥章程统领作用，确保“有章可循”

一是加快完善公司章程。结合公司实际，依法完善公司及各子公司章程，规范党建条款和专职董事、监事设置工作。发挥章程在公司治理中的统领作用，按照章程明确各治理主体间的职责边界，健全相应议事规则和决策机制。

二是完善制度体系。修订完善公司《制度管理办法》，明确法律工作管理部门作为公司制度的归口管理部门，调整制度审定签发权限，优化制定、修订程序。参照网公司基本、重要管理制度清单，完成公司制度分级分类调整，管理制度覆盖 13 个业务领域，体系结构保持稳定。

（三）规范治理结构，支撑“双百”行动改革，确保“用法有度”

一是优化党委发挥作用的体制机制。公司党委针对能源发展公司“双百”行动改革实际情况，以问题为导向，统筹设计，因企施策。首先，将党建工作总体要求纳入章程，明确党组织在能源发展公司法人治理结构中的法定地位，实行党委书记、董事长“一肩挑”。其次，坚持和完善“双向进入、交叉任职”的企业领导体制，党委书记担任董事长，党委副书记兼任工会主席，担任职工董事，总经理任党委委员，其他董事、经理层不进党委。最后，指导完善党组织参与重大问题决策的工作程序和机制，规范落实“党组织研究讨论是董事会、经理层决策重大问题的前置程序”。

二是规范董事会、监事会、经理层运作。完善治理主体依法履职保障机制，厘清董事会、监事会、经理层等治理主体的权责范围，初步形成董事会、监事会、经理层会议制度和议事规则，提升依法履职能力，形成各负其责、协调运转、有效制衡的工作机制。广东电网公司在能源发展公司的“双百”行动改革中，通过调整董事会成员构成，建立外部董事占多数的董事会，优化专职董事人员选拔，优化董事会知识结构，并设置配套专职董事会办公室等方式健全完善董事会构成，提高董事履职能力；通过取消内部行政级别，全面推行职业经理人制度，授权能源发展公司面向全国公开自主选聘，激发经理层活力；通过设立监事会，除配置 1 名职工监事外，还配备监事会主席及 1 名兼职外部监事，强化监督功能。

（四）健全依法决策，严格决策责任追究，确保“执法有序”

一是完善依法依规决策机制。完善“三重一大”等重要事项决策制度，健全依法决策程序，严格落实前期论证、风险评估、合法性审查、集体讨论决定等程序要求。

二是健全“一决策一法律意见书”的重大决策法律审核机制。修编重大经营决策法律审核工作指引，进一步明确审核范围、程序，提高审核质量。出台《重大决策事项法律审核工作意见》，落实“一决策一法律意见书”要求，党委会、董事会研究讨论、审议事项涉及法律问题的，必须经法律审核，或由法律人员列席会议发表意见。对因违规决策或重大决策法律审核不到位给公司造成较大及以上经济损失或不良影响的，从严追究相关人员责任，保障重大经营决策合法合规。将“一决策一法律意见书”的审核模式进一步落实至地市、县区局，形成“决策先问法、违法不决策”的良好法治氛围。

三是建立重大决策终身责任追究制度及责任倒查机制。印发《广东电网有限责任公司违规经营投资责任追究实施细则》，严格进行决策责任追究。对决策严重失误或者依法应该及时作出决策但久拖不决造成重大损失、恶劣影响的，严格追究决策者、负有责任的其他领导人员和相关责任人员的法律责任。采取有效措施促进重大决策终身责任追究制度具体化。

三、工作成效

（一）建设有旨，各级章程体系不断完善

广东电网公司注重发挥章程统领作用，印发《广东电网有限责任公司出资企业章程管理办法》及《广东电网有限责任公司出资企业章程示范文本及制订指引》，组织修订完善省公司、6 家直属新兴业务单位、16 家县级供电子公司章程，健全党建工作条款，保障党组织在公司治理中发挥领导作用。对下属单位，健全了子公司章程的党建条款，保障党组织对企业治理的领导。不断完善的章程体系，有效指导广东电网公司推进法治央企建设工作不弯路、不偏向。

（二）治理有序，现代法人治理结构初步成型

广东电网公司基于各级章程体系，对照章程进一步厘清各个治理主体的职责界面，明确区分党委会、董事会的决策事项。并清晰界定党委会讨论前置事项，严格执行配套的议事规则和流程要求。从制度上明确“三会一层”的职责，为下一步完善人员配备和充分发挥作用打下良好基础。能源发展公司法人治理结构的规范化改革迈出了实质性步伐，为“双百”行动改革提供了有力的法治支撑。

（三）决策有据，依法决策成效逐渐凸显

广东电网公司建立相应议事规则和流程，在实践中不断完善，在决策过程中更加重视听取法律意见，确保决策依法合规。以 2018 年为例，全年各级领导班子累计开展决策问法活动 800 余次，“决策先问法，违法不决策”得到强化；共组织开展法律尽职调查、完成调查报告 20 份；组织审核重大经营决策，出具法律意见书 332 份，审核率实现 100%，未发生违法违规决策事项。

四、经验启示

（一）建立完善的章程体系，是法治建设的基本前提

国家有宪法，公司有章程，章程对于公司的作用犹如宪法对于国家的作用。依法治理公司必须建立以章程为统领的治理体系，始终把坚持党的领导贯彻到法治企业建设的全过程和各个方面。在公司章程中明确党组织在公司治理结构中的地位，把加强党的领导和完善公司治理统一起来，健全党组织参与重大决策机制，强化党组织对企业领导人员依法行权履职的监督，确保企业决策部署及其执行过程符合党和国家方针政策、法律法规。

（二）优化法人治理结构，是依法治企的内在要求

完善国有企业法人治理结构是全面推进依法治企、推进国家治理体系和治理能力现代化的内在要求，是新一轮国有企业改革的重要任务。在打造法治央企的过程中，要在提升治理水平上下功夫，进一步优化法人治理结构，建立健全现代企业制度，着力提高依法经营、依法治企的能力和水平，推进建设具有中国特色的现代企业制度。

（三）推进依法决策，是打造法治央企的关键环节

在现代企业的生产经营管理中，决策是一项极其重要的活动，是企业管理的重点。推行法治央企建设的过程中，必须在决策过程中融合法治理念和法治思维，将法治要求贯穿于决策和执行全过程。健全决策机制，明确合法性审查为必经程序，突出决策的合法性，为企业依法合规开展生产经营管理、实现长远稳健发展的重要保障。

构建“二+五+九”制度体系，规范公司治理规则

（超高压公司）

一、背景

中国特色社会主义制度建设的历史性成就和党的十八大以来的生动实践，集中概括了中国特色社会主义制度和国家治理体系的显著优势，明确了坚持和完善中国特色社会主义制度、推进国家治理体系和治理能力现代化的总体要求、总体目标和重点任务。深化国有企业改革，完善中国特色现代化企业制度是推进治理体系和治理能力现代化在国有企业的必然要求。

中国南方电网有限责任公司超高压输电公司（简称超高压公司）作为中国南方电网公司的分公司，基于法律对分公司的性质界定，在公司法人治理结构上存在明显的特殊性。如何在没有董事会、监事会等治理机构的情况下，将落实党的建设、公司治理的相关要求融入到治理体系中，不断完善制度体系并提升治理能力是摆在超高压公司面前的一个重大命题。

二、工作举措

超高压公司坚持以治理体系和治理能力现代化为目标，以制度的核心本质为牵引，立足公司深化改革创新，聚焦当前制度修编过于频繁、制度执行刚性不足等主要问题，融入合规管理要求，推行制度业务模块化、分级制、版本制管理，创新构建“二+五+九”制度体系，公司治理规则更加完善，确保各项职能“接得住、管得好”，为公司高质量发展提供规范有效的制度保障。

（一）建立制度框架体系

承接中国南方电网公司新的业务分类方法，形成符合公司实际的业务蓝图。基于优化后的业务蓝图，将公司党的建设、安全生产等 12 个业务领域与业务管理框架进行匹配，通过制度与一级业务的“握手”，形成制度框架对业务管理框架的全业务链指南，并对制度进行模块化组合，实现覆盖所有业务事项的制度分类框架。

（二）完善制度分级制管理

按照“南方电网公司、公司两级制度制定”的现有管理模式，进一步厘清“南方电网公司、公司、基层单位”三个层级对规范性文件的管理界面。进一步优化公司制度分级管理体系，明确公司制度的分级原则，按管理类别分为基本制度、重要制度、一般制度三级，将明确公司权责定位、行权方式的“二＋五＋九”制度体系作为基本制度，同时紧密结合公司 1086 个业务事项，形成分级管理的制度体系，做到管理要求的无损传递，公司“二＋五＋九”制度体系表见表 1–1。

表 1–1　　公司“二＋五＋九”制度体系表

序号	制度类别	制度名称	备注
1	二个工作规则	超高压输电公司工作规则	
2		超高压输电公司党委工作规则	
1	五个议事规则	超高压输电公司党委会议议事决策规定	
2		超高压输电公司总经理办公会议议事规定	
3		超高压输电公司议事机构会议议事规定（试行）	
4		超高压输电公司领导专题会议议事规定	
5		超高压输电公司领导班子碰头会议议事规定	
1	九个配套基础管理制度	超高压输电公司“三重一大”决策管理实施细则	
2		超高压输电公司领导人员管理规定	
		超高压输电公司后备干部管理规定	
3		超高压输电公司投资管理实施细则（试行）	

续表

序号	制度类别	制度名称	备注
4	九个配套基础管理制度	超高压输电公司综合计划管理实施细则	
5		超高压输电公司招标管理实施细则（试行）	
		超高压输电公司非招标采购方式管理实施细则（试行）	
6		中国南方电网有限责任公司全面预算管理办法	直接沿用网公司制度
7		中国南方电网有限责任公司资金管理办法	
8		中国南方电网有限责任公司资产价值管理办法	
9		超高压输电公司合同管理实施细则	

（三）加强制度全过程管控

一是开展制度立项依据审查。从年度工作要点、上级制度承接、公司规章制度法律法规适从性梳理成果、制度清理及评价结果等方面入手，规范制度立项依据，增强制度立项的合理性，从源头保障公司制度建设质量。二是加强制度起草环节管控力度。跟踪并及时提醒编制责任人按计划启动制度起草工作。深入分析涉及本业务领域的管控要求，识别有关法律法规和监管规定变化情况，有效转化为内部规章制度。充分考虑公司实际，力求制度精简高效，确保制度具有监督与评价机制和可操作性，为制度有效执行打好基础。三是将规章制度法律法规适从性梳理成果、外部法律法规和监管规定作为制度合规审查的重要依据，加大制度合法合规性审查力度。四是建立健全制度监督检查的工作机制，定期、不定期地开展制度执行情况监督检查。

三、工作成效

（一）业务模块化管理让制度体系更加优化

超高压公司将制度按业务模块进行组合分类，搭建稳定的基于业务模块的制度框架，实现制度与业务模块的有效匹配，减少组织架构调整对制度框架的影响。超高压公司各单位自上而下以业务为核心，系统建立起粗细有度、相互关联、逐层依从的制度体系，为员工工作行为提供规范。

（二）分级分类管理让制度体制更加完善

完善了制度分级管理责任主体职责，进一步明确了公司、各单位在制度体系和业务事项的管理职责，确保各项职能“接得住、管得好”。进一步明晰了制度分级制管理原则，在公司基础制度体系保持相对稳定的情况下，紧扣企业发展新时代中的变与不变，不断优化一般管理制度功能，实现业务流程精简高效、不断提升运营效率。

（三）版本制管理让制度体例更加规范

在制度现有编码规则的基础上，固化制度编码的“身份”识别，进一步强化制度编码的索引功能，形成中国南方电网公司、超高压公司有效制度库，并实施年度版本制管理。借助先进的信息平台，在公司企业网盘构建知识库单元，将中国南方电网公司、超高压公司以及各单位所有有效管理制度、作业标准整理后分类共享，既方便公司全体员工查阅和使用，也为各层级的管理要求得到有效执行打下坚实的基础。

四、经验启示

（一）制度建设应坚持体系化思路

新时代，中国南方电网公司以高质量发展为路径，强化核心管控职能，优化规章制度体系，更加强调制度功能。超高压公司坚决贯彻落实中国南方电网公司工作安排，不断完善制度功能，将制度建设作为合规管理和授权管理的重要工作内容，坚持体系化建设思路，进一步强化制度功能，充分发挥制度在依法治企中的作用。

（二）制度建设应坚持全过程管控

超高压公司通过推行制度分级制、版本制管理，加强制度立项、编制、执行、评价、废止等全过程闭环管理，优化制度管理的运行机制，构建了系统完备、科学规范、运行有效的制度体系，持续为公司高质量发展注入新动能。

（三）制度建设应坚持“四分”管理

超高压公司制度管理体系坚持以业务深度融合为基础，实现了分业务、分层、分类、分级管理，制度体系框架更加完备，制度要求更加切合实际，制度内容更加完备，为推进公司治理体系和治理能力现代化提供更规范的制度基础。

完善法人治理体系，全面推进依法治企

（深圳供电局）

一、背景

2017年国务院办公厅印发《关于进一步完善国有企业法人治理结构的指导意见》（国办发〔2017〕36号），要求从国有企业实际情况出发，以建立健全产权清晰、权责明确、政企分开、管理科学的现代企业制度为方向，进一步健全各司其职、各负其责、协调运转、有效制衡的国有企业法人治理结构。党的十九届四中全会再次强调要求坚持和完善中国特色社会主义制度、推进国家治理体系和治理能力现代化。

十三五期间，深圳供电局有限公司（简称深圳供电局）深入贯彻习近平总书记全面依法治国新理念新思想新战略，落实完善国有企业法人治理结构要求，坚持建设具有中国特色的现代企业制度目标，首创建立“1+1+N”依法治企责任体系，搭建“1+5”授权体系，率先建立外部董事占多数的董事会，健全重大经营决策法律风险防范机制，强化出资企业治理能力建设，全面依法治企水平持续提升。

二、工作举措

（一）首创建立“1+1+N”依法治企责任体系

为落实《关于进一步完善国有企业法人治理结构的指导意见》文件要求，深圳供电局进一步厘清公司党委“把方向、管大局、保落实”与董事会“战略管理、科学决策、防控风险”的权责边界。依法修订章程，将党建条款纳入章程，明确党组织在公司治理中的法定地位，积极探索实现党组织与其他治理主体的深度融合，实现党的领导和公司治理有机统一。

全面承接落实中国南方电网公司依法从严治企工作要求，组织创建了“1+1+N”的依法治企责任体系（1份依法治企主体责任实施意见、1套主体责任清单，N项落实机制），明确了公司党委等8类责任主体、73项责任内容、98项责任事项与5项考核方式。建立责任事项与考核标准管理机制，扎实推动依法治企责任的落地。为保障体系运行取得实效，深圳供电局通过切实落实领导干部法治建设第一责任人责任、开展监督检查、纳入绩效考核和年终述职等多种方式，将依法治企工作落到实处。

（二）探索建立“1+5”授权体系

深圳供电局围绕公司战略，结合治理实际，按照“集权有道，分权有序，授权有章，用权有度”原则，制定授权体系管理基本制度，建立授权管理长效机制。修订公司党委、董事会、总经理办公会议事规则及公司“三重一大”决策制度，完善公司治理主体权责分配。优化职能部门间职责及管理界面，建立完善调整机制。编制公司本部权责清单及授权清单，精简权责运转程序，其中权责事项748项，授权事项99项。探索授权到岗，建立公司经理层决策事项授权清单，完善对下派董事监事的授权，建立监督、评价、调整机制。选取市场、客户服务部和物流服务中心为试点部门（单位）开展授权到岗，完善相关岗位标准文件。经过努力，深圳供电局已初步建成“以授权基本制度为依据，以授权清单、权责清单、治理规则、部门职责、岗位标准文件等为具体行为规范，以相关制度流程及信息系统为载体”，且覆盖各层级、各业务规范的“1+5”授权体系。

（三）健全重大经营决策法律风险防范机制

深圳供电局在重大经营决策法律审查的基础上，开展党委会、董事会等治理主体议事规则、“三重一大”事项决策制度合法性审查，就合理配置各治理主体权责、规范决策及授权程序等提出法律建议。切实发挥法律顾问作用，法律顾问常态列席公司党委会、董事会决策会议，切实防范决策风险。建立重大项目“一对一”全程法律服务机制，及时提示和防范法律风险，确保决策事项依法合规。“十三五”期间，深圳供电局重大经营决策法律审核累计超过 500 项，审核率 100%，有效地防范化解了公司重大经营决策中的法律风险。

（四）推动下属企业治理体系不断完善

深圳供电局以《中华人民共和国公司法》为规范依据，分类分级完善各级出资企业法人治理结构，配备了职工董事及职工监事，推动实现各类治理主体各司其职、各负其责、运转协调、有效制衡。加强出资企业的章程管理，规范章程管理职责和程序，制定《深圳供电局有限公司出资企业章程管理办法》及公司全资、控股、参股子公司章程范本及制订指引，充分发挥章程在公司治理中的基础作用。以明晰权责为切入点，开展下属企业法律管理模式专题研究，以全资、参股、无股权关系但实际控制的三类企业为研究对象，就现存的法律管理界面不清、重大经营决策事项管控不到位、授权管理缺失等 7 类问题提出 28 项风险防控建议。结合下属企业的管理现状，提出涵盖重大经营决策、法律风险管理、法律纠纷案件管理、合同管理、授权管理等 7 个方面、70 余项法治工作管控举措，指导下属企业进一步提升依法治企水平。

三、工作成效

（一）责任到位，公司治理体系更加完善

深圳供电局通过公司章程明确党组织的法定地位，将党的领导有机融入到公司治理体系中。“1+1+N”依法治企责任体系的建立，将责任主体、责任事项、责任依据通过责任清单的方式展现，实现了依法治企责任的层层传递，真正做到了责任到人、落实到岗，减少了主体间的扯皮和博弈，有效推动治理主体责任落实到位。

（二）权责清晰，推进公司运作更加高效

授权管理体系的建立，明确了公司“三会一层”的权责关系，形成了权责对等、运转协调、有效制衡的决策执行监督机制。厘清了公司法人层级权责，优化公司本部与下属单位（企业）的权责分配，实现公司本部权责管理的制度化、程序化和规范化。减少协办会签部门，精简部门内部流转环节，切实解决管理链条长、审批周期长、办事效率低“两长一低”等问题。

（三）依法决策，推动公司治理更加有序

将法律审核嵌入公司重大经营决策的前置程序，分析明确重大经营决策可能面临的法律风险，并采取适当的风险防范举措，降低了决策中可能面临的法律风险。在党委会、董事会决策等重大经营决策中，“决策先问法，违法不决策”，实现了法人治理结构的有序运作。十三五期间，深圳供电局未发生因自身违法违规经营引发的法律纠纷案件。

（四）依法行权，实现下属企业管理更规范

坚持提升出资企业“企业化经营、市场化运作、法治化管理”水平目标，通过对出资企业的章程管理及法律管理的相关举措，进一步明晰管理权责边界，规范行使出资企业股东权利，切实落实对没有投资关系但实际存在管理关系的企业履行主办单位的监督管理职责。下属企业自身法律管理水平也有了较大的提升，基础管理更加规范，为提升市场化竞争能力和可持续发展保驾护航。

四、经验启示

（一）党委高度重视是保障

深圳供电局党委切实履行法治建设主体责任，并通过领导班子带头履职的

方式将依法治企责任层层传递，辅以案件分级响应机制、绩效考核机制，实现了各责任主体有序承接，保障了依法治企工作落到实处。

（二）完善的授权体系是关键

建立并持续优化授权体系，通过科学的授权和有效的监督，有助于提升公司决策过程的规范性和合理性，避免权力滥用，有助于公司推动权责分明、各司其责、有效制衡、协调运作的治理体系高效运作，有效防范公司经营风险，促进公司依法合规。

（三）防范重大法律风险是重点

将法律审核作为重大经营决策的前置程序，实现重大经营决策法律人员提前介入、全程参与，将法律风险降到最低，有效保证各治理主体的有序运转，是提升公司依法治企水平的重点。

（四）差异化的治理策略是支撑

对下属企业的管理，既要符合下属企业的实际，也要体现公司对下属企业的发展定位，在尊重下属企业法人独立地位的前提下，针对不同企业分类制定不同的管控原则和管理举措，推动指导下属企业真正成为依法自主经营、自负盈亏、自我约束、自我发展的法人实体和市场竞争主体，是提升企业整体治理能力水平的有效支撑。

以法治为支撑，助力“分改子”体制改革高效推进

（调峰调频公司）

一、背景

当前，我国电力体制面临深刻变化，市场化进程不断加快。南方电网调峰调频发电有限公司（原为中国南方电网有限责任公司调峰调频发电公司，简称调峰调频公司）自成立以来，受托管理的分公司模式对公司前期发展起到巨大作用，公司利用中国南方电网公司优势资源，迅速打开抽水蓄能业务发展新局面。但是，随着业务发展不断壮大和电力体制改革不断深入，原有的分公司模式决策效率慢、经营管理流程冗长、法律风险上移等问题逐渐成为发展阻碍。

为适应电力体制改革和市场竞争需要，调峰调频公司在中国南方电网公司的领导和支持下，坚持以法治为支撑，推动将调峰调频公司由中国南方电网公司直接管理的分公司整体改制为全资子公司的“分改子”体制改革。通过改革，产权关系进一步理顺，管理决策环节有效减少，公司管理体制得到优化，有效提高了企业经营效率，市场竞争力显著增强，有效推动了中国南方电网公司“十三五”发展规划落地。

二、工作举措

（一）积极应对电力市场竞争与改革，建立与市场相适应的公司形式

调峰调频公司深入分析了面临的形势，随着南方电网调峰调频业务的不断

发展壮大，原有的受托管理模式已较难适应新的管理要求，迫切需要改变公司组织形式。为优化组织形式，中国南方电网公司将原有的抽水蓄能电源项目股权全部划转至调峰调频公司，并将调峰调频公司改制为中国南方电网公司全资子公司。同时调峰调频公司在改制后重组了组织架构，将原有的独立运营中心改制为分公司；成立子公司来管理新建的电源项目。调峰调频公司形成了以分、子公司为架构的企业集团，建立起与市场更相适应的组织形式。

（二）依法合规推进改制，为企业经营保驾护航

一是坚持改制工作始终在依法合规的框架内构思、设计与实施。调峰调频公司十分重视法律的保障作用，针对改制工作面临的工商登记、资产处置、债权债务、税费缴纳、人员调整等一系列问题，公司均严格按照相关法律程序开展工作，严格按照法律意见妥善处理工商注册、债权债务通知等问题，积极防范潜在风险，严防国有资产流失，确保改制过程依法合规。

二是针对发现的潜在法律风险，采取有针对性的防范措施。调峰调频公司为确保法律风险可控，开展了详尽的法律尽职调查，针对发现的子公司章程、董监高任职、组织机构等问题，深入实际进行调查研究，查找问题产生的根源，对症下药，制定周密详实的法律风险防范措施和解决方案，履行相应的法律程序，从而为顺利推进改制工作提供强有力的保障。

（三）以改制为抓手，优化法人治理结构

一是梳理解决子公司历史遗留问题。针对分公司的历史遗留问题，调峰调频公司利用改制为子公司这一契机，及时制定解决措施和工作计划，在完成所属各子公司股权划转后，立即通过股东决定或股东会决议等方式，抓紧解决管理权属不清晰、章程内容不规范、董监高任职不规范等一系列历史遗留问题。

二是理顺上下级公司之间的领导和管理关系。股权划转后，调峰调频公司立即明确了其作为股东的职责权限，制定了新的管理界面和要求，采取分类管控的方式，将所属单位分为控股子公司和全资子公司两大类分别制定管控策略。

根据新的管理界面和管控策略，重新梳理和制定各类子公司章程，明确各类子公司的职责权限和管理界面，建立权责分明的分级负责体系。

三是优化母子公司内部的法人治理结构。调峰调频公司制定了法人治理结构优化方案，加强党对国有企业的领导，将党的领导写入章程并融入到法人治理中，为各公司设立清晰明确的“三会一层”法人治理结构；制定各层级的党委会、董事会、监事会、总经理会议事规则和“三重一大”决策事项清单，为精简决策程序、提高决策效率、加强决策监督提供了有效保障，逐步完善企业治理能力和体系。

三、工作成效

（一）迅速完成子公司设立

调峰调频公司改制工作采用资产重组新设有限公司的方式进行，时间紧、任务重。调峰调频公司积极动员、迅速行动，在不影响日常生产经营的情况下，用不到三周的时间圆满完成了从国家工商总局名称预核准至广东省市场监督管理局注册公司全套工作，于 2017 年 12 月 28 日正式注册成立，2018 年 1 月 1 日正式按子公司运作。“分改子”改制后，调峰调频公司优化了股东的决策流程，提高了决策效率。同时依托业务专业优势，有针对性地设置了符合市场竞争的组织机构，凸显出调峰调频业务的管理效益，有效解决了事项需要多部门横向协同、效率不高等问题，提高了公司的经营管理效率。

（二）改制工作风险防控到位

新设子公司成立后，调峰调频公司按计划稳步推进资产划拨、股权转让、不动产登记、债权债务转移、合同主体变更、税务优化、社保主体变更等改制后续工作，确保改制后续工作平稳有序推进，法律风险防范措施落实到位，风险始终处于可控状态。“分改子”改制后，中国南方电网公司与调峰调频公司形成了母子公司架构的资本纽带关系，将法律风险有效控制在子公司层级。

（三）公司治理体系更加完善

改制后，调峰调频公司发展进入了全新时期，充分发挥出独立法人的管理优势。调峰调频公司迅速将原有经营性直属中心注册成为检修分公司、信通分公司、建管分公司、西部检修分公司，独立核算并集约化、规模化开展业务。落实“三轮驱动”战略，新设立广州调峰调频科技发展有限公司具体实施发展电池储能和市场化业务。调峰调频公司按“分类管控、权责分明”的管理思路，制定法人治理结构优化方案，将党的领导写入公司章程并加以细化，修订完善子公司章程，建立起权责分明的“三会一层”治理结构，公司治理体系更加趋于完善，并为公司战略提供更加有力的组织保障。

四、经验启示

（一）必须坚持党对改革的全面领导

在此次“分改子”过程中，调峰调频公司始终坚持党对改革的全面领导，从改革形势分析、改革思路确定到改革举措实施全面贯穿了党的领导，党委坚持涉改革重大决策前置研究，主要负责人对改革中重要事项亲自部署、亲自推动、亲自督办，有效保证改革方向正确、举措落实到位、队伍稳定有序。

（二）坚持在法治框架下推动公司改革

习近平总书记曾经指出，中国的改革要在法治的秩序内进行。公司改革是一项系统工作，历来是各类风险高发、频发的“区域”，法治为改革划定了基本底线和边界。在此次“分改子”过程中，调峰调频公司始终坚持依法合规推进各项工作，重大事项必先经过法律论证，重要程序必先征求法律意见，将改革所有工作纳入到法治的框架下统筹推进是确保此次改制平稳顺利的重要经验。

（三）坚持提升企业治理能力的改革目标

调峰调频公司以“分改子”改制工作为抓手，通过梳理股权结构和优化公司治理结构相结合，有效利用《中华人民共和国公司法》赋予的股东或股东会权力，按照中国特色的现代企业制度建设要求不断完善公司章程，优化公司法人治理结构，一揽子解决了原来存在的管理体制不畅、流程节点冗长、决策效率不高和法律风险未能阻断等问题，形成了治理主体健全、权责明确、规范运行的治理体系，从而为公司下阶段经营发展提供了良好的治理基础。

优化交易机构、治理机构，提升治理效能

（广州电力交易中心）

一、背景

2015 年 3 月，中共中央、国务院印发《关于进一步深化电力体制改革的若干意见》（中发〔2015〕9 号），正式拉开新一轮电力体制改革的序幕。本次改革直面电力行业发展中存在的一系列问题，提出“要建立相对独立的电力交易机构，形成公平规范的市场交易平台”的改革重点任务。为落实中央改革要求，中华人民共和国国家发展和改革委员会（简称国家发改委）、国家能源局印发《关于电力交易机构组建和规范运行的实施意见》（简称《意见》），在《意见》中要求组建相对独立的交易机构，并明确交易机构的职能定位、组织形式、体系框架、与调度的关系等关键内容。其中，在组织形式上，《意见》要求将原来由电网企业承担的交易业务与其他业务分开，按照政府批准的章程和规则组建交易机构，交易机构可以采取由电网企业相对控股的公司制、电网企业子公司制、会员制等组织形式。

为深入贯彻落实中央决策部署和改革要求，中国南方电网公司先行先试，提高政治站位，2016 年以股份制方式组建广州电力交易中心有限责任公司（简称广州电力交易中心），由此国内第一家股权多元化公司制交易机构诞生。

二、工作举措

（一）引入外部股东单位，优化公司股权结构

根据《关于进一步深化电力体制改革的若干意见》和改革配套文件有关精

神，广州电力交易中心依托中国南方电网公司按照股权多元化公司模式组建，其中中国南方电网公司持股比例66.7%，其他相关企业和第三方机构参股，《广州电力交易中心组建方案》报经国家发改委、国家能源局批复同意。在组建过程中，广州电力交易中心引入广东省能源集团有限公司、广西投资集团有限公司、云南省能源投资集团有限公司、贵州乌江能源投资有限公司和海南省发展控股有限公司五家股东单位，股东单位覆盖南方区域五省区，广州电力交易中心的成立开辟了相对独立、规范运行电力交易机构的改革新路。

（二）规范董监事推选机制，优化公司治理结构

根据《中华人民共和国公司法》的规定，广州电力交易中心组织依法制定公司章程，在公司章程中明确公司董事和监事由各股东单位独立推选，实现公司董事会和监事会成员的多元化，同时实行任期制，每届任期三年，期满后进行改选。同时在公司章程中明确公司董事会和监事会的职权和议事规则，明确公司治理机构的职责边界，治理机构更加优化。

（三）成立市场管理委员会，建立电力市场重大事项决策机制

广州电力交易中心为搭建公开透明、功能完善的电力交易平台，依规组建由电网企业、发电企业、送受端政府主管部门、电力交易机构和电力第三方机构组成的市场管理委员会，作为电力交易和运营规则等的决策主体。制定《广州电力交易中心有限责任公司市场管理委员会工作规则》，定期组织召开广州电力交易中心市场管理委员会，审议南方区域电力市场重大事项，进一步规范电力市场运营管理。

三、工作成效

（一）公司治理体系机构完备，运转高效

广州电力交易中心严格按照公司章程设立公司股东会、董事会和监事会等

治理机构，股东会、董事会和监事会议事规则和程序不断规范，公司治理体系基本完备。成立四年来，治理体系完善为广州电力交易中心各项改革和发展事项有序推进提供了有力保障。

（二）交易机构的独立规范运行能力不断提升

采取股份制方式组建广州电力交易中心，发电企业等股东单位依法参与公司重大事项的决策，有效分散了电网企业对电力交易机构的控制权，构建了相互制衡的公司治理机制，既符合国家对于电力体制改革和电力市场化建设的政策要求，也为电力交易机构的独立规范运行提供了强有力的体系保障。同时为下阶段广州电力交易中心按照“多元制衡”的原则对电力交易机构进行股份制改造奠定了坚实基础。

（三）电力现货市场建设全国领先

广州电力交易中心认真贯彻落实国家电力体制改革部署，坚持以建机制为导向，不断以新举措、新方法激发市场活力，推动南方区域电力市场化改革持续深化。目前，南方区域跨区已经建立较为完整的中长期市场规则制度体系，南方（以广东起步）电力现货市场建设全国领先，统一电力市场建设取得明显进展。

四、经验启示

（一）贯彻落实中央电力体制改革决策部署是首要政治任务

2015 年以来，电力体制改革全面铺开，国家对输配电价改革、增量配电网改革、电力市场化建设、完善电力价格机制和交易机制等方面出台了较多的改革政策和文件。中国南方电网公司作为持续深化电力体制改革的前沿阵地，坚决贯彻落实中央决策部署，尤其在以股份制方式组建电力交易机构方面为全国电力市场建设提供了样板和示范，该做法在得到国家主管部门的高度认可的同时，也为公司其他领域的改革提供了很好的借鉴。

（二）交易机构的独立规范运行水平是电力市场建设成效的检验标准

电力交易机构作为提供电力交易的平台，处于一个“中间方”的角色，倘若电力交易机构不能提供公正、独立、规范的电力交易服务，电力市场的建设质量将大打折扣。广州电力交易中心采取了包括股权改造等在内的诸多措施，不但规范了交易机构行为，同时也提升了交易机构的市场运营能力，为电力市场的持续健康发展提供了机制和组织保障。

圆满完成改制任务，打造治理完善的国企改革尖兵

（南网能源公司）

一、背景

为贯彻落实《中共中央国务院关于深化国有企业改革的指导意见》（中发〔2015〕22 号）、《国务院关于国有企业发展混合所有制经济的意见》（国发〔2015〕54 号）有关部署，积极探索国有企业改革的路径，进一步放大国有资本功能，提高国有资本配置和运行效率，南方电网综合能源股份有限公司（简称南网能源公司）在中国南方电网公司的部署和指导下，稳妥推进混合所有制改革、股份制改造等相关工作，积极打造治理结构科学完善、经营机制灵活高效、党的领导坚强有力、创新能力和市场力显著提升的国有企业改革尖兵。

2019 年以来，南网能源公司切实贯彻落实中国南方电网公司关于南网能源公司整体上市“启航”项目的工作部署，同年 3 月完成了南网系统内五省区电网公司股权划转、股东同比例增资工作，7 月完成了引战增资、混合所有制改革工作，9 月完成了股份制改造工作，公司整体变更为股份公司，选举了股份公司新一届董监高。混合所有制改革、股份制改造任务有序推进，并按照具有中国特色现代企业制度建设要求不断升级、健全公司法人治理体系。

二、工作举措

（一）引入战略投资者，实现公司混合所有制改革

2019 年 4 月 30 日～6 月 28 日，南网能源公司在北京产权交易所公开挂牌

引入战略投资者。经中国南方电网公司“启航”项目领导小组会议和公司股东会会议审议同意，引入绿色能源混改股权投资基金（广州）合伙企业（有限合伙）、广东省广业绿色基金管理有限公司、特变电工股份有限公司、广州智光电气股份有限公司4家单位为公司战略投资人。通过战略投资人引入，南网能源公司引入15.25亿元资金，战略投资人既有民营上市公司，又有国有企业管理基金。在公司股权结构设计上，任何一方股东不直接或间接持有公司50%以上股权，任何单一股东不能形成对公司的实际控制权，在各方股东平等合作、优势互补的同时，实现各方在公司治理层面的有效制衡，为公司完善法人治理体系打下坚实基础。

（二）全面坚持和加强党的领导，保障经营方向不偏移

按照新时代党的建设工作总要求，在公司章程中明确加强党的领导的有关内容，把加强党的领导和完善公司治理统一起来，明确党组织在公司法人治理结构中的法定地位。完成公司及下属18家二级并表子公司、21家三级并表子公司党建条款进章程工作，建立党支部参与本部门、单位重要事项研究讨论，各部门、单位经营班子负责人向所在支部报告重点工作进展、重要事项安排处置情况等工作机制，把企业党组织内嵌到公司治理结构中，把党的领导融入到公司治理各环节。修订《公司党委议事决策规则》等4项议事规则和《公司“三重一大”决策实施细则》，将党委讨论研究作为董事会、经理层决策重大问题的前置程序，充分发挥公司党委把方向、管大局、保落实的领导作用。

（三）完成股份制改造，推动公司治理体系升级

一是变更公司组织形式。根据上市进度安排，倒排时间、加强协调，全力推进股份制改造各项工作，并于2019年9月24日完成股份公司工商登记变更，实现了由“有限责任公司”向“股份有限公司”的转变。

二是搭建股份制公司治理体系。根据《中华人民共和国公司法》和上市公司监管要求，搭建以股东大会、董事会及其专门委员会、监事会和经理层为核

心的法人治理体系。同时，按照上市公司标准和要求，制定符合公司实际的章程，并以公司章程为基础，结合公司实际，组织修订完善了《股东大会议事规则》《董事会议事规则》《监事会议事规则》《独立董事工作细则》《关联交易管理办法》《对外担保管理办法》等一系列重要基本制度，构建科学规范、务实高效的制度体系，为公司上市打下良好的制度基础。南网能源公司制度体系表见表 1–2。

表 1–2　　　　南网能源公司制度体系表

序号	制度名称	审批机构
1	南方电网综合能源股份有限公司章程（修订）	股东大会
2	南方电网综合能源股份有限公司股东大会议事规则	
3	南方电网综合能源股份有限公司董事会议事规则	
4	南方电网综合能源股份有限公司监事会议事规则	
5	南方电网综合能源股份有限公司独立董事工作细则	
6	南方电网综合能源股份有限公司对外担保管理办法	
7	南方电网综合能源股份有限公司关联交易管理办法	
8	南方电网综合能源股份有限公司累积投票制度实施细则	
9	南方电网综合能源股份有限公司募集资金管理办法	
10	南方电网综合能源股份有限公司董事会战略与投资委员会议事规则	董事会
11	南方电网综合能源股份有限公司董事会审计委员会议事规则	
12	南方电网综合能源股份有限公司董事会提名委员会议事规则	
13	南方电网综合能源股份有限公司董事会薪酬与考核委员会议事规则	
14	南方电网综合能源股份有限公司总经理工作细则	
15	南方电网综合能源股份有限公司董事会秘书工作细则	
16	南方电网综合能源股份有限公司规范与关联方资金往来管理办法	
17	南方电网综合能源股份有限公司信息披露事务管理办法	
18	南方电网综合能源股份有限公司内幕信息知情人登记备案管理办法	
19	南方电网综合能源股份有限公司年报信息披露重大差错责任追究制度	
20	南方电网综合能源股份有限公司投资者关系管理办法	
21	南方电网综合能源股份有限公司独立董事年报工作制度	
22	南方电网综合能源股份有限公司董事、监事和高级管理人员所持本公司股份及其变动管理办法	
23	南方电网综合能源股份有限公司重大事项内部报告管理办法	

三是推动治理体系规范运作。根据公司章程及相关制度规定，组织梳理治理主体职权划分和运作流程，编制《南方电网综合能源股份有限公司治理主体规范运作指引》《南网能源公司“三重一大”决策实施细则（2020 版）》和《南网能源公司授权与审批权限管理办法（2020 版）》，进一步细化完善公司分层分类决策审批机制，确保各治理主体规范运作。加强与中国南方电网公司的汇报沟通，做好公司治理体系运作与“三重一大”内部审批的融合衔接。召开了股份公司创立大会暨第一次股东大会、一届一次董事会、一届一次监事会，参照上市公司标准选举了新一届董监高，为推动公司整体上市奠定了良好基础。

四是强化治理体系执行力度。在公司章程修订和重要基本制度出台后，公司分期、分批组织本部及所属各单位全体人员开展章程和制度考试，并将考试成绩与收入绩效挂钩。通过多层次、广覆盖的制度考试，宣贯制度内容，帮助公司员工提高遵章合规的意识和能力，促进公司员工主动熟悉和运用章程和制度条款。

三、工作成效

（一）顺利完成中国南方电网公司两个首次改革任务，成功为公司发展赋能

南网能源公司通过混合所有制改革引进的战略投资者，与公司发展具有产业协同效应，对推动能源产业价值链整合、增强公司发展“新动能”具有重要的意义。南网能源公司战略投资人引入项目是南网系统首个通过引入战略投资人实现混改的案例，项目同时入选北京产权交易所“国资国企混合所有制改革经典案例”。南网能源公司股份制改造项目也是南网系统首个股份制改造案例，为中国南方电网公司推进资产证券化积累了有效经验。

（二）靠前适应新规则，法人治理体系更加完善

在股份制改造完成后，南网能源公司聚焦上市目标，靠前按照上市公司要

求，完善了董事会授权体系和议事规则，实现了董事会经营决策作用的充分发挥。同时，合理设置董事会和监事会的席位、议事决策规则和决策范围，做实“四会一层”职权和议事规则，形成了有效制衡治理机制，治理体系更加完善，为企业科学决策、合规经营、规范管理提供了重要保障，北京产权交易所将南网能源公司案例纳入“国资国企混合所有制改革经典案例”如图 1－1 所示。

南网能源资证〔2019〕14号附件

北京产权交易所

关于选取南方电网综合能源有限公司增资项目
作为北京产权交易所案例集材料的说明

南方电网综合能源股份有限公司：

贵司作为国企改革“双百企业”和第四批混改试点企业，在我所公开挂牌征集战略投资者并顺利成交，在国企混合所有制改革推进工作中具有重要的示范意义；同时也体现出贵司在综合能

图 1－1 北京产权交易所将南网能源公司案例纳入“国资国企混合所有制改革经典案例”

（三）做好新旧体系衔接，保障公司持续合规经营

南网能源公司通过构建以章程为基础的规范管理制度体系，有效划分公司各治理主体权责边界，充分发挥企业党委的领导作用、董事会的决策作用、监事会的监督作用、经理层的经营管理作用，并根据新的治理体系要求，更新公司“三重一大”及授权管理的相关规定，实现新旧治理体系和内部审批制度的顺利衔接，保障公司各项经营活动持续合规高效。

四、经验启示

（一）始终坚持党的领导不放松

混合所有制改革是为了增强公有制经济的活力、控制力、影响力，这就要

求在混合所有制改革中坚持和加强党的领导，确保混合所有制改革朝正确的方向发展。南网能源公司在开展混合所有制改革、建立健全现代企业治理结构的过程中，始终坚持党对国有企业的领导不动摇，发挥企业党组织的领导核心和政治核心作用，保证党和国家方针政策、重大部署在企业贯彻执行。

（二）始终坚持依法合规为前提

改革必须在法治的轨道上运行，混合所有制改革、股份制改造都必须符合国家和地方的有关法律、法规和政策要求，这是前提，也是红线，一旦违规违法可能会造成国有资产损失。南网能源公司在推动改革中始终坚持依法合规，将合规要求融入到改革的每个环节，确保依法、依规、积极、平稳推进各项改革任务。

（三）始终坚持制度建设为关键

任何一项改革举措的有效实施、改革风险的有效防范化解，都离不开完善的制度体系和强有力的制度执行。南网能源公司在改革推进中始终坚持按照现代企业制度建设要求推进制度体系完善，同时重视对规章制度的学习、宣贯、执行，将制度知识普及到每一位员工，避免制度制定后成为“一纸空文”，真正在员工日常工作中全面落地执行，为员工的各项工作提供稳定、规范的指导。

有效落实“两个一以贯之”，厚植公司改革发展独特优势

（调峰调频公司）

一、背景

习近平总书记在2016年全国国有企业党的建设工作会议上强调，坚持党对国有企业的领导是重大政治原则，必须一以贯之；建立现代企业制度是国有企业改革的方向，也必须一以贯之。2018年10月26日，陈希同志在中央企业党的建设工作座谈会上，就“全面理解和落实‘两个一以贯之’，进一步推进中国特色现代国有企业制度建设”进行了深入部署，要求董事会、经理层要尊重和维护党委（党组）发挥领导作用。2018年11月20日，郝鹏同志在落实全国组织工作会议精神推进中央企业基层党建座谈会上提出，要在落实“两个一以贯之”方面下功夫，推进党的领导和公司治理深度融合，形成党委和其他治理主体各司其职、各负其责、协调运转、有效制衡的公司治理机制。

南方电网调峰调频发电有限公司（简称调峰调频公司）作为中国南方电网公司的子公司，为推进党的领导和公司治理深度融合，对公司落实“两个一以贯之”情况开展调研分析。通过调研发现调峰调频公司及其子公司存在党委和经理层决策边界不清，董事会、党委班子、经理层人员重合度较高，“一肩挑”工作存在简单化和形式化等一系列亟待解决的问题。针对发现的问题，调峰调频公司坚持以全面落实“两个一以贯之”要求为目标，以法治央企建设为载体，在公司治理中发挥坚持党的领导、加强党的建设这一独特优势，努力建设具有中国特色的现代企业制度。

二、工作举措

（一）培根铸魂，加强党的领导

一是明确党委在公司治理中的地位。调峰调频公司及其子公司按照《中华人民共和国公司法》及有关法律法规要求，将党建条款写入公司章程，明确了党组织在公司治理结构中的法定地位和领导作用，把党的领导融入公司治理各环节，内嵌到公司治理结构中。2017 年 9 月，天二公司、广蓄公司、惠蓄公司、清蓄公司、深蓄公司和海蓄公司全部完成章程修订。

二是明晰党委在重大决策中的职权。进一步修订了调峰调频公司相关治理主体议事决策规则，形成《公司“三重一大”决策事项体系表》，进一步划分决策事项，明确决策程序，厘清党委会、董事会、总经理会职责界面，确保把党委会研究讨论作为董事会、经理层决策重大问题的前置程序，在制度层面上保障了党委在重大决策中的地位和职权。落实“两个一以贯之”要求系列文件如图 1－2 所示。

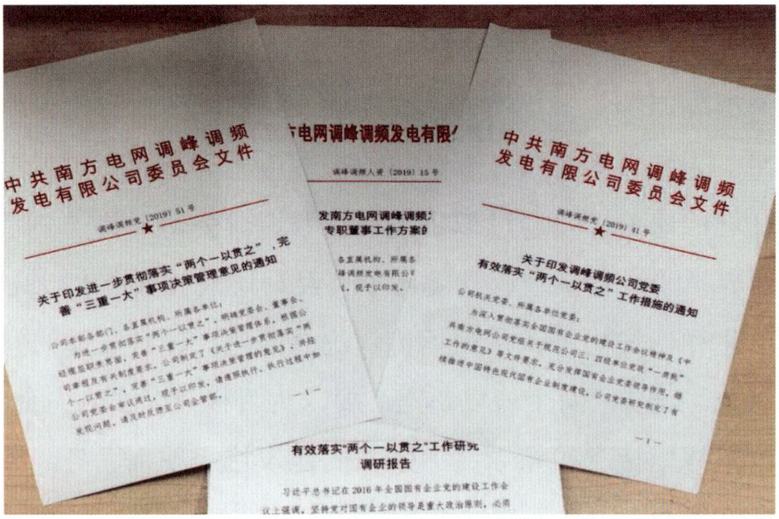

图 1－2　落实“两个一以贯之”要求系列文件图示

（二）固本培元，打造忠诚干净担当的干部队伍

一是规范所属单位“一肩挑”工作。坚持在控股和全资子公司全面推行“党政一肩挑”，党委书记和董事长一人担任，党员总经理兼任党委副书记并进入董事会。根据企业规模、各单位党的建设和生产实际情况配备党委专职副书记并推荐进入董事会。分公司实行党政正职分设模式，党委书记担任副总经理，党员总经理担任党委副书记，党委书记明确为企业负责人。

二是选优配强领导班子。完善选人用人工作制度，修订《领导人员管理办法》，严格选拔任用程序，严格“一把手”任职条件，将具有法治思维作为任职条件之一，人选必须具备履行党建工作和经营管理两方面职责的能力素质。在选配好“一把手”的基础上，持续举办党性修养提升轮训、经营管理轮训等干部培训班，提升班子成员履职能力。

三是进一步优化董事会监事会结构。制定《公司专职董事工作方案》，构建专职董事管理机制，明确专职董事岗位职责，加强对专职董事的培训和考核。充分考虑专业特长和优势互补，做好子公司董事监事的配备工作，进一步优化子公司董事会人员结构。

（三）强筋健骨，抓好基层支部建设和民主管理

一是发挥支部战斗堡垒作用。基层党支部围绕生产经营开展工作，按照规定参与本单位重大问题的决策，有效支持本单位负责人依法开展工作。各支部常态化开展“党员群众齐动手问题解决在支部”主题党日活动，查找并解决一批顽固问题，发挥支部战斗堡垒作用，助力公司经营发展。

二是优化党务干部任职模式。部门主任是党员的，原则上担任支部书记，部门副主任是党员的，原则上按程序进入支部委员会。所属单位党员人数超过25名的部门，设立专职党支部副书记。

三是探索职工参与管理的有效方式。完善职工代表大会制度，进一步推进党务公开、厂务公开，做好职工董事、职工监事的推荐，保障职工代表有序参

与公司治理。

三、工作成效

（一）把方向、管大局、保落实，党委领导力进一步提升

通过明确党组织在公司治理中的地位和职权，进一步理顺了各决策主体之间的关系，从组织上确保了党委意图在重大决策中得到尊重和体现，为保证监督党和国家的方针、政策在本企业的贯彻执行创造了制度条件。把加强党的全面领导和完善公司治理统一起来，形成了党委、董事会、经理层各司其职、各负其责、协调运转、有效制衡的治理体系。规范各治理主体的权责及议事规则，有效解决了过去有的单位把党委会前置研究讨论当成“筐”，大事小事都往里装，让党委更加专注于“把方向、管大局、保落实”。

（二）建机制、强管理、抓改革，实现国有资产保值增值

进一步完善董事会制度建设，规范了董事会运作的流程体系。通过优化董事会结构，特别是向子公司选派专职董事和外部董事，进一步强化董事会功能。在健全法人治理结构的同时，公司重点健全“管理人员能上能下、员工能进能出、收入能增能减”的机制，提升员工队伍活力和企业效率。通过完善现代企业制度及强化内部管理，进一步提高了国有资本的运营效率，为提质增效、创新升级打下了坚实基础。

（三）聚人心、促发展、出实效，党建和业务工作深度融合

推行“党政一肩挑”后，“一把手”自觉把党的建设与生产经营工作统筹进行谋划、部署、推动，并均衡投入精力和资源。各单位党委抓承接、抓落实，以成立“党员先锋队”“青年突击队”，开展“携手保生产，互学促党建”支部共建活动等为载体，实现了党建工作新突破，进一步发挥了党委的领导作用、

党支部的战斗堡垒作用和党员的先锋模范作用，促进了党建工作和业务工作深度融合。

四、经验启示

（一）有效落实“两个一以贯之”，必须处理好党委和其他治理主体的关系

要有效落实“两个一以贯之”，建设中国特色现代国有企业制度，必须把党的领导融入公司治理各环节，充分发挥党委的领导作用。明确党委作为公司治理的领导核心，厘清党委会和董事会权责边界，实现其他治理主体自觉维护党委领导，党委尊重、支持和监督其他治理主体依法履行责任，加快形成有效制衡的公司法人治理结构，充分发挥好国有企业的独特优势。

（二）有效落实“两个一以贯之”，必须抓好政治导向和价值导向的统一

国有企业是中国特色社会主义的物质基础，肩负着重大经济责任，国有企业要发展，首先要坚持正确的政治方向，保障党的路线、方针、政策在国有企业落实落地。同时，国有企业必须要坚持价值导向，提高市场竞争力和发展引领力，做好国有资产保值增值，围绕“价值创造”这个中心和大局，进一步完善现代企业制度。只有把握住政治导向和价值导向的辩证统一，才能使党的政治优势有效转化为市场竞争优势，才能实现建设具有中国特色的现代企业制度目标。

健全依法决策体系，确保经营管理活动合规

（云南电网公司）

一、背景

国务院国有资产监督管理委员会（简称国资委）《关于全面推进法治央企建设的意见》明确要求：健全依法决策机制。从决策机构、决策内容、程序、合规性审查等诸多方面对中央企业的依法决策做出了具体的安排和部署。《中央企业违规经营投资责任追究实施办法》也明确要求：实行重大决策终身问责；同时，也对中央企业经营管理有关人员，未按规定决策，造成国有资产损失或其他严重不良后果的情形做出了具体细化。这些系列文件的出台，对中央企业开展依法决策提出了更高的管控要求。

云南电网有限责任公司（简称云南电网公司）作为中央企业下属公司，积极落实国务院国资委的决策部署，从制度建设、规范程序、明确职责等方面入手，健全依法决策机制。建立了管理决策法律参与、重大事项法律论证等机制，营造依法决策文化，强化重大决策管控，确保各项生产经营管理活动合法合规。

二、工作举措

（一）强化制度管理，积极构建依法决策制度体系

高度重视章程在制度体系中的“龙头”作用，将党委会、股东、董监高、职代会、工会等决策机构和管理参与机构的依法决策要求写入了公司章程。

结合工作实际，修改完善了议事规则、“三重一大”决策等基本制度。研究制定出台了违规经营投资责任追究相关办法，强化依法决策责任得当。依法决策相关制度不断完善，从管理、执行、监督等多个维度，明确了各自职责界面，细化了工作流程和工作内容，依法决策制度体系趋向成熟，为依法决策奠定了制度基础。

（二）夯实组织基础，持续完善依法决策管理机构

按照《中华人民共和国公司法》、公司章程的有关要求，搭建了股东、党委会、董事会、监事会、总经理等机构，为依法决策奠定了组织基础。严格执行决策事项法律机构审核把关要求，建立了“一部一中心+智库+律所”的法律服务平台，为依法决策提供了法治机构支撑，建立健全依法决策组织基础如图 1－3 所示。将监事会、工会、职代会的组建、职责、参与管理的方式、监督的形式等内容写入了公司章程，依法决策监督管理机构、民主管理机构更加完备。监事会、工会、职工代表大会等机构的监督管理作用、民主管理作用得到了充分发挥。

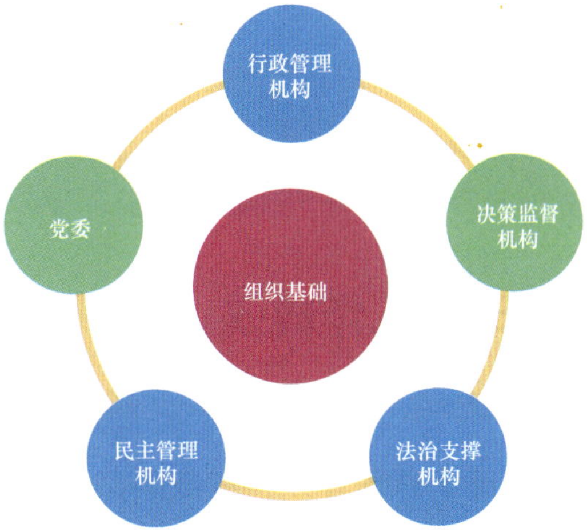

图 1－3　建立健全依法决策组织基础

（三）再建流程节点，不断优化依法决策程序

根据《中华人民共和国公司法》、中国南方电网公司管理要求以及公司章程，从职责职权、议事方式、决策程序、表决方式等诸多方面对党委会、董事会、总经理会议事规则进行了修编，各级各类决策机构议事程序更加明确、具体、规范。重大决策既定程序业已形成，承办部门形成意见，会签部门共同审核，法规部门法律把关，党委审批前置，公司领导集体决策的依法决策程序已经形成常态，管理决策程序更加规范。

（四）崇尚法治建设，大力培育依法决策文化

公司党委将依法治企、合规管理等内容纳入党委中心组理论专题学习，定期召开会议，系统研究法治工作。公司党政主要负责人认真履行法治建设第一责任人职责，各级领导干部积极参与法治建设“六个一”活动。在公司党委的带动下，云南电网公司系统上下尊法、学法、守法、用法氛围浓烈。党委会、董事会、总经理工作会等议事机构带头执行依法决策管理要求，重大决策始终坚持合规审查前置，坚持法规部门负责人列席会议并充分发表意见，法律审核持续走深走实，法规部门作用日趋明显，各议事机构依法决策能力和水平得到持续提升。强化依法决策宣传和决策习惯培养，严格执行非经法律审核不得上会的管控要求，“决策先问法，违法不决策”已深入人心，形成常态。

三、工作成效

（一）决策体系持续成熟，合规风险不断走低

通过不断摸索和持续改进，云南电网公司形成了集章程、议事规则、监督评价在内的依法决策制度体系，实现了依法决策的有据可依，依法决策程序更加明确具体。股东、党委会、董事会、总经理会等议事机构持续得到优化，监事会、职工代表大会、工会等民主监督管理机构逐步健全，“一部一中心＋智库＋律所”的法律服务机构不断完善，为依法决策提供了强有力的组织保障，依法决策体系构架如图1－4所示。依法决策的企业文化不断丰富，公司上下营造了依法决策的良好氛围。

图1－4　依法决策体系构架

（二）依法决策深入人心，依法合规形成共识

从形式上看，依法决策已不仅仅是遵循国务院国资委的管理要求，而是已经成为公司的管理使然，是在公司系统内达成的一种共识。从内容上看，依法决策已经写入了公司系列制度，已经上升为制度管理的具体要求。法律参与、法律审核已经成为每一项管理决策做出前的必经程序。从效果上看，法融业务已成为常态，法律与各管理业务间的相互配合、衔接、沟通越来越紧密，各级管理层对法律支撑作用更加认可。

（三）审核理念不断升级，决策恰当成为趋势

公司的重大决策法律审核理念已经走过了三大步，如图 1–5 所示。第一步，注重合法性审查。法律审核重点审查重大决策对法律法规的遵从，突出“合法”。第二步，注重合规性审查。在审查与法律法规的冲突的同时，重点关注与国家标准、行业标准、企业标准以及国际规则的冲突，突出“合规”。目前，已经迈出第三步，注重恰当性审查，除关注重大决策的合法性、合规性，将恰当性同时作为法律审核的重点，突出“恰当”。

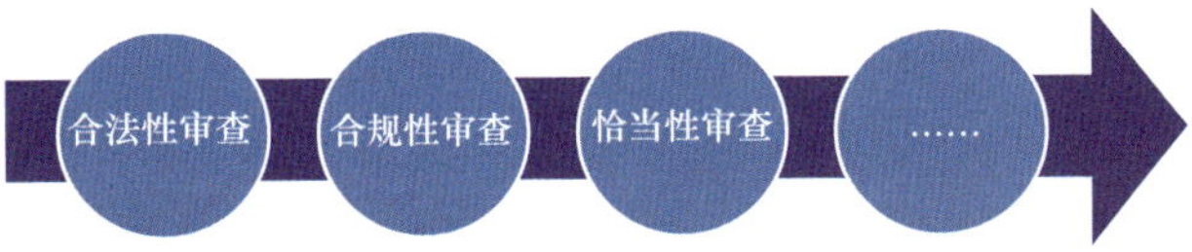

图 1–5　审核理念不断升级

（四）法律参与更深更广，法律融合业务成效显著

推动重大管理意图有效协同，法律参与贯穿公司改革发展和经营管理决策的始终。重大事项法律论证深入开展，法律论证已成为依法决策的重要程序和环节，法律风险的防范能力得到了全面提升，确保了各项决策依法合规。法律全面参与国有企业、电力体制、职工持股企业改革全过程。法律深度参与系列增量配电网业务筹备运营退出、大集体企业改革、县级电力公司股权

收购、82 家县级供电公司“子改分”等任务。法律积极参与低效无效参股投资处置、土地推动资产盘活、“两金”压降、清理拖欠民营企业价款、优化电力营商环境等工作。五年来，公司开展法律政策研究 15 项，出具法律尽职调查报告 147 份、法律意见书 1621 份，完成重大决策法律审核 375 项，为公司高质量发展提供了有力保障。

（五）管理手段持续丰富，决策管理更加具体

提倡重大决策信息化管理，探索在办公系统中增加重大决策审批流程，提升重大决策的会签、审批效率。提倡重大决策事项决策审批具体化，对章程修订的决策审批进行了细分，并形成了相应的管理优化建议报告，对“三重一大”上会要求的细化进行了有益尝试。

四、经验启示

（一）领导重视是依法决策的核心

公司各项管理决策涉及企业生产经营活动的方方面面，对公司各领域发展都有重大影响，特别是重大决策，其对企业的影响更深、更远、更广。决策的最终形成，在于公司的“关键少数”，各级领导干部高度重视依法决策，并将其转化为决策的方式和行为习惯，是确保决策正确的核心。

（二）体系健全是依法决策的基础

依法决策是依法治企、推进企业治理现代化的根本要求之一，依法决策体系则是依法决策最有效的载体。依法决策体系的健全以决策行为为起点，以规范决策行为为重点，以提高决策质量、减少和避免决策失误为目的，最终推动企业高质量发展。

（三）信息化管理是依法决策的有益载体

信息化管理是各领域各基层提升工作效率的重要载体。从公文、招投标、合同等管理活动来看，信息化系统对公司管理效率的提升有着积极的推动作用。信息化手段可以将审查内容、程序、结果有机融合成为一个整体，决策管理离不开信息化手段的支撑。

完善法人治理体系，一以贯之建立现代企业制度

（资本控股公司）

一、背景

党的十九届四中全会明确提出，要深化国有企业改革，完善中国特色现代企业制度。中国特色现代企业制度符合我国企业特别是国有企业的内在需要和客观规律，是国有企业改革的方向，必须一以贯之、始终坚持。其中，公司治理是现代企业制度的核心，增强法人治理能力必须要以建设中国特色现代国有企业制度为契机，在健全治理主体、明确权责、规范运行上下功夫。

南方电网资本控股有限公司（简称资本控股公司）坚持一以贯之建立现代企业制度不动摇，持续健全法人治理结构，将其作为健全内控体系、防范化解重大风险的重要抓手，把坚持党的领导、增强战略把控及完善公司治理有机结合，建立健全权责对等、运转协调、有效制衡的公司运转体系，不断提高公司治理有效性，以期在日益激烈的市场竞争和错综复杂的发展环境中抓住机遇、赢得商机。

二、工作举措

（一）以公司章程为核心，完善治理体系

一是加强党的领导。资本控股公司以中国特色现代企业制度为引领，通过公司章程确立党的领导与公司治理有机统一的治理体系，坚定不移推动党的领导融入公司治理并向基层单位延伸，明确党组织在公司法人治理结构中的政治

核心和领导核心法定地位，有效发挥党委“把方向、管大局、保落实”的领导核心作用，为全面从严治党提供了坚强政治保障。

二是明确治理框架。资本控股公司充分发挥章程在公司治理中的统领作用，在章程中明确董事会、监事会、经理层等各个治理主体间的权责边界，发挥董事会“战略管理、科学决策、防控风险”的决策作用，发挥监事会的监督作用，发挥经理层的经营管理指挥作用，并以此作为公司治理体系运转的基本遵循。

三是理顺制度流程。资本控股公司依据章程建立健全公司各项基本制度、管理机制和工作流程，制定完善资本控股公司“三会一层”的议事规则和行权办法，并及时纠正与章程不符的规定与行为，使制度规定成为公司管理和生产经营活动的“硬”约束，确保章程依法制定、依法实施。

（二）以董事会建设为抓手，完善内部控制

一是明确党委会讨论前置程序。资本控股公司印发了《关于进一步规范公司党委会、董事会“三重一大”事项管理的通知》，规范了决策程序，明确党组织研究讨论是董事会、经理层决策重大问题的前置程序，只要是涉及企业战略规划、体制机制调整、关停并转、薪酬调整等事关企业改革发展稳定、涉及员工切身利益的重大决策事项，都必须先经过党委会研究讨论（或决定），再提交董事会、经理层审议，既确保董事会、经理层的高效运作和科学决策，又保证党组织的意图在重大问题决策中得到体现。

二是建立董事会专业委员会。为了有效控制投资决策风险，资本控股公司董事会下设了投资管理委员会、风险及合规管理委员会两个专业委员会，通过建立完善专业委员会的议事规则，明确资本控股公司“三重一大”决策，特别是重大经营投资决策，专业委员会讨论酝酿是董事会决策的前置程序，自 2018 年两个专业委员会成立以来，投资管理委员会已召开会议 26 次，风险及合规管理委员会召开会议 24 次，涉及决策金额数十亿元，充分发挥了专业委员会专业审核作用，提升了公司投资管理规范化水平，加强了内部控制体系建设，有效防范了经营风险。

三是理顺“三重一大”决策流程。结合党委会及专业委员会的工作要求，

资本控股公司制定了《公司“三重一大”决策管理实施细则》《领导班子议事规则》，理顺审批程序，要求提交公司党委会、董事会的决策事项，做好上会前研究，涉及法律审查或须出具法律意见的，须由风险防控法规部门审查，落实重大决策事项的风险防控措施。目前，资本控股公司“三重一大”事项合规审查复核率已实现100%，抗风险能力显著增强。

（三）以“两精一改一加强”为载体，确保治理体系运行有效

为提升基础管理水平，资本控股公司提出了“两精一改一加强”的工作思路（即坚持将精益营销作为战略核心，将精益管理作为战略基础，不断深化体制机制改革，持续加强党的建设，持续不断地为客户创造价值，全面提升经营质量和水平），全力构建产业金融可持续竞争力，努力将产业金融打造成南方电网发展的新动能。

一是建立风险隔离机制。资本控股公司出台了《风险防火墙管理办法》，深入剖析公司本部及所属各单位行业特性，对标优秀企业学习借鉴成功经验，做到为我所用，明确了风险防火墙机制在公司治理、资金隔离、经营管理隔离等七个方面的管理办法，确保公司与子公司之间、各子公司之间在公司治理、人员、资金、经营管理、信息管理等方面，独立运作、分开管理、相互隔离。加强公司与子公司之间的风险控制和合规管理，防止公司与子公司、各子公司之间发生利益冲突、利益输送、风险传递、“暗箱”操作和道德风险，保障公司与子公司合法合规运营。推动风险管控更加到位、公司治理更加完善，有效防范和化解金融风险，防范风险跨机构跨业态传递，保证公司持续稳健经营、高质量发展。

二是“管放结合”优化对子公司的管控模式。根据所属所处行业特征、企业发展阶段及管理能力，资本控股公司科学合理规划各层级管理界面和职责权限，对所属单位实施专业化授权，2019年优化调整所属融资租赁公司重大项目安排事项授权。按照强化事中事后监督的要求，及时发现问题，纠正偏差，通过授权有效性分析和评价，确保授权机制与其风险管理能力、业务授权执行情况、实际风险控制结果相适应。

三、工作成效

（一）现代法人治理结构初步建成

资本控股公司初步建成党组织与企业法人治理结构有效融合的运转机制，党委会、董事会、经理层的决策事项清晰，落实了党委会研究讨论的前置事项及前置程序，从制度上明确了“三会一层”的职责，各治理主体职责清晰、各司其职、各负其责、协调运作，为加强党的建设、优化授权管理、强化内部控制等积累了经验。

（二）依法决策成效显著

进一步完善相应的议事规则和流程，各治理主体形成了以制度为行为习惯，将听取法律审核意见作为决策必经程序，及时组织出具尽职调查、完成调查报告，组织开展重大经营事项法律审核，法律审核率实现100%，决策事项依法合规，在防范化解重大风险中创造价值，公司治理进入了良性发展的新阶段。

（三）专业子公司市场活力得到释放

通过“放管结合”，资本控股公司建立了“公司把控重大风险、各子公司发挥市场灵活优势”的机制，极大提升了决策效率，增强了公司竞争力、创新力、控制力、影响力和抗风险能力。

四、经验启示

（一）优化法人治理结构，是依法治企的内在要求

根据《国务院办公厅关于进一步完善国有企业法人治理结构的指导意见》，

完善国有企业法人治理结构是全面推进依法治企的内在要求。资本控股公司健全以章程为核心的企业治理体系，以公司章程为统领，发挥章程在法人治理中的基础作用，严格规范公司的党组织、股东、董事会、经理层、监事会和职工代表大会的权责，保障各治理主体有效履职，有利于完善公司的企业法人治理结构，进一步提升公司的运行效率。

（二）推进依法决策，是打造法治央企的关键环节

通过不断学习与实践的过程，资本控股公司及各子公司领导班子树立“决策必问法、违法不决策”的理念，让依法决策成为提高依法经营水平的重要因素和示范引领。资本控股公司通过章程、制度规范建立董事会重大决策的合规性审查机制，推动公司依法经营水平、依法治理能力显著提升。

（三）完善授权体系，是激发企业法治活力的核心手段

资本控股公司建立授权体系是进一步打造市场化运作专业平台的重要举措。资本控股公司根据中国南方电网公司的重大经营授权事项，进一步在现行组织架构下，将各授权事项落实到公司各决策主体，最大限度地调动公司经营班子及各子公司的积极性，不断推进公司的规范运行，同时促进资本控股公司提升生机和市场活力。

第二章

经营合规篇

构建符合电网特色合规体系，保证企业行稳致远

（中国南方电网公司法规部）

一、背景

坚持全面依法治国是习近平新时代中国特色社会主义思想的重要组成部分，是新时代坚持和发展中国特色社会主义的基本方略之一。2018 年 11 月，国务院国有资产监督管理委员会（简称国资委）印发了《中央企业合规管理指引（试行）》，大力推动中央企业加强合规管理，着力打造法治央企。中国南方电网公司作为关系国民经济命脉和国家能源安全的骨干企业，特别是在推动公司向智能电网运营商、能源产业价值链整合商、能源生态系统服务商转型过程中，更加需要在依法合规方面发挥表率作用，构建公司合规体系。

中国南方电网公司党组高度重视，迅速响应，将合规作为法治建设的一项重要任务来推进，围绕“找差距、寻路径、定方案、建体系和促落实”这条主线，全面启动合规体系建设工作，开启公司合规管理新征程。经过一年的努力，中国南方电网公司建立了符合电网特点的合规体系并有效运行，在保证企业改革发展依法合规的同时，为中央企业合规管理提供了“南网实践”，得到了国务院国资委的充分肯定。

二、工作举措

（一）梳理现状“找差距”

中国南方电网公司深入研究国务院国资委印发的《中央企业合规管理指

引》，从合规体系建设、职责、管理重点、运行和保障五个维度 36 个方面，就公司合规管理现状与合规指引进行符合性比对，查找出差距 19 项，集中表现为“三个缺乏”，即缺乏专门的合规体系和机构、缺乏系统的合规管理要求和制度、缺乏专职的合规管理人员。

（二）对标先进“寻路径”

针对合规管理的短板，迅速向华为技术有限公司等先进企业看齐，从合规管理理念、监控体系、管理机制和保障措施等方面对标对表，探寻合规管理路径。

（三）精心部署“定方案”

在前期找差距和寻路径的基础上，印发了《合规体系建设工作方案》，秉承“人人讲合规、时时显合规、事事要合规”的理念，以“三融”为主线，以“三重”为抓手，建立符合电网企业特点的合规体系。为保证合规体系建设成效，按照体系建设、体系运行、改进与优化三个阶段 20 项重点工作有序推进实施，合规管理体系如图 2－1 所示。

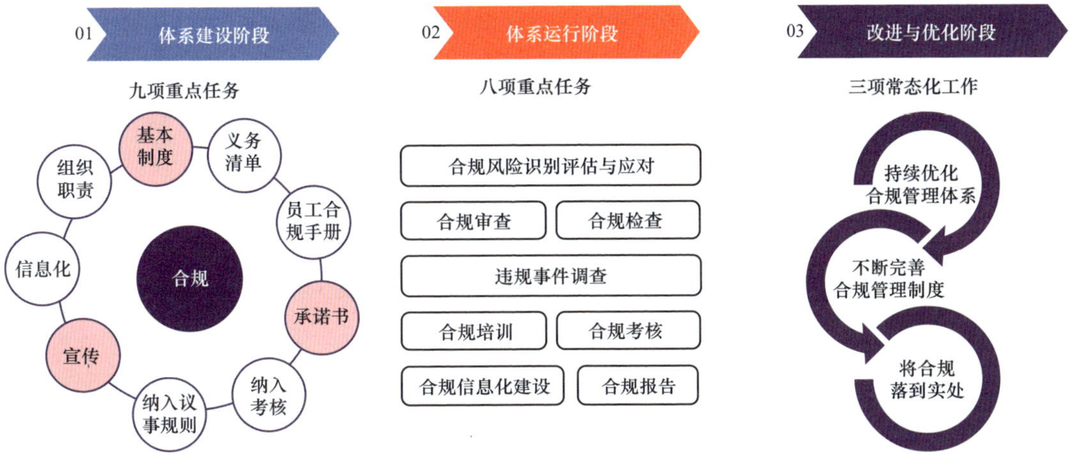

图 2－1　合规管理体系图示

（四）突出重点“抓落实”

公司党组在合规管理中发挥领导作用，董事会、监事会、经理层高度重视并切实推动合规体系建设。成立合规委员会，明确合规归口管理部门，建立业务部门、合规管理部门、合规专业部门组成的“三道防线”，并有效发挥作用，体系分阶段建设图示如图 2-2 所示。印发《合规管理规定》，作为公司合规管理领域的首个纲领性文件，将合规要求固化到制度中。以公司业务管理框架为蓝本，按照管制业务、新兴业务、金融业务和国际业务四大业务板块，对照法律法规、监管规定等文件，梳理出公司生产经营合规义务 1524 项。印发《员工合规手册》，为公司员工提供基础性、宣示性和普及性的合规价值判断。组织合规承诺书签订仪式，邀请国资委政策法规局局长做合规管理专题讲座，公司董事长宣读《依法合规　行稳致远——致全体员工的公开信》，营造浓厚合规文化氛围。全面开展合规管理培训，强化员工合规意识，引导员工从“要我合规”转变为“我要合规”。

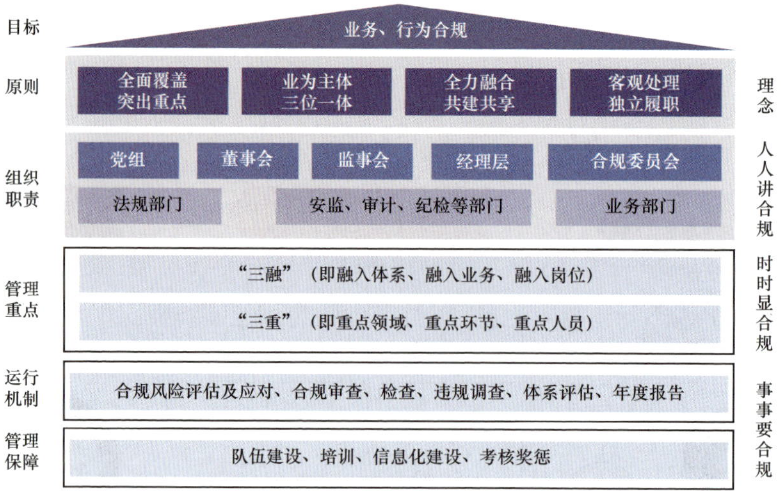

图 2-2　体系分阶段建设图示

（五）聚焦风险“强防控”

全面落实以重点领域、重点环节、重点人员“三重”为抓手的合规管理要求。评估各业务领域合规风险，梳理风险分值排名前 5 的重大风险，制定和实施相应的应对举措。从管理人员、重大风险岗位人员和海外人员中，筛选出有合规义务、权限较大的重点合规岗位 423 个，并通过合规培训、完善制度及授权等方式有针对性地管控重点人员合规风险。重点加强重大决策和制度合规风险防控，在公司党组议事规则、董事会议事规则中，明确将合规审核作为“三重一大”决策的把关程序。开展规章制度合法合规性甄别，梳理规章制度 353 份，对照对比法律法规、规范性文件 702 项，提出修改意见 262 条，修订完善相关制度。

三、工作成效

（一）建成符合电网特色的合规体系

经过一年的努力，中国南方电网公司建成符合电网特色的合规体系，下属各单位积极贯彻落实合规体系建设与运行工作要求，切实履行主体责任，稳抓落实，建设成效获得了国务院国资委的充分肯定。

（二）重大合规风险管控有力

中国南方电网公司通过强化重大合规风险防控，并将合规经营情况作为红线事项，纳入分子公司 2019 年组织绩效考核，2019 年以来中国南方电网公司及下属单位未发生造成重大损失或者重大不良影响的违规事件。

（三）合规管理体系有效运转

通过开展合规检查，深入了解各单位合规体系建设和运行的实际情况，纠正不合规行为，弥补合规管理执行缺陷。同时，持续推动合规风险识别、合规审查和检查、违规事件调查、合规考核等常态化运作，保障合规体系有效运转，促进公司经营管理和各项业务合法合规。

四、经验启示

（一）顶层设计是关键

公司总部要做好合规体系的顶层设计，既要全面覆盖，又要重点突出。各分子公司负责承接合规管理要求并落实执行。

（二）统筹协调是前提

在合规体系建设之前，公司已相应建设了全面风险管理体系、内控体系等，要处理好合规管理与现有其他管理体系的关系，不“另起炉灶”，不搞“几张皮”，避免资源浪费。

（三）全员参与是核心

合规不是某一个或几个部门的责任，各业务部门是第一道防线，承担合规的第一责任，要主动识别合规风险并采取应对措施。

（四）考核问责是保障

要将合规履职情况纳入领导干部和员工的年度绩效考核，针对是否触发合规红线事项、合规重点工作执行情况、合规目标实现情况等，进行评分量化考核，确保合规管理目标得到全面实现。

防范化解法律风险，助力境外业务快速发展

（中国南方电网公司法规部）

一、背景

习近平总书记在2016年国有企业党建工作会上指出：国企必须成为实施“走出去”战略、“一带一路”建设等重大战略的重要力量。中国南方电网公司作为中央企业，坚决落实习近平总书记重要讲话精神，深入贯彻国家“一带一路”愿景，发挥作为大湄公河次区域电力合作中方执行单位的作用，利用独特地缘、区位优势，发挥在电网规划、建设、运营和管理等方面的专业优势，积极开展境外电力能源领域投资并购、跨境电力贸易、国际电力工程承包、对外技术合作与技术进出口、成套设备及进出口贸易等业务，境外业务从周边国家和地区扩大到全球范围，产业链条不断延伸，在改革发展实践中努力发挥国有企业“六种力量”。

同时，由于当前世界政治经济形势发生深刻复杂变化，境外业务面临着很多法律风险，如防范不到位可能造成国有资产严重损失等不利后果。2017年，国务院国有资产监督管理委员会印发了《关于进一步加强中央企业境外法律风险排查处置的通知》，明确中央企业境外法律风险防范要求。近年来，中国南方电网公司电网投资和运营、电力贸易、工程承包、技术咨询等项目日益增多，防范项目法律风险和维护境外资产安全，确保境外业务持续健康发展，成为一项十分重要而紧迫的工作。

二、工作举措

（一）落实境外业务法律风险防范责任

一是按照分层分级管理的原则，建立起了领导班子决策主导、法律部门协

调推进、业务部门各司其职的法律风险防范“三道防线”，形成决策、管理、执行各层级齐抓共管的工作格局。**二是**明确总部与两个国际公司法律工作管理部门工作界面，强调两个平台公司的主体责任，强化重大事项报告和总部审核职能，从而实现境外项目法律风险管理机构到位、人员到位、职能作用发挥到位。

（二）建立健全管理制度和工作机制

一是建立健全管理制度和流程，制定了《“三重一大”决策管理办法》《投资管理规定》《境外投资项目管理办法》，从投资负面清单到总部与具体境外业务承担单位之间的决策权限、审核标准及工作流程、时限等均作出了具体规定，将项目前期论证、风险评估、法律审核、集体讨论决定等作为决策的必经程序，形成了标准化、规范化的决策审批流程。**二是**进一步完善法律风险防控机制。建立以法律管理部门为主导，外部法律中介机构参与，专业部门对本专业领域法律风险进行识别与控制的工作协调机制。制定了《公司境外业务法律合规工作指引》，明确不同类型项目在前期立项、投资决策、项目实施等各个阶段法律工作参与范围、环节和具体工作内容，让法律审核工作做到有章可循，确保法律工作管理部门的知情权和法律审核权，实现法律风险防控工作关口前移。

（三）规范境外业务法律工作全过程管理

一是立项决策阶段，重点做好项目可行性法律分析论证，将法律论证与技术论证、经济论证同重视、同安排、同部署，确保项目符合所在国家或地区法律规定，在法律上具备可行性。针对不同类型项目确定法律尽职调查清单，深入开展法律尽职调查，识别项目法律风险并提出应对措施。**二是**项目实施阶段，高度重视项目谈判及法律文件起草审核。组建谈判团队，配备技术、经济、法律等专业人员，充分考虑中国及项目所在国交易审批程序，全力避免因对国内外主管机关审批程序了解不足而导致交易延迟甚至搁浅。**三是**运营管理阶段，重点加强境外子企业依法合规经营，建立符合国际准则、中国以及项目东道国及所在地区法律合规要求的内控管理体系，严格合规管理。从制度上要求境外控股、参股公司自觉遵守投资所在国家和地区法律法规、监管要求和风俗习惯，确保公司治理、信息披露、关联交易、劳动用工等合规。严格对境外业务授权以及授权委托书进行法律审核，动态跟踪合同履行情况。严格落实境外担保必须遵守的国家关于境内机构对外担保的有关规定，未经法律审核及风险评估，不得对外出具具有担保性质的承诺函、支持函等文件，不得开具可转让保函。

（四）强化境外业务法律服务保障

一是重点做好公司国际业务法律环境分析。组织编制《国际并购法律风险分析报告》，建立起并购项目体系化法律风险框架，梳理出项目立项、决策、交割、运营管理四个阶段 99 个风险点，搭建了并购项目的法律风险库，为防范公司境外投资法律风险奠定了坚实基础。**二是**进一步总结复盘相关案例经验，整理项目实施过程 BOT 合同、收购协议、股东合作协议等法律文件，提炼通用或实践中形成的有效内容，逐步建立公司自己的境外业务法律文件标准文本体系。**三是**加强外部法律中介机构的选聘和管理。根据投资环境、法律体系等不同情况，分类采取国际律所、“1+1”国际顾问牵头联合项目东道国法律顾问、当地法律顾问等不同服务模式，规范外部法律顾问选聘。为加强对中介机构法律服务质量控制，在卢森堡项目上，公司创造性地实施了境外项目法律监理，聘请其他法律机构对提供境外项目服务的原法律机构工作进行全过程监控和复核，通过多重把关将法律风险降至最低。

三、工作成效

（一）境外业务依法有效实施

五年来，中国南方电网公司境外项目依法实施，境外投资取得突破性进展。越南永新、老挝南塔河、缅北民生供电等项目顺利投产。公司收购智利输电公司 27.8%股权，完成公司在南美地区布局的第一步，完成收购马来西亚埃德拉公司 37%股权交割，旗下拥有“一带一路”沿线 5 个国家的电力资产，完成收购卢森堡 Encevo 公司 24.92%股权交割，进入欧洲电力管制市场。老中电力投资公司揭牌成立。

（二）境外业务法律风险管理体系更加完善

五年来，中国南方电网公司通过搭建法律风险“三道防线”、规范工作标准、加强全过程法律保障服务等有力举措，使境外业务法律风险管理体系更加完善。香港青山电厂收购项目，被中国法学能源法研究会授予 2015 年最佳海外投资项目法务大奖。

（三）境外业务人员法律风险防范意识有效增强

通过境外业务法律风险全过程防范措施的落实、外派和涉外人员上岗前法律培训、建立境外业务 + 法律协同机制等方式，在确保境外业务法律风险得到有效防范的基础上，还提升了境外业务人员的法律风险防范意识和防范能力。

四、经验启示

（一）落实责任是基础

境外业务实施涉及立项、实施、决策、运营管理等多环节，需要企业内部多主体参与。在境外业务法律风险防范中一定要坚持责任落实要求，切实发挥不同主体在“三道防线”中的不同作用，才能保证各项防范措施有效落地。

（二）动态风险防范是关键

境外业务风险随着境外政治、经济、法律环境变化而变化，必须要坚持动态风险防范要求，将法律风险防范要求贯穿到立项、实施、运营等项目全过程，针对不同阶段的风险动态调整防范措施，实现全过程法律服务和保障，推动项目全过程的依法合规。

（三）有效协同内外是保障

中国南方电网公司坚持有效协同内外的要求，根据不同国家法治环境明确差异化法律服务要求，选聘优秀外部法律机构，配备强大的内部法律工作团队，充分发挥内外部法律人员法治支撑保障作用，确保境外业务法律风险有效防范。

首创法律风险管理国家标准应用示范基地，助力公司合规经营

（深圳供电局）

一、背景

为落实国务院国有资产监督管理委员会（简称国资委）《关于落实中央企业法制工作第三个三年目标有关事项的通知》中“着力完善企业法律风险防范机制”的要求，深圳供电局有限公司（简称深圳供电局）以《企业法律风险管理指南》（GB/T 27914）为指引，率先建成“横向到边、纵向到底”的法律风险管理体系，并于2016年被评为全国首家法律风险管理国家标准应用示范基地。

2015 年，国务院国资委印发《关于全面推进法治央企建设的意见》（国资发法规〔2015〕166 号），提出“进一步深化法律风险防范机制，加快促进法律管理与经营管理的深度融合”要求。深圳供电局坚持建设法治央企目标，围绕实现法律风险防范与日常业务的深度融合要求，持续开展法律风险管理体系的闭环运作及优化提升，充分发挥法律风险管理体系事前管控、事中控制的应用价值，在营造了良好法治氛围的同时，为企业改革发展和生产经营提供了坚强的法治保障。

二、工作举措

（一）以国家标准应用示范基地为平台，推动体系动态闭环运作

“十三五”期间，深圳供电局结合外部法律环境变化和内部经营管理实际，依托

国家标准应用示范，制定了《法律风险管理业务指导书》，明确了工作流程及风险防控标准，形成了规范统一的法律风险识别、评估、应对及监督机制。每年组织各业务部门共同识别、评估公司法律风险信息，滚动更新涵盖公司规划基建、生产运维、市场营销等 11 个业务领域、562 项法律风险行为的法律风险信息库，法律风险管理体系如图 2-3 所示，为公司优化经营管理风险防范和制定发展战略提供了重要参考。

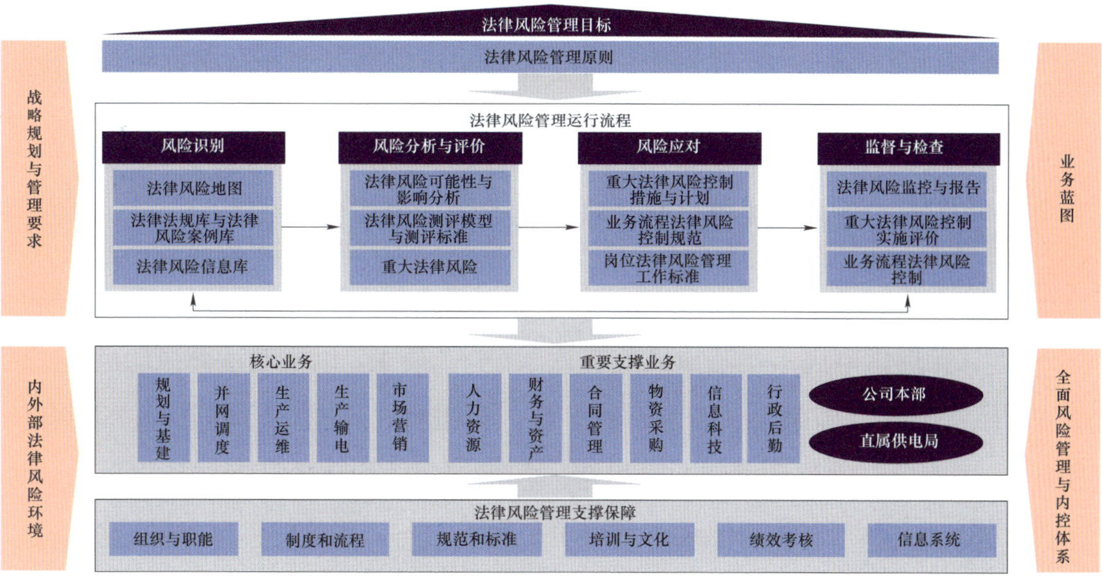

图 2-3 法律风险管理体系图示

深圳供电局持续推动公司重大法律风险控制机制，加强重点领域风险防控。根据重大法律风险筛选原则，综合考虑公司年度工作重点、业务部门集中反映问题、审计发现的屡审屡犯问题、纠纷案件频发暴露的管理短板等，选取重大法律风险并制定控制措施，形成公司年度重大法律风险控制计划，列入年度重点工作，充分调动资源集中防范公司整体层面需关注的核心法律风险，确保公司稳健经营。五年来，公司共选取了 101 项重大法律风险并落实控制措施 231 项，控制措施完成率达 100%。

（二）开展专项业务领域风险治理，加强法律风险防控

围绕公司发展趋势及需重点关注的法律风险，深圳供电局主动开展专项业

务领域风险治理工作，“十三五”期间，公司共开展专项业务领域风险治理六次，涵盖电力体制改革、知识产权管理、劳动合同全过程管理、基建项目前期管理、对外投资设立公司经营管理等领域，通过梳理识别法律风险并制定防控措施，形成专项领域法律风险信息库6个，制定并出台《知识产权法律风险防控指引》《劳动合同全过程管理法律风险防控手册》等成果，审核相关领域制度、流程、表单96份并提出优化建议，针对关键涉法岗位编制岗位风险防控信息卡525张，并开展专项业务领域培训10余次。通过开展法律风险专项业务领域治理，优化公司关键业务的制度、流程及法律文件，确保公司重大法律风险可控在控。

（三）落实“五进”要求，推动法律风险管理落实到一线

针对法律风险防控停留在公司的职能部门，未能在基层单位有效实施的管理脱节问题，深圳供电局落实法律风险管理“五进”要求，以推动法律风险管理“两合、三化、五进”（即融合、整合、规范化、标准化、精益化、进流程、进制度、进岗位、进表单、进信息系统）为思路，积极探索法律风险管理在基层单位的推广应用，实现法律风险管理体系在基层单位自主运行。从基层单位重点业务着手，推动法律风险管理与业务管理过程深度融合，整合内控、安风、廉洁等风险管理体系管理工具，形成一套统一的基层单位法律风险管理模式和岗位法律风险防控评价标准；落实规范化、标准化、精益化管理要求，提高基层单位法律风险管理效能。推动风险防控进流程、进制度、进岗位、进表单、进信息系统，切实将法律风险防控落实至业务一线。最终形成《基层供电局法律风险信息库》《基层供电局制度、表单修订意见》《岗位法律风险防控信息卡》《岗位法律风险防控评价标准》《基层供电局法律风险管理工作指引》等一系列成果。

（四）以法律风险管理体系为基础，开展内控风险合规体系融合探索研究

自2019年起，深圳供电局按照网公司建立合规管理体系的要求，结合公司法律风险管理体系建设经验，逐步开展公司合规管理体系建设工作。一是健全合规管理组织机构。成立了以公司董事长为主任的合规委员会，落实合规管理

“三道防线”职责。将合规要求纳入公司组织绩效和个人绩效，强化干部员工合规主体意识。二是稳步开展合规风险识别和管控。结合法律风险识别、评估的方式方法，以公司法律风险信息库为基础，开展合规义务清单本地化工作，管制业务和新兴业务共计新增调整本地化合规义务 26 项，梳理明确 50 项重大合规风险，确认重点合规岗位 32 个，形成 72 项风险应对措施。开展全面风险管理、合规、内控体系整合研究工作，基于公司现有体系特征，对公司全风、合规、内控整合体系的框架及建设思路等开展探索研究，为中国南方电网公司开展体系融合提供了有益参考。创新管理工作方法，融合法律风险与合规义务的岗位防控机制，编制合规与法律风险防控信息卡，切实在业务一线做好风险的事前防控及事中控制。

三、工作成效

（一）为企业内外提供有益经验

以《企业法律风险管理指南》（GB/T 27914）和中国南方电网公司《法律风险管理办法》为指引，深圳供电局率先建成“横向到边、纵向到底”的法律风险管理体系，形成了规范统一的法律风险识别、评估、应对及监督机制，系统性开展公司法律风险防控工作，并于 2016 年被评为全国首家法律风险管理国家标准应用示范基地。

（二）为公司稳健经营提供强力支撑

深圳供电局开展法律风险识别、评估及重大法律风险防控工作，使企业员工逐步掌握法律风险防控的方式方法。通过落实风险防控第一道防线职责，有效识别、评估法律风险，制定法律风险防控措施，确保公司重大法律风险可控在控，五年来，未发生因违反国家政策、法律法规对公司造成不良影响或经济损失的事件。法律风险体系的建设及发展示意图如图 2–4 所示。

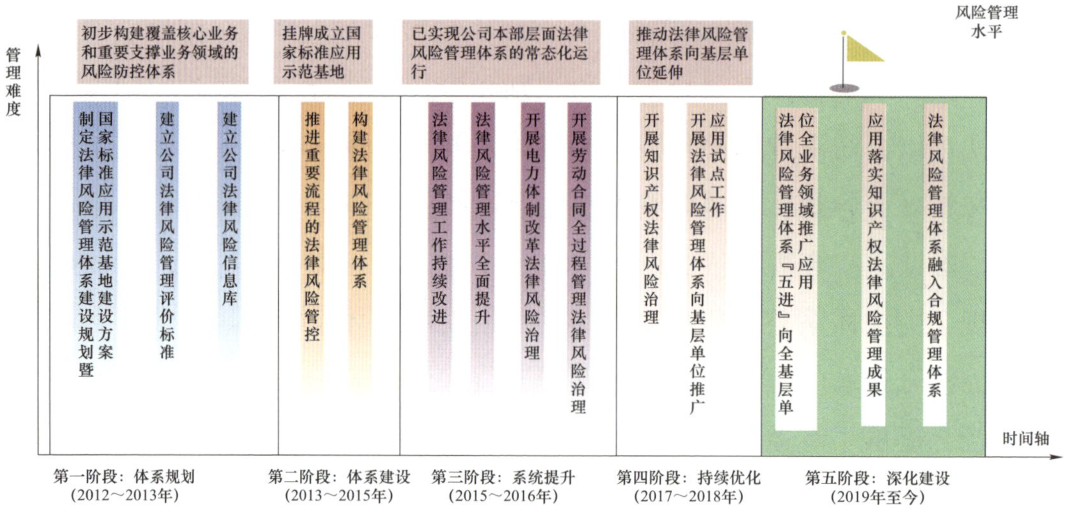

图 2-4　法律风险体系的建设及发展示意图

（三）为公司营造良好法治文化氛围

随着公司法律风险管理体系的深度推进，法律风险防控得到了员工的认可，真正实现了法律风险管理全员参与、全员防控，营造了浓郁的公司法律风险管理文化，赋予了法律风险管理体系运转以强大的活力和动力。深圳供电局知识产权法律风险管理成果为企业科技创新发展提供了有力支撑，并获评中国南方电网公司创新成果二等奖。

四、经验启示

（一）必须坚持战略高度，自上而下推动法律风险全员防控

法律风险管理体系有效运转不能脱离公司战略孤立而行，必须有效融入并服务公司战略发展。通过将法律风险管理体系运转作为公司重点工作推进，纳入各部门（单位）主要负责人履行推进法治建设第一责任人主体责任事项及组织绩效考核，自上而下推动法律风险管理工作开展，确保对法律风险防控措施落到实处。

（二）必须紧跟公司发展，专项治理确保法律风险防控有效

法律风险管理必须紧密结合公司发展重点以及在法律风险管理过程遇到的问题，通过开展法律风险专项治理，分析预判法律风险，及时为公司发展问题提供法律解决方案，为公司依法治理保驾护航。

（三）必须与业务深度融合，有效推动风险防控落实到一线

法律风险防控必须与公司业务深度融合，必须抓住关键岗位人员，结合其实际业务操作层面，明确风险防控责任及具体措施，并将法律风险防控纳入个人绩效考核中，才能让员工主动履责，将法律风险防范在业务一线。

深入推进“依法治安”，
践行法治央企责任，服务经济社会高质量发展

（广西电网公司）

一、背景

以习近平同志为核心的党中央高度重视安全生产工作，习近平总书记在2016年1月6日中共中央政治局常委会会议上指出，必须强化依法治理，用法治思维和法治手段解决安全生产问题，着力提高安全生产法治化水平。为深入学习贯彻习近平总书记关于加强安全生产的重要指示精神，牢固树立以人民为中心的发展思想，坚持生命至上、安全第一，深入践行“人民电业为人民”的企业宗旨，广西电网有限责任公司（简称广西电网公司）立足实际，充分发挥主观能动性，系统谋划、内外兼修，扎实推进“依法治安”各项工作。率先将依法治安理念引入安全生产核心业务管理全过程，提出“违章即违规，违规涉嫌违法”的依法治安理念，并广泛调动各种社会力量化解矛盾纠纷，创造性地构建涉电公共安全风险防范长效机制，建立健全有机衔接、协调联动、高效便捷的矛盾纠纷多元化解决机制，助力公司安全生产平稳持续向好。

二、工作举措

（一）激发内生动力，“依法治安”法治巡回宣讲久久为功

依法治企要融入企业生产经营的各个环节，关键在于每一位干部员工依法

落实安全责任。为提升广大干部员工，特别是生产一线员工安全法治意识，自2017年以来，广西电网公司通过“现场+视频延伸”形式，逐步将依法治安的理念与实践宣贯至14个供电网区44个县级企业，尤其是2019年将法治宣讲覆盖至四级单位基层班组。三年来累计开展宣讲116场，2.7万名干部员工接受教育，干部员工安全法治意识明显提高。

（二）系统组织谋划，构建多元立体式涉电公共安全风险防范格局

2018年广西电网公司联合自治区司法厅、安监局、教育厅开展“涉电公共安全风险防范”法治宣传教育，举办“法治观察”14场，媒体报道500余篇，构建了政府、媒体、企业联合防范涉电公共安全风险的新格局。2019年政企合作提档升级，公司联合自治区全面依法治区委员会办公室、司法厅、公安厅、应急管理厅、教育厅五个政府部门印发《进一步深化全区涉电公共安全风险防范联合共建长效机制工作的通知》，实现“联合宣传”“联合调解”“联合处置”，共同开展风险防范“五个一”活动，为广大电力用户树立正确的安全用电理念、规范安全用电行为、推动电网建设发展、助推地方经济高质量发展提供了坚强的法律支持。

（三）着眼长远发展，国内首家电力行业人民调解委员会成效显著

面对日益复杂的经营环境，单一的诉讼方式难以及时有效地化解各类矛盾纠纷，广西电网公司先行先试，积极探索非诉讼调解机制介入。2017年10月，联合自治区司法厅在防城港正式挂牌成立国内首家电力行业人民调解委员会，联合人民法院建立诉调对接机制，联合公安机关共同成立“电力110”，通过社会公共治理和司法实践的共同创新，推动涉电纠纷快速、有效解决。广西电网公司充分利用各项重大活动，依托电力行业调解机构深入现场开展安全隐患拉网式排查，做到出现一宗调解一宗，依法保障各方合理诉求和利益，服务地方经济社会发展。

（四）强化媒体融合，“法治观察”彰显社会责任

广西电网公司强化普法及法治文化建设，致力于把“重要的”做成“需要的”，提高法治文化价值力；把“有意义”做得“有意思”，增加法治文化吸引力。近年来，广西电网公司立足改革发展实际，融合普法工作经验，通过政企联动构建普法新矩阵，调动传统主流媒体引领宣传热点，紧抓新兴媒体引爆舆论燃点，充分发挥典型、热点宣传的导向示范引领，围绕涉电公共安全，积极探索出一条主流媒体先期引领，新兴媒体强势跟进的典型普法宣传之路，打造了享誉南网的十佳普法品牌“法治观察”。广西电网公司在全区联动开展“电力普法进校园　心系儿童保安全”主题活动；借助政府“电影下乡”平台，开展“百村千场普法动漫电影下乡”电力法律法规宣传，加深公众对用电安全的理解和认识。通过多管齐下、媒体融合，形成了政府指导、部门负责、群众参与、社会支持的安全用电宣传工作机制，有效助力广西经济社会健康发展。

三、工作成效

（一）精准发力，公司安全生产经营提质增效

广西电网公司以抓“关键少数”带动“大多数”，重点提升领导干部和关键岗位人员法治意识，并将法治学习列为岗前培训、干部员工教育的必修课；加大典型案例教育，用身边事教育身边人，公司各级干部的法治思维和依法办事能力不断提升。公司涉电安全事件连续三年大幅下降，其中 2019 年安全事件总数同比下降 54%，各项安全生产指标在中国南方电网公司均位居前列。

（二）政企合作，联防联治持续发力

3 年来，广西电网公司先后 30 次组织 30 余家中央及自治区主流媒体上百名记者，聚焦城中村安全用电、涉水触电公共安全风险、充电安全隐患、在架

空电力线路保护区内种植高秆植物、兴建建筑物或构筑物、垂钓等涉电公共安全法律风险点，以专家说法的形式，深度解读涉电公共安全的权与责，各大媒体专题报道 400 余篇，以媒为介让电力法律法规知识传递至千家万户，截至目前，公司系统各单位与公检法、司法行政机关签订联合共建协议 46 份，组建法律服务队 52 支，开展“法治观察”14 场，送法进企业、进校园、进乡村 88 场，编制印发电力矛盾纠纷人民调解典型案例 14 个，联合处置纠纷矛盾 28 个。广西电网公司协同政府打造共建共治共享的依法治安新模式，提高依法治安立体化、法治化、专业化水平，形成问题联治、工作联动、安全联创的工作机制。

（三）守正创新，多元共建新格局成效显著

电力行业调解委员会成立 3 年来，累计完成编制调解工作制度 10 项、开展法治宣传 18 次、发放法治宣传单 6000 多份和书籍 1000 多本、解答法咨律询 500 多人次，累计受理电力矛盾纠纷案件 55 宗，调解 51 宗，直接挽回经济损失近 200 万元；其中解决线树矛盾、社会人员触电等安全生产纠纷 50 起，促成树障砍伐 8631 棵，挽回损失 341 万元，人民调解和谐高效解决矛盾纠纷的效果充分彰显。

四、经验启示

（一）推进依法治安必须坚持压实责任

充分发挥各级党政主要负责人“头雁效应”，形成领导干部履行推进依法治企重要组织者、推动者和实践者的职责的良好法治文化氛围，以上率下，带动并督促本单位领导班子成员和所属各单位主要负责人依法履职，切实将普法及法治文化建设从软任务变成硬指标。在理念、机制、内容、方法、载体等各方面积极谋划，形成各级法治工作责任清单，明确法治建设责任主体及首要任务，并通过强化考核层层压实责任，不断增强法治宣传的覆盖面和渗透力。

（二）推进依法治安必须坚持法治文化与生产经营相融合

法治工作融入公司生产经营才有生命力。要创新工作理念，服务公司生产经营，特别是服务于公司安全生产，进一步强化法治工作与经营管理核心业务的深度融合，走向一线、服务一线，鼓励各单位创新文化传播方式和手段，以丰富多彩的活动、潜移默化的形式将法治文化理念融入管理、切入业务、扎入基层、植入行为。积极探索分层分类普法新模式，做到重点工作推进到哪里，法治力量就下沉到哪里，普法宣传就跟进到哪里。

（三）推进依法治安必须坚持全面联动内外协同

安全是供电企业的生命线，更事关经济持续健康高质量发展、社会和谐稳定大局和人民群众生命财产安全。推进依法治安要强化政企合作，主动将服务融入政府经济社会高质量发展大局，筑牢安全生产防护网，有效预防和减少涉电公共安全事故事件发生。同时重点推进普法及法治文化建设，充分运用“报、网、端、微、屏”等媒体平台进行广泛宣传，扩大电力法律法规影响力，做到“对内有熏陶、对外有影响”。

法融业务走深走实，创新实践营销全过程法律风险防范

（云南电网公司）

一、背景

党的十八届四中全会提出“全面推进依法治国”，确立了“建设中国特色社会主义法治体系，建设社会主义法治国家”的总目标。2015 年 12 月国务院国有资产监督管理委员会印发《关于全面推进法治央企建设的意见》（国资法规〔2015〕166 号），提出了中央企业法治建设总体要求，“围绕全面建设治理完善、经营合规、管理规范、守法诚信的法治央企目标，为做强做优做大中央企业提供坚实的法治保障”，对中央企业的法治工作设定了新目标，提出了新要求。

营销业务领域作为服务电力客户的“前台”，是电网企业生产经营的重要环节。在实践中，营销业务领域中线房线树矛盾、客户投诉、电价执行、电费回收、人身触电等矛盾纠纷频发，特别是深入推进电力市场化改革进程中，电力市场交易主体间利益相互博弈，法律风险高发频发。云南电网有限责任公司（简称云南电网公司）为强化重大法律风险防控，依法保护公司价值创造，建设法治云南电网公司，从 2018 年 6 月起正式启动了营销全过程法律风险防范专项工作。经过两年的创新实践，不但直接推动了供用电合同等营销业务的规范完善，更促成了协同防控重大风险机制的建立完善，深入推动法融业务走深走实，为营销服务“前台”搭建了更加坚强有力的法治支撑“后台”，有力推动了法治央企建设水平的提升。

二、工作举措

（一）以完善供用电合同为抓手，构筑风险防控堤坝

重点完善供用电合同标准文本。云南电网公司依托“一部+中心+智库+律所”法治工作平台力量，法律部门、营销部门与基层供电单位有效协同，深度挖掘案件价值，聚焦供用电合同纠纷中暴露出的问题与风险，完成营销业务领域的合同标准文本（2020年版）修订完善。同时建立重大供用电合同协同审查机制，针对存在较大合同风险的隆基二期、神火等供用电合同专项开展合同文本审查完善。

开展智能电能表应用法律风险防控。结合智能电能表推广应用要求，云南电网公司开展智能电能表应用法律风险研究，形成《关于使用智能电表预付电费的法律风险分析报告》，并提出6条应对措施，相关措施已纳入《云南电网有限责任公司高低压智能交费（费控）业务推广指导意见》统筹管理。

推进供用电合同电子化。为落实优化营商环境的要求，云南电网公司创先开展供用电合同电子化法律风险研究，编制了《关于营销业务领域推行电子合同的法律分析建议》。2020年，云南电网公司实施供用电合同电子化及供用电合同档案全程电子化信息化项目，有序推进供用电合同电子化。

（二）拖欠电费风险防控，依法保护企业价值创造

强化电费违约金风险防控。针对部分纠纷案件中法院认为按照合同计算违约金过高不予支持的问题，云南电网公司开展电费违约金专项研究，针对在合同中电费违约金约定不明确、违约金冲抵顺序不明确、主张不及时等风险，开展风险提示，并推动将风险防控措施融入《供用电合同》及《营销班组业务手册抄收（供电所）》中不断规范违约金管控。

加强租赁关系下的电费回收风险防范。针对部分案件中暴露的实际用电人

通过租赁生产设备等开展经营活动、无有效资产为电费支付提供担保，导致欠费难以追缴等问题，云南电网公司进一步规范租赁关系下电费管理，明确通过事前采取由出租人或用电人股东提供担保、预付电费多次抄表、欠费后及时申请支付令或财产保全等防控措施，依法维护企业合法权益，防止电费损失。

构建重大电费纠纷全程法律服务模式。2018 年以来，宣威市来宾镇振兴煤矿诉宣威供电局、丽江隆基欠费纠纷等营销类重大纠纷案件频发，为有效维护企业合法权益，云南电网公司及时建立法律+业务、内部+外部的纠纷协同应对机制，坚持维护电力市场秩序和电网安全稳定目标，“亦文亦武”完善纠纷案件处理策略，为重大案件有效解决提供了坚强的法律保障。

（三）综合施策统筹治理，集中解决痛点难点问题

建立不实客户投诉应对及协同解决机制。针对不实投诉举报扰乱公司经营秩序、影响企业良好形象的问题，云南电网公司坚持法治思维，开展不实客户投诉专项法律分析，围绕行政、民事、刑事提出不同处理建议，并与营销部门建立不实客户投诉应对及协同解决机制，搭建客户服务法律服务直通渠道，探索涉法投诉举报联合调查机制。

开展水电硅铝法律风险分析及防控。近年来，云南省政府聚焦全力打造世界一流的“绿色能源牌”，进一步发挥电价洼地优势，通过招商引资推进水电铝硅产业高速发展，水电铝硅项目落地给云南省电量大幅增长带来了重要契机，同时受政府承诺电价等因素影响，欠费等导致的经营风险持续增大。针对存在的风险，云南电网公司通过对近年来发生的案件、纠纷及相关供用电合同履行情况进行综合分析，针对水电铝硅项目主要存在电价执行、电费回收、停电、合同履行 4 个环节的法律风险提出 11 种风险防范措施，同时建立保障水电铝硅产业用电的领导小组及工作专班，为全面做好水电铝硅产业供电服务并有效防范应对风险构建了统一组织和策略。

进一步规范客户停电工作。从近两年来的数据分析来看，停限电引发的纠纷案件呈现涉案金额高、新发数量增长快等特点，属于营销领域高风险点。云

南电网公司结合供电所规范化工作，详细梳理了供电单位因故停电、不可抗力/紧急避险停电和协助政府部门停电 3 类 9 种情形的对应操作程序及注意事项，推动重大法律风险与基层班组用电检查、停电管理等核心业务的有机融合。

坚持到一线基层开展法律巡诊。聚焦基层多发、常发问题，坚持以基层为导向，深化“1500 法律诊所”建设，常态化开展基层班组、供电所法律巡诊，贴近一线了解法律诉求，快速响应基层法律诉求，进一步打通了连接基层的法治直通车。

三、工作成效

（一）营销业务更加依法合规

通过开展营销全过程法律风险防范专项工作，云南电网公司进一步规范了供用电合同签订及管理，完善了电费违约金、客户停电等管理，并将相关管理规范融入制度流程和岗位职责中，营销业务更加依法合规。

（二）建立“法律＋营销”协同机制

云南电网公司营销全过程法律风险防范专项工作实施以来，不但在供用电合同管理等营销业务领域实现了法律风险有效防控，也搭建了“法律＋营销”部门协作的良好机制，为持续构建重大风险防控跨部门协同和共同治理提供了很好的实践样本和经验。

（三）强化企业价值创造保护

通过营销全过程法律风险防范专项工作的实施，2019 年 10 月起公司开始推广费控业务以来，未发生相关法律纠纷或案件。2019 年云南电网公司提起主动诉讼 46 宗，发出律师函 48 份，申请支付令 2 次，全年通过诉讼及非诉方式共计挽回或避免经济损失 4.24 亿元，其中追回电费 1.9 亿元。

（四）有效为一线服务和赋能

云南电网公司借助法律巡诊平台拓展法律服务需求调查、现场作业观察、供用电合同抽检等工作，为供电所等基层班组线树/线房相互妨碍、人身触电、保险理赔、停复电、文书送达、录音手段固化证据、涉电公共安全隐患治理和防范、电力行政执法等问题提供法律意见和建议，法律服务更贴近一线。2019年云南电网公司法规部、法治合规共享中心共开展法律诊所22次，收集并回答法律问题152个，开展4个三级单位法治工作评价。

四、经验启示

（一）坚持服务公司经营战略，建设高效法治后台

客户服务前台是提升企业价值创造能力的关键环节，是实现经营战略的服务前台。法治工作必须坚持服务、服从公司经营战略，围绕建设敏捷前台，推动法律融合业务走深走实，以法治方式充分赋能前台，建设坚强、高效法治后台，为公司合规经营提供坚强法治保障和支撑。

（二）坚持以问题为导向，“靶向治疗”效果更佳

云南电网公司在开展营销全过程法律风险防范专项工作中，牢牢把握以问题为导向的原则，通过案件价值挖掘、法律巡诊等方式发现营销业务领域存在的痛点、难点问题，以法治的视角审视问题，充分用好法律武器，为业务问题解决提供具有可操作性的法律方案，为业务提供更切实际、更有价值的法律服务和支撑。

（三）坚持有效协同内外，打造法治“特种部队”

云南电网公司通过几年的努力，建立了“一部一中心＋智库＋律所”的法

治平台，通过重大纠纷案件解决、重大法律风险专项研究等方式，在切实履行企业“守夜人”职责的同时，为企业打造了一支内外有效协同、能力互补支撑的法治问题解决“特种部队”。习近平总书记指出，全面推进依法治国，建设一支德才兼备的高素质法治队伍至关重要。在法治央企建设中，培养法治队伍尤为重要，要注重在具体工作中坚定法治信仰、锤炼过硬本领，真正建设一支适应企业经营发展需要、切实推动企业法治建设的高素质法治队伍。

坚持法治思维，有效化解征地移民风险

（调峰调频公司）

一、背景

习近平总书记指出，“要更加自觉地运用法治思维和法治方式来深化改革、推动法治、化解矛盾、维护稳定，依法治理经济，依法协调和处理各种利益问题”。总书记关于法治与社会稳定的一系列重要论述，为新形势下征地移民工作指明了努力方向、提供了根本遵循。南方电网调峰调频发电有限公司（简称调峰调频公司）始终坚持以习近平新时代中国特色社会主义思想为指导，运用法治思维和法治方式推进中国南方电网公司重点工程项目建设过程中的征地移民等重点、难点问题，创新构建征地移民法律风险内控体系，在依法维护企业合法权益的同时，为公司高质量发展营造和谐稳定的外部环境。

自 2017 年 7 月起，调峰调频公司所属梅州抽水蓄能电站项目（简称梅蓄项目）征地范围内的梅州市五华县龙村镇黄狮村个别村民，出于私利考量，以对地方政府征地补偿和移民安置工作不满为由，不断寻衅滋事，煽动不明真相的村民到梅蓄电站施工现场阻工，越级集体到梅州市政府、广东省委政府上访。9 月 26 日，事件发展成为 200 多名村民参与的重大群体性事件，甚至殴打到场处置的政府工作人员及警察，掀翻警车、打砸地方政府和梅蓄项目部工作车辆，并向施工单位非法索取 200 万元（简称“9・26”事件）。

事件发生后，调峰调频公司紧紧依靠地方政府，积极配合做好征地移民问题处置工作，一方面及时向中国南方电网公司汇报，并通过中国南方电网公司向广东省政府报告；另一方面积极主动协调梅州市委市政府，寻求用法律途径解决。2018 年，广东省委省政府将“9・26”事件纳入扫黑除恶专项工作部署，

6月22日公安机关依法对参与梅蓄项目“9·26”事件的犯罪嫌疑人实施抓捕，共抓获重点嫌疑人23名，另有247人投案自首（简称“6·22”专项行动）。截至2019年11月13日，被非法索取的200万元已全部追回。至此“9·26”事件圆满解决，调峰调频公司在总结事件处置经验的基础上，创新构建了征地移民法律风险内控体系，为后续征地移民工作依法依规处置提供了有力支撑。

二、工作举措

（一）提高政治站位，牢记使命、勇担责任

梅蓄项目是广东省委省政府和中国南方电网公司关心支持五华县甚至梅州绿色经济发展的一个重大举措，属于省级重点工程项目。在“9·26”事件中，面对人民群众的生命安全受到威胁、现场局面失控的情况下，调峰调频公司坚持以人民群众生命安全为重，始终保持克制，避免局面恶化。同时，为有效推动事件依法解决，调峰调频公司各级领导坚持靠前指挥协调，及时向中国南方电网公司及广东省政府报告，在事件未处置完成前，暂停梅蓄项目现场施工，用实际行动大力支持地方政府作出的决定，积极配合地方政府做好后续处置工作。

（二）紧紧依靠政府，建立健全工作机制

征地移民及其维稳工作的主体责任在地方政府，调峰调频公司坚持与地方政府“分工不分家”，主动配合协调政府做好相关工作。

一是建立群防群治政企协调联动机制。在梅蓄项目实施过程中，调峰调频公司高度重视与地方政府的沟通协调，紧紧依靠政府统筹推进项目建设。在“9·26”事件发生前夕，与地方政府加强联动，分析、研判出梅蓄项目施工存在的信访维稳风险苗头，多次赴梅州市政府、五华县政府及相关职能部门沟通汇报，协调做好村民维稳工作。“9·26”事件发生后，与地方政府进一步加强政企联动，通过

加强建立政企信息共享、定期沟通协调、建立联合开展信访维稳风险应急处置工作机制等措施，巩固政企联动机制成果，积极争取主动，推进事件处置。

二是建立“月、周、日”专项工作协调机制。“9·26”事件发生后，调峰调频公司与梅州市等当地政府建立“月、周、日”工作协调机制，跟进落实处置情况，确保存在问题及时处理到位。与五华县委建立月度工作协调机制，五华县直各相关单位与龙村镇、黄狮村建立周工作协调机制，五华县抽调工作组和龙村镇、黄狮村建立日工作解决机制，确保第一时间妥善解决村民提出的疑问和诉求，全力推动项目加快建设。

三是建立突发群体性事件应急联动机制。为进一步防范梅蓄项目“9·26”事件后续维稳风险，2018 年 4 月 12 日，调峰调频公司相关人员赴梅蓄项目部与五华县蓄能办、龙村镇政府有关领导召开工作协调会，讨论持续巩固政企联动机制，审议并通过《梅蓄电站信访维稳事件联合处置工作方案》，明确工作机构及职责，建立信息共享机制。深入排查梅蓄项目现阶段仍存在的信访维稳风险，讨论具体处置举措。商请当地政府加强移民户走访，及时了解舆论动态，整理移民工作相关需求问题，根据政策要求及时跟进并反馈。联合当地政府部门及派出所开展梅蓄项目突发群体性事件处置应急演练，及时完善处置措施。

（三）坚持法治思维，努力提升依法处置信访维稳事件能力

一是推动依法打击违法犯罪，全力挽回公司损失。“9·26”事件是一起有计划、有组织，经过精心策划的违法事件。在中国南方电网公司的大力支持和推动下，在广东省委省政府、梅州市委市政府的领导和协调下，五华县委县政府果断采取“6·22”专项行动，严厉打击了犯罪分子的嚣张气焰，并全额追回被非法索取的 200 万元款项，梅蓄项目于 2018 年 6 月复工，有效维护了公司利益。

二是梳理排查风险，分类开展风险督办管控。针对梅蓄项目“9·26”事件，调峰调频公司建立重大风险“一案一册”督办管控，明确事件处置责任单位及责任人员。为防范“一案一册”成为“走过场、摆样子”的“走秀式”方案，要求责任人员认真学习梅蓄项目征地移民相关国家及地方政策法规，充分掌握

项目现阶段征地情况、安置房建设情况、移民资格认定等方面的实际情况，全面掌握各项稳控处置措施的具体内容和工作要求，进一步压实责任，确保各项维稳措施有效落地。

三是增强法治观念，确保处置程序合规合法。面对“9·26”事件的违法行为，调峰调频公司坚定法治信仰、捍卫法治权威，坚决拿起法律武器与违法犯罪行为斗争，切实维护企业安全稳定，依法依规开展维稳工作。“9·26”事件发生后，针对当地 145 名村民联名信件反映梅蓄移民安置房项目建设未征求村民意见，以及村民刘某来信反映梅蓄征民移民有关问题，依法开展处置，严格按照问题预判、口径统一、答复分工等工作要求，围绕村民利益诉求，逐户逐人精准开展宣传解释、教育引导和稳控化解工作。

四是加大政策法律法规宣传，营造依法维稳良好氛围。调峰调频公司联合属地政府、在建单位、项目所在地村委，深入村民开展集中法治宣传，累计组织宣讲 1 场、专题讲座 1 场、知识讲座 1 场，发放宣传单千余份、条幅 10 余条、宣传板上百块，最大限度地引导社会舆论理解支持。同时，在内部还通过楼宇电视播放视频、悬挂条幅、设置宣传板、“知行南网—法治在线栏目”广泛宣传《中华人民共和国土地管理法》《中华人民共和国水法》《国家信访条例》及《大中型水利水电工程建设征地补偿及移民安置条例》等法律法规，为公司信访维稳法治化工作营造了良好的氛围。

三、工作成效

（一）构建征地移民法律风险管理体系

“9·26”事件的成功化解，不仅推动了梅蓄项目建设，也对调峰调频公司其他重大工程项目建设征地移民工作起到了示范效应、联动效应。调峰调频公司全面回顾了梅蓄项目“9·26”事件处置过程，认真总结依法依规处置征地移民问题的工作方法和经验，搭建了以群防群治政企协调联动机制、专项工作协调机制、突发群体性事件应急联动机制“三项机制”为重点，以强化征地移民全过程法律服务和加强普法宣传为支撑的征地移民法律风险管理体系，为后续防范化解征地移民法律风险提供了有益经验。在阳江抽水蓄能电站建设中，调峰调频公司积极参考应用梅蓄电站在征地移民工作中一些好的经验和做法，项目征地移民工作聘问有序、风险可控在控。

（二）企业周边秩序良性发展

“6·22”专项行动后，调峰调频公司通过与地方政府深入细致的工作，梅蓄电站周边社会秩序井然，梅蓄项目各项工作全面加快，项目建设整体态势良好，当地村民思想动态平稳，没有出现上访、信访及越级聚集上访的现象，实现了“零上访、零信访”。

（三）项目建设呈现顺利推进态势

调峰调频公司通过多种渠道协调当地各级政府，并建立有效对话机制；联合各施工单位积极主动配合政府做好防控稳定化解工作，定期深入群众做好宣传、解释工作。经过努力，征地工作明显加快，两个移民安置区建设加快推进，移民安置工作有序开展。2018 年 6 月，梅蓄项目全面恢复施工，主体工程建设和移民安置等工作顺利推进；2019 年 6 月，现场土地丈量、补偿登记、公示等程序全部完成；2020 年 5 月 20 日完成了全部移民搬迁安置。

四、经验启示

（一）法治思维是征地移民工作的根本原则

征地移民工作是一项政策性非常强的工作，必须依据和贯彻国家的法律法规、方针政策，坚持法治思维和法治方法是征地移民工作合法合规的根本原则。几年来，调峰调频公司通过搭建征地移民法律风险管理体系，逐步推动形成办事依法、遇事找法、解决问题用法、化解矛盾靠法的良好信访法治工作氛围，为后续重大项目实施提供了有力的法治保障。

（二）政企协作是征地移民工作的关键支撑

《大中型水利水电工程建设征地补偿和移民安置条例》规定水电移民安置实行“政府领导、分级负责、县为基础、项目法人参与”的管理体制。“政企协作”必然是工程项目建设征地补偿和移民安置的关键所在。“9·26”事件处置中，调峰调频公司与属地政府建立了“心连心、一条心”和谐政企合作关系，充分调动基层地方政府征地移民工作的积极性，处理好了项目建设与群众生产生活保障、合理利益诉求与个别重点人员私利、公司与属地政府“三个方面”的关系，为推进当地经济社会发展打下了坚实基础。

（三）强化组织领导是征地移民工作的重要保障

征地移民工作是件“大难事”。调峰调频公司党委针对“9·26”事件的信访维稳工作，强化组织领导，成立了主要领导亲自挂帅的信访维稳工作领导小组，建立主要领导负总责，分管领导具体负责，其他领导“一岗双责”的“立体”防控责任体系，为做好征地移民工作做出了表率和提供了有力的组织保障。

（四）坚持群众路线是征地移民工作的基本思想

以人民为中心、切实解决群众关心的突出问题，既是调峰调频公司贯彻落实党的群众路线的工作重点，也是在征地移民工作中一以贯之的基本思想。通过定期深入群众做好宣传解释工作、及时总结提炼固化“暖心思路”等方式，把人民群众的合法权益维护好、把职工群众合理合法诉求解决好，依靠群众就地化解矛盾，妥善处理了水电工程建设与地方经济社会发展和移民群众切身利益的关系，让群众由衷感到自己受到公平对待、自己的权益得到有力保障，为征地移民工作凝聚了人心、汇聚了力量。

抓顶层设计与基层执行，反洗钱、控风险、创价值、树品牌

（鼎和保险公司）

一、背景

2006年10月31日，第十届全国人民代表大会常务委员会第二十四次会议审议通过《中华人民共和国反洗钱法》（简称《反洗钱法》），自2007年1月1日起实施。《反洗钱法》的颁布实施，以国家专门立法的形式确立了我国反洗钱工作的基本制度，是我国反洗钱法制建设的一个重要里程碑，标志着我国反洗钱工作在法治化和国际化的轨道上迈出了关键的一步。配套实施《金融机构反洗钱规定》《金融机构大额交易和可疑交易报告管理办法》《金融机构报告涉嫌恐怖融资的可疑交易管理办法》等法规政策，对金融机构反洗钱工作提出了一系列具体要求。

二、工作举措

（一）抓顶层设计，重规划按指标管理

公司将洗钱风险纳入全面风险管理体系，严格按照反洗钱监管评级指标设置要求，根据公司机构设置等级对反洗钱工作实行分级管理。公司主要履行法人机构反洗钱义务，强化顶层设计职能，分支机构侧重反洗钱执行功能。将反洗钱工作融入经营，实施全流程闭环管理，涵盖考核、操作等关键环节。

一是领导挂帅，谋篇布局。自2016年开始，公司坚持每年召开法治合规工

作会议，专门听取反洗钱年度工作报告，传达中国人民银行反洗钱工作会议精神。公司总部、各分公司成立了由主要负责人组成的反洗钱工作领导小组，每年至少召开 2 次小组会议，及时研究、部署、推进公司反洗钱工作。公司董事长、总经理与所有分公司主要负责人、分公司总经理与所辖中心支公司、支公司主要负责人签订《反洗钱工作承诺书》，将反洗钱任务层层压实。

二是建章立制，打破“两张皮”。探索并搭建反洗钱“1+10”制度体系，形成了以《反洗钱工作制度》为纲，以《反洗钱工作领导小组及工作小组管理办法》《涉及恐怖活动资产冻结管理办法》《洗钱和恐怖融资风险评估及客户分类管理办法》《反洗钱操作手册》《分公司合规、内控、反洗钱考核管理办法》《分支机构合规、反洗钱督查管理办法》《反洗钱管理系统岗位人员操作手册》《反洗钱自评估管理办法》《反洗钱可疑交易分析实务操作手册》等 10 项管理细则为目的的制度体系，实现反洗钱管理要求、业务操作以及考核、督查、审计的全流程管控。同时，将反洗钱管理要求嵌入财务、车险、销售等业务制度，打破了反洗钱管理与业务管理“两张皮”现象，实现反洗钱管理与业务管理有效融合。

三是加强信息化建设，增强风险防控能力。将反洗钱系统与承保系统、理赔系统、双核系统、收付系统等 6 个核心业务系统进行对接，开展数据实时交互。升级反洗钱系统，优化可疑交易模型，设定 25 项可疑交易指标，并细分为即时校验和定时校验两大类，即时校验指标 12 项，定时校验指标 13 项。实现黑名单系统、反洗钱系统、核心业务系统数据对接，自动监测业务系统客户黑名单匹配情况，定期进行黑名单匹配情况回溯，切实增长风险防控能力。

四是加强组织保障，提升反洗钱管理水平。2018 年总公司成立反洗钱室，14 家分公司均设置合规部，下设反洗钱岗；业务部门和所有三、四级机构均设置反洗钱兼岗，切实增强反洗钱管理力量。加强新产品洗钱风险评估，将反洗钱评估贯穿新产品设计、开发、审批、实施全过程，加强动态管理，从源头控制洗钱风险。

（二）抓基层执行，重监督强考核严问责

一是建立风险识别和提示机制。公司坚持对分支机构客户身份识别、客户风险评级、黑名单回溯等管理情况进行动态跟踪。每季度对各分公司反洗钱管理及系统操作存在的问题和不足进行风险提示，并限期整改。公司根据险种、业务类型、客户类型等要素对客户身份信息进行细分，设计 8 类客户身份信息填报模板表，并将客户信息识别设置为业务系统必录项。将业务系统与资金支付系统、反洗钱系统对接，自动比对校验客户的缴费、收款账户信息，对缴费账户、收款账户不一致的情况进行预警，即时进入可疑交易人工筛查程序。公司反洗钱系统每天筛查客户身份证件有效期，对即将到期的客户提前一个月系统预警，由业务部门通知客户补办新的身份证件资料。对客户风险等级由低风险变为高风险的客户，系统自动提示，进入人工筛查程序，有效防控客户信息识别带来的洗钱风险。

二是完善反洗钱工作实时监测和自评估机制。公司通过业务风险分析，制定了可疑交易模型和操作手册，坚持每年对分支机构可疑交易报告工作进行统计、分析，提出改进性建议和要求，并督促整改到位。每年开展分公司反洗钱自评估，指导分公司对照 43 项评估指标、106 项评估标准逐项检查，查漏补缺，有效提升分公司反洗钱管理能力和分类监管评级等级。每年开展反洗钱专项审计，从反洗钱组织机构建设、内控制度建设、信息化建设、宣传培训、内部监督检查等方面入手，开展专项审计，督促对审计发现的问题逐一整改，目前专项审计覆盖率已达到 10%以上。

三是实行反洗钱现场和非现场检查闭环管理。公司每年抽查分支机构进行反洗钱工作现场检查，出具检查意见书，要求被检查单位严格落实整改和问责机制，定期针对整改情况有效性进行“回头看”检查，实现闭环管理。加强非现场报告机制管理，要求各分支机构按照要求在规定时间把机构依法合规经营情况及时向总公司风险合规部报告，充分运用合规内控反洗钱智能管理系统开展风险监测工作，对预警的信息和存在的问题及时交办相关部门整改。建立洗

钱事件举报公示机制，开展“上网上墙”公示行动，在公司官网和所有分支机构营业大厅张贴洗钱事件举报公示海报，明确举报电话和举报邮箱，对收集到的洗钱线索或事件进行跟踪处理。

四是加大反洗钱工作考核和问责力度。将反洗钱考核纳入公司经营考核范围，明确反洗钱年度考核标准，包括反洗钱分类评级结果、发现并移交重大可疑交易线索以及防范遏止相关犯罪行为等方面。反洗钱考核结果将直接运用到分公司年度评优、分公司班子经营绩效年度考核，确保考核取得实效。对因反洗钱管理不力，导致反洗钱监管评级较低或被行政处罚的分公司，除扣减经营绩效工资外，还将对分公司及其主要负责人进行问责处理。

（三）抓文化建设，重全面抓关键有创新

一是构建“1+2+3”反洗钱培训体系。强化专业人员培训，公司反洗钱专业管理人员定期接受中国人民银行、中国银行保险监督管理委员会组织的专业培训。抓实“两新”入门培训考试，公司新机构、新员工反洗钱入门培训及考试已成为新机构开业、新员工入司的必要条件。实行“三层次”岗中培训，公司领导班子、中层干部、基层员工每年至少接受一次反洗钱知识培训，及时了解和掌握反洗钱法律法规和公司要求，实现了反洗钱培训覆盖率100%。同时，加强培训考核，搭建合规内控反洗钱智能管理系统网上考试平台，不定期组织全体员工进行反洗钱知识线上学习和考试。

二是构建“五位一体”宣传教育模式。抓牢传统媒体宣传，在南方电网报等报刊登载关于反洗钱系列新闻宣传稿。创办“微风视野”新媒体专栏向公司员工及时推送反洗钱法律法规、行业新闻、公司反洗钱工作动态等，增强员工反洗钱工作意识。加强办公职场宣传，张贴反洗钱法律法规宣传海报，放置反洗钱宣传折页。编写并印发反洗钱法律法规汇编、公司制度汇编及系统操作手册，切实提高分支机构反洗钱管理能力。公司连续两年开展反洗钱文化建设评比，涉及制度建设、组织保障、培训宣传、自主管理等 8 个方面，通过宣传表彰先进，营造良好的反洗钱工作氛围。

三、工作成效

（一）监管评价和行业影响力方面

一是监管机关书面表扬。2019 年初，公司收到中国人民银行深圳市中心支行《表扬信》。公司是深圳财险行业唯一一家收到中国人民银行《表扬信》的法人机构。该表扬信中指出“鼎和保险公司高度重视反洗钱工作，不断优化反洗钱内控机制，各项工作取得较大进步”。

二是分类监管评级 A。在 2018 年度反洗钱分类监管评级中，公司首次获得 A 级评价，属于唯一获得 A 的深圳地区财险公司，在深圳市财险行业排名第一。

三是市金融会议经验交流。在 2019 年深圳市金融机构反洗钱工作会议上，公司作为深圳市保险行业唯一一家保险机构做现场经验交流，充分显示了中国人民银行对公司反洗钱工作的高度肯定。

四是协助办专业刊物。公司反洗钱工作人员作为期刊编辑委员会的成员，参与中国人民银行深圳中心支行创办《深圳反洗钱实务》期刊编辑工作。

五是承办行业高峰会。公司成功承办了深圳市法人保险公司洗钱风险评估高级人员研讨交流座谈会，扩大了公司行业影响力，提升了公司品牌形象。

（二）公司反洗钱管理水平提升方面

一是零违规、零处罚。截至 2020 年 3 月，公司在严监管的环境中，保持了连续 11 年反洗钱零违规、零处罚的良好成绩。

二是零通报、零漏报。公司按照反洗钱非现场监管制度的要求，按时完成了反洗钱年度报表、报告以及日常反洗钱工作信息的报送工作；未发生因漏报、错报被监管机关通报事项。

三是零案件、零泄密。公司未发现内部人员涉嫌洗钱案件情况，未发现反洗钱信息泄密、未严格按照规定履行反洗钱职责导致洗钱案件发生情况。

四是反洗钱自评估等级逐年上升。2019 年公司对 14 家分公司开展了反洗钱自评估复评工作，14 家分支机构评级均在 B 级以上，其中 A 级 3 家，B 级到 BBB 级 11 家。

公司推动建立了反洗钱工作长效机制，实现了“三个转变”，取得了上述成绩。一是转变思想，统一认识。公司经营班子充分认识反洗钱对维护金融安全、保障市场经济健康运行的重要意义，认真履行金融机构反洗钱义务，并把将相关工作纳入公司业务全局加以推进，切实把思想和行动统一起来，深入研究并提出了加强反洗钱工作的系列措施。二是转变行动，抓好落实。公司经营班子提供人、财、物的保障，风险合规部牵头，多措并举开展反洗钱工作，搭建完善反洗钱工作体系，以内控制度作保障，以组织架构为支撑。三是转变方法，提高成效。公司由人工操作为主改变为由信息系统管控为主的信息化管理模式，建立可疑交易模型，优化管理流程和报告机制，不断提升反洗钱监测分析水平。

四、经验启示

（一）充分认识反洗钱工作的重要意义是前提

思想是行动的先导。只有充分认识反洗钱工作的重要意义，广大干部员工才能自觉遵守相关制度流程，切实把好每一道关，将反洗钱工作做好。公司加大宣传教育力度，开展形式多样的宣传活动，让干部员工深刻认识做好反洗钱工作对维护国家金融体系稳定的重要意义，对提升公司品牌形象和行业影响力的重要意义，并让干部员工了解发生洗钱风险后需要承担的法律责任。因为认识到位，广大干部员工在日常工作中基本做到令行禁止，各项反洗钱的制度流程得到有效执行，公司反洗钱工作成效突出。

（二）领导重视是做好反洗钱工作的关键

反洗钱工作是一项系统工程，需要投入相当的人、财、物等资源，建立一系列的制度流程，没有领导支持就无法落实到位。正是公司领导班子高度重视并亲自推动实施，公司反洗钱工作得到了各部门的全力支持和配合，从而又快又好地将国家关于反洗钱的相关要求落到实处。

（三）做好反洗钱工作需要借助金融科技手段

当前社会经济高速发展，外部环境日益复杂，技术手段持续创新，反洗钱工作所面临的形势愈发严峻。金融产品、业务渠道的多样化，使穿透识别客户身份等工作的难度加大，而支付方式、互联网的发展，都对反洗钱工作带来了冲击。随着计算机性能的提升和计算理论的优化，人工智能和大数据技术逐步成熟，金融科技给公司带来了变革式影响。因此，应创新性地探索将人工智能和大数据技术引入反洗钱工作，围绕客户身份识别、洗钱风险分析及异常行为监测等，提升反洗钱软件系统的准确性和可靠性，充分运用科技手段开展客户身份识别工作，提升可疑交易报告的处理能力，改进信息收集和完善业务处理机制并不断对反洗钱模型进行测试，提高模型数据分析能力，促进信息共享，提升风险识别效率。

规范商城运营，防控经营风险，打造南网电商品牌

（产业投资集团）

一、背景

新时代，中国南方电网公司正由传统电网公司向智能电网运营商、能源产业价值链整合商、能源生态系统服务商转型。立足转型发展需求，积极响应国家“互联网+”行动计划，中国南方电网公司全力打造南网企业商城（简称南网商城）作为统一的“互联网+电力采购”专业电商平台。南网商城立足最大限度汇聚行业市场要素和资源，立足主业、服务社会，带动相关产业发展，培育企业发展的新动能、新业态的建设目标，对内精细服务中国南方电网公司系统零星物资和办公用品采购需求，对外提供具有南网优势和特色的增值业务，服务供应链上下游客户，南网商城简介如图 2-5 所示，全产业链整合如图 2-6 所示。

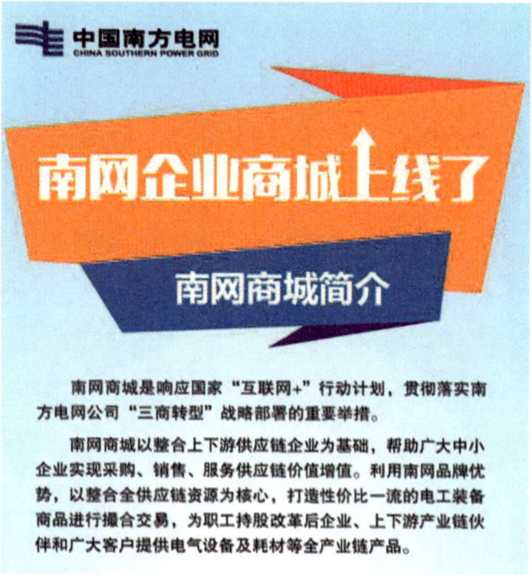

图 2-5 南网商城简介

图 2-6 全产业链整合

2019 年，按照中国南方电网公司党组对电子商务发展的战略部署，南网商城业务整体划转南方电网产业投资集团有限责任公司（简称产业投资集团），实现了商城业务的平稳过渡及交易额的稳步增长。为承接落实中国南方电网公司发展战略纲要和数字化转型要求，提升“互联网+”业务支持能力，产业投资集团聚焦“提高效率、降低成本、改善服务、创造价值”为根本目标，规范电商平台运营管理，有效防控经营风险，打造南网电商品牌，加快构建电网服务生态圈，有力支撑公司转型发展。

二、工作举措

（一）做好内控合规管理，向内树品牌

一是坚持制度先行，健全完善运营管理规范。为适应新的管理模式对商城管理的更高要求，产业投资集团把建章立制摆在重要位置。及时研究修订了《南方电网电子商城采购专区电商化采购管理实施细则（2019 年版）》《中国南方电网有限责任公司供货商扣分条款（电子商城专用条款）》等制度，规范电商化采购工作。结合商城业务发展，坚持问题导向，梳理业务风险，修编完善商城商品编辑等 7 项业务指导书，全面规范商城运营管理。修编完善供应商往来管理规定，不断完善廉洁防控体系。一系列制度的制定实施为电商业务规范运营打下了良好基础。

二是抓实风险预控，风控部门与业务部门高效联动。风控部门作为法律业务归口管理部门，在风险防控、法律法规解读等方面具有专业优势。《电子商务法》出台后，风控部及时梳理了该法律涉及电商平台的重要条款和相应法律责任，组织电商业务相关人员认真学习研读，充分理解法律条款的重要性和违规可能带来的后果，预先防范法律风险。通过共享常年法律顾问方式，常态化地为电商平台提供专业法律服务，每两个月定期开展法律专题培训。注重发挥互联网业务的信息化优势，加强电子商务有关合同审核工作，推动入网即同意用

户协议的签署方式，结合平台开发工作，将梳理出的电商业务风险点防控措施固化进信息系统。2019 年举办南方电网“互联网 +”服务粤港澳大湾区产业生态合作暨企业商城上线活动如图 2－7 所示。

图 2－7　2019 年举办南方电网“互联网 +”服务粤港澳大湾区产业生态合作暨企业商城上线活动图示

三是管住关键人，强化关键岗位管理。商品审核人员是商品价格和商品上架的把关人员，是高风险岗位。产业投资集团建立商品审核人员工作质量评价机制，结合商品审核岗位人员工作管理目标及内容，围绕 8 项具体指标，按月评价商品审核人员的工作质量。组织高风险岗位常态化学习，定期组织商城运营人员轮岗，强化廉洁风险防范。

（二）做好服务和诚信，向外树品牌

一是重点管好商品信息和价格。商品信息是商品真实性的基础，通过“审核—稽查—再复核”建立商品审核、稽查联动机制，按月更新《商品正、负面清单》，有效加强商品信息管控。2019 年，完成 6 次日常稽查、13 个专项稽查任务，对商城商品价格和商品信息形成了严格的监管，客户投诉反馈问题显著下降。商品价格关乎公司商城的竞争力，是商城可持续经营的基础。产业投资集团突出管控好商品价格这一核心要素，开发商品的在线市场价格比对、协议折扣率管控、纵向比价、横向比价、指定商品价格监控等功能，实现商品价格

的实时监控、自动预警、异常拦截，确保上线商品价格符合市场价格，最大限度为客户节省成本，最大限度减少权力寻租空间。

二是完善商城客服管理。公司组织梳理商城客服1000号热线、商城专区问题模块典型问题3000多条，分析商城运营以来上万条用户来电咨询，编制《南网商城客户服务知识库》，形成商城客服问题200问200答，覆盖购物指南、采购流程、财务报账等8个维度，有效规范商城运营服务管理，提高服务质量。

三是严格供应商管理。制定具有商城特色的考核指标，定期召开供应商例会通报商城指标数据，以指标为导向引导供应商提升服务质量和服务能力。编制《商城供货商违约处罚业务指导书》，梳理规范处罚流程，对供应商违约情形依法追缴违约金，价格违约加重处罚力度，加大供应商违约成本，促进供应商诚信履约，努力打造市场口碑好、品牌好的电商企业。南网商城网络页面如图2-8所示。

图2-8　南网商城网络页面图示

三、工作成效

通过加强规范管理的一系列新举措，产业投资集团贯彻落实了中国南方电网公司对做大做强电商业务的要求，保障了商城的规范高效运营，商城各项经营指标保持持续增长态势，商城运营管理水平不断提升。

（一）商城业务不断拓展

南网商城二级专区上线运行，业务全面拓展到网公司各二级单位。完成网级扶贫专区上线运行，有效支撑公司打好精准脱贫攻坚战。公司科创产品专区正式上线运营，科创产品推广销售正式进入电商化、互联网化运作新时代。以“稳步推进、试点先行、规范高效”为原则，推进职工持股改革后企业物资采购上南网商城开展。南网商城广泛为公司系统、上下游企业和广大客户提供电商服务，以内部采购资源吸引供应商上线为切入点，拓展到互联网电商平台，逐步发展成为面向产业价值链的第三方电商交易平台。

（二）商城品牌不断提升

南网商城已为南方电网 30 万员工提供八大类通用产品，截至 2019 年底，商城采购专区访客流量达到 167.5 万人次，注册客户数 7.8 万人，一级专区入驻供应商 10 家（包括扶贫、科创专区）、二级专区入驻供应商 8 家。采购专区在售商品 5.6 万件，订单量达 17.66 万张，交易额达 16.66 亿元。2019 年被央企电商联盟评为“2018 年最具影响力电商品牌”，并获评全国“2019 年度先进电子化平台”。南网商城获评先进电子化平台奖状如图 2–9 所示。

图 2–9　南网商城获评先进电子化平台奖状

四、经验启示

（一）构建与发展战略相适应的内控体系是保障

围绕公司战略取向和业务布局，统筹好合规管理与法律风险防范、内控、全面风险管理等有关工作，以风险管理为导向、以合规管理监督为重点，严格落实各项规章制度，形成全面、全员、全过程、全体系的风险防控机制，是南网商城高效合规运行的有效保障。

（二）健全有效规范的制度体系是基础

建立健全“依法合规、权责清晰、科学规范、运行有效”的制度体系，及时将法律法规等外部监管要求转化为企业内部规章制度，强化制度执行刚性约束和有效执行，是有效防范经营风险的基础。

（三）为客户创造价值服务的理念是核心

南网商城承担着对内精细服务中国南方电网公司系统采购需求，对外服务供应链上下游客户的责任。坚持为客户创造价值的服务理念，根据客户业务需求挖掘商城业务增长点，根据客户服务感知优化服务渠道和方式，这是促进南网商城业务范围扩展、提升品牌影响力的关键所在。

合规管理走深走实，合规文化渐入人心

（云南电网公司）

一、背景

党的十九大对坚持全面依法治国、深化依法治国实践作出了全面部署。习近平总书记提出了以“十大坚持”为核心的全面依法治国新理念、新思想、新战略，明确指出企业要强化合规意识，在合规方面不授人以柄才能行稳致远。2018年是中央企业合规元年，国务院国有资产监督管理委员会出台《中央企业合规管理指引（试行）》，将推动合规管理作为提升企业依法治企的新举措，进一步明确了法治央企建设的要求，开启依法治企新篇章，为公司法治与合规工作指明了方向。

依法治企正向全局性、战略性、系统性的工作转变。孟振平董事长是中国南方电网公司建立合规管理体系的首倡者、推动者。在合规承诺书签署仪式上，孟振平董事长宣读了《依法合规，行稳致远——致全体员工的公开信》，明确提出全体干部员工将合规根植于心、践行于行、外表于言、传承于魂。中国南方电网公司的管理理念，首先强调的就是依法治企，坚持运用法治思维和法治方式深化改革、推动发展、解决问题，依法治理、依法决策、依法运营。中国南方电网公司把依法治企和合规管理提高到了前所未有的高度，为公司法治与合规工作提出新要求。

2019年下半年，中国南方电网公司先后印发了《中国南方电网公司合规管理体系建设工作方案》《中国南方电网公司合规管理规定》等系列文件，为合规管理定方向、定思路、定机制、定措施和定要求。云南电网有限责任公司（简称云南电网公司）全面承接、重在落实，围绕业务、聚焦重点，突出实效、抓住关键，从合、融、实和管字上下功夫，有序快速推进合规管理，助力公司高质量发展。

二、工作举措

（一）合规管理，从“合”字推协同

通过“五个协同”督促各级领导干部关注合规、践行合规、重视合规和推动合规。**一是**协同督办，将合规管理纳入到公司年度一级（A 类）督办 15 项实施类重点任务之一重点督促落实。**二是**协同绩效，将重大合规风险防控纳入到公司组织绩效红线事项重点管控。**三是**协同安全巡查，将安全生产有关重大合规风险防控措施落实情况列为公司安全巡查内容重点督导。**四是**协同舆情监控，将涉电公共安全等重大合规风险防控措施分解，作为重点舆情预控措施进行重点监控。**五是**协同大监督体系，通过 15 个业务领域监督问责促合规；通过季度大监督委员会等推动违规信息共建共享。

（二）合规管理，从“融”字着手

合规问题在生产实践和管理实践中产生，必须在生产实践和管理实践中同时完成合规治理。公司合规管理重点在“融”字上下功夫，贯彻落实中国南方电网公司合规管理“三融”要求，不另搞一套，激发各合规管理主体、责任主体的内生动力，切实从认识论层面解决“要我合规”和“我要合规”的关系。**一是业务融合。**公司坚持“法融业务”，构建与业务深度融合的沟通协作服务机制，搭建覆盖 29 个部门、38 个单位的法律服务体系，将合规风险防范关口前移，融入业务。法规部作为合规归口部门每月主动走访服务业务部门，以法律巡诊为平台贴近基层班组实际业务，建立案件双代理和业务人员旁听机制，建立单位法治分析评价及监控、通报机制。生技、基建、市场和财务等部门均开展了业务合规风险评估、重大合规风险识别应对、重点岗位识别、重点岗位自

评和业务合规自查，充分体现合规靠业务的治理思路。公司基建、营销和安全生产穿透式培训中讲授合规知识，交流合规问题。业务部门的合规需求越来越大，合规意愿越来越强，正发挥着合规治理“主人”作用。**二是体系融合。**有效融合风险管理各体系，发挥合力。升级法律风险管理体系，将“117X”法律风险管理体系成果转换应用传承到合规管理体系中，将年度重大法律风险植入重大合规风险闭环管控。润物无声有机整合法律风险管理体系和合规体系。目前，公司正在积极找接口、架桥梁，研究打通融合合规体系和安全风险、大监督体系，通过合规助力安全生产，通过大监督体系促进合规管理闭环和信息共建共享。**三是岗位融合。**重点岗位分三级管控，即公司级、部门级和岗位级。开展岗位说明书修编，将重点岗位涉及的合规义务和管控要求纳入岗位说明书，优化转换为岗位职责或行为禁区。

（三）合规管理，坚持从“管”字强化

合规管理涉及人员多、业务多、环节多，合规举措思考不周极易形式化，适得其反增加各级人员负担，每一项举措都需细思快为。公司合规管理重安排、强协调、保落实。工作开展前找路径、寻方法，如合规义务清单本地化、制度合规审查复核、重点合规手册编制、重大合规风险识别应对等均自成逻辑体系，有步骤、有计划地推进实施。工作过程中，加强沟通协调。公司建立了合规与业务双向联络人机制，构建合规联络矩阵。各级部门、各单位有合规联络人，法律部门对各单位（部门）有片区联络人，奠定顺畅的联络人沟通机制。公司建立了定期走访服务机制，横向走访各部门，纵向走进供电所。

（四）合规管理，重点从“实”字着力

合规管理应聚焦重点，突出实效。**一是**严把制度合规审查复核质量关，未经审查复核不得发布。建立制度合规审查复核的识别合规义务—制定控制措施—完善制度内容“三步走”机制，确保合规审查复核质量。对公司 B 类 224 个制度进行了合规性甄别，修订 147 个。**二是**修订完善董事会议事规则，确保董事

会审议内容及权限与章程规定保持一致，重大经营决策合规审查复核事项进行清单式管理。三是落实案件分析与评价机制，推进业务部门主动与合规义务对标对表。针对案件暴露问题向业务部门提出风险提示及管理改进建议，并对业务部门实施风险防范措施的闭环情况予以跟进。

三、工作成效

（一）云南电网公司特色合规管理体系基本建成

在中国南方电网公司基础上，描绘了云南电网公司特色合规管理体系蓝图。健全合规管理组织机构，明确工作职责。成立以董事长为组长的依法治企与合规委员会，并召开 2020 年第 1 次会议，研究部署重点合规工作。完善二、三道防线有关部门职责，明确既要履行好合规职责，也要防控好自身业务风险。扩展重点业务领域，在中国南方电网公司 7 个业务领域的基础上扩充到了 11 个业务领域，识别评估出 955 个合规义务，如图 2－10 所示。更加全面管控风险。精准划定合规重点人员，包括公司各治理主体（党委、总经理班子、董事会、监事会、纪委、工会）组成人员以及三道防线各部门主要负责人，合计 38 人。

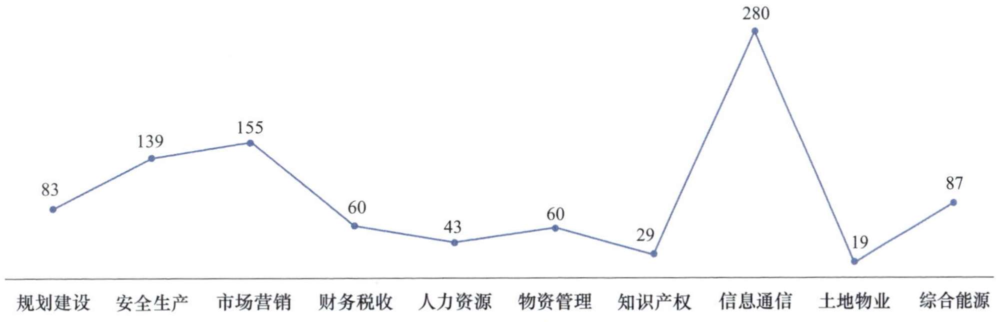

图 2－10　云南电网公司合规义务分布图

注：国际业务领域的合规风险，公司主要涉及边贸点，纳入市场营销领域管控，没有单列。

（二）公司合规管理体系运行有序

完成了合规义务清单本地化、重大合规风险识别防控、重点岗位合规手册编制、中心组学习研讨合规、迎接中国南方电网公司首次合规检查、首次违规调查、编制年度合规报告等 21 项工作。**合规审查复核做细做实。**建立了制度合规审查复核机制，制度引用法律条款具体到条文，全面完成公司制度合规性甄别，推进合规义务进制度。精确规范重大决策合规审查、复核范围及方式，严格执行“一决策一法律意见书”要求。**合规培训务实有效。**公司合规培训实现三个全覆盖，即安全、基建、市场等管理与作业人员合规培训全覆盖，合规培训已成为公司安全生产穿透式培训的必培课；实现了新员工合规培训全覆盖；实现了党员领导干部合规学习全覆盖。**合规管理实现闭环。**强化合规风险提示与防控，出具合规风险提示书 15 份并实现闭环。逐项落实网公司 2019 年度合规检查发现问题整改。完成合规检查 1 次，开展工程建设违规调查 1 次，推动体系闭环运行。

（三）重大风险务实管控

加强全面风险管理。完善管理机制，加强经营投资重大风险分析、识别、评估、预警和应对，提升风险管理服务重大决策能力。评估出重大合规风险 27 个，如图 2－11 所示，制定并落实了 112 项应对举措。推进政策潜在风险排查治理工作，实现上级政策落实落地。公司未发生重大违规事件。强化内控管理，围绕“严控重大债务风险、严控资金安全事故、严控资产负债率”三大核心控制目标，完善公司内控自评价工作。公司内控缺陷整改按时完成率 100%。事前预防、事中控制和事后救济并举，持续有效管控重大法律风险。2019 年公司产权社会人员触电事件同比下降 47.16%，未发生涉嫌重大责任事故罪刑事立案案件。

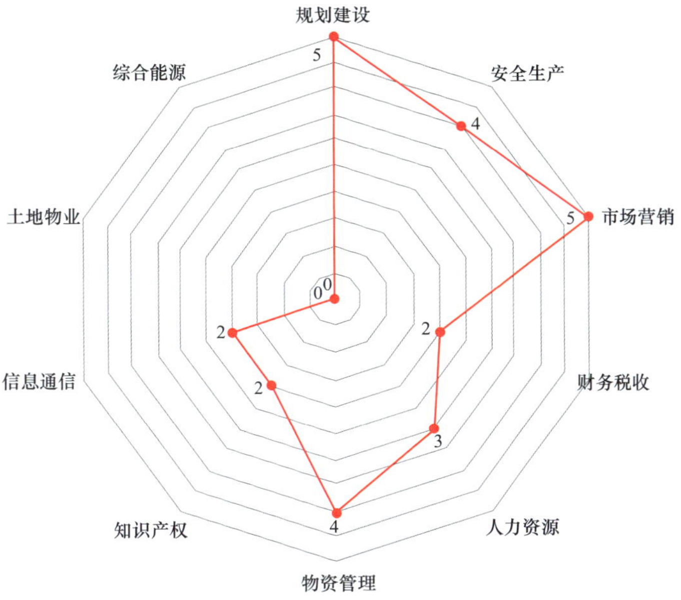

图 2－11　重大合规风险分布图

四、经验启示

（一）合规管理走深走实，领导重视是关键

要充分发挥领导干部关键少数的"头雁效应"，带头合规带动全体员工合规，营造全员参与、主动合规氛围，使合规转化为全体员工的思想动力和自觉行为。各级主要负责人应落实合规管理第一责任人职责，将合规管理与业务同部署、同安排、同实施、同检查和同考核，确保业务完成合规到位。各级领导应当做实法治建设"六个一"工作，学法、用法、尊法、守法，并参与法治实践，主动将合规要求落实到分管业务领域。

（二）合规管理效能的发挥，业务协同是关键

合规管理全覆盖各级组织、各业务领域、全体员工，需各部门合力推进，做实业务部门为主、合规管理部门归口、监察审计等部门监督的"三位一体"

机制。**首先**业务部门是本业务领域合规管理的第一责任人，是合规管理的第一道防线，负责防控合规风险和落实管控措施。各业务部门主要负责人应督促引导本业务领域员工牢固树立主动合规观念，熟悉本岗位涉及的合规义务；组织开展重大决策、制度、重大合同的合规审查，岗位合规义务自评，业务合规自查等工作，确实把好第一道关。人力资源部应将重点岗位涉及的合规义务和管控要求融入岗位说明书，转换为岗位职责或行为禁区。**其次**合规归口管理部门是合规管理的第二道防线，应做好统筹协调和指导监督，强化合规管理，弘扬合规文化。**最后**监察、审计和安监等部门是合规管理的第三道防线，应协同大监督体系强化业务领域监督问责，监控合规管理体系运行。

（三）深化合规管理需各体系的合力共建共享，体系融合是关键

公司现有全面风险、法律风险、合规管理和内控管理等体系，管理主体多元，工作任务交织，检查和报告种类繁多。合规归口管理部门应与相关业务部门一道，在“融”字上下功夫，构建大合规管理体系，尽量使被管理对象“只做一件事”。同时，还应积极找接口、架桥梁，打通合规管理与安全风险管理和大监督体系的关系，通过合规助力安全生产，通过大监督体系促合规管理闭环。

（四）企业合规，员工合规是关键

合规管理在公司要取得成功，必须要培育合规文化，坚持做到孟振平董事长所倡导的，将合规融入“行”“言”“心”“魂”。将敬畏法律、敬畏规则的意识转变为依法办事的自觉，升华为共同恪守的行为准则，以上率下，驰而不息，从自己做起、从小事做起，不断培育合规文化。要突出重点方式、重点内容、重点人员强化合规宣传，将合规培训融入基建、营销、财务等各业务领域。通过合规文化建设，大力推动全体员工树立“人人讲合规、时时显合规、事事要合规”理念，筑牢合规经营思维基础，引导全体员工从“要我合规”向“我要合规”转变。

加强合规管理建设，构建企业经营管理“防火墙”

（广东电网公司）

一、背景

2018年底，国务院国有资产监督管理委员会（简称国资委）印发《中央企业合规管理指引》，要求中央企业全面加强合规管理，加快提升依法合规经营管理水平，将合规管理作为落实党中央全面“依法治国”战略和全面推进“依法治企”要求的重要举措。

孟振平董事长在中国南方电网公司2019年法治工作会上强调，“合规管理是当前法治建设的一项重要任务，要开展符合公司实际的合规管理”。随后，中国南方电网公司陆续发布《中国南方电网公司合规管理体系建设工作方案》《中国南方电网公司合规管理规定》，明确合规管理体系基本框架、重点举措及体系建设三个阶段工作安排等内容。广东电网有限责任公司（简称广东电网公司）积极承接网公司工作部署，系统谋划，抓好落实，坚持法治思维，以合规管理为基础，以风险管理为重点，推动公司依法合规经营，加快高质量发展。

二、工作举措

（一）搭体系，为合规经营提供组织保障

一是设置合规管理“三道防线”。设置“三道防线”联动履职，实现对合规管理风险的严格管控。其中，各级部门是业务领域合规管理的“第一道防线”，落实第一责任主体，业务风险两手抓，将实质性风险拒之门外。法规管理部门

是合规管理的“第二道防线”，充分发挥组织、协调和监督合规管理工作，为其他部门提供合规支持，将实质性风险消灭于萌芽阶段。安全监管、审计、纪检监督、巡察等部门是合规管理的“第三道防线”，按照职责范围组织或参与违规事件的调查，并提出相应处理建议，将实质性风险消灭在系统内部。

二是明确合规管理责任主体。设立合规委员会，负责组织领导、统筹协调合规管理工作，推动完善合规管理体系，研究合规管理重大事项或提出意见建议，对违规人员责任追究提出处理建议。明确分管法治工作的负责人担任合规管理负责人，负责组织实施合规委员会的决定，组织拟定合规管理工作方案和相关制度，组织起草合规管理报告，参与重大经营决策并提出合规意见，向合规委员会报告合规管理重大事项。明确合规管理归口部门负责人担任公司党委会董事会合规专员。

三是专门设置合规管理部门。设置合规管理科室统筹负责合规管理、全面风险、内控体系、制度流程标准建设等工作。组织各部门、各单位设置合规管理联络员，负责信息传递、沟通、违规事件报告等，进一步完善了合规管理组织体系。

（二）建机制，为合规经营提供制度保障

一是建立违规事件报告与调查机制。从法律、行政、经济、声誉 4 个维度界定违规事件等级，设立诚信举报渠道，建立省、地两级报告流程；对于国家法律法规、监管规定和公司现有规章制度没有明确调查处理要求的违规事件，制定违规事件调查程序，明确整改要求，形成制度文件。

二是优化审核机制。将“决策先问法，违法不决策”的要求嵌入公司党委议事规则、董事会议事规则和“三重一大”决策事项，明确涉法的重要经营决策事项必须经法律审核，出具法律意见书。

三是打造合规义务清单。系统梳理管制业务和新兴业务外部法律法规、监管要求等强制性规定，明确责任部门，制定合规义务达 1049 条，进一步完善自身重点业务领域合规要求，为各项业务及全体员工行为提供规范化指引。

四是深度融入生产经营。推动合规管理融入生产经营，持续开展优化电力营商环境、配网建设、新兴业务、物资采购等重点领域法律风险专项治理，制定多项综合性法律解决方案，发布火灾事故、电费追收、著作权及劳动用工等法律风险提示函，规范业务流程和员工行为，有效化解经营风险，实现“工作同落实、风险同防控”。

（三）育文化，为合规经营提供文化保障

一是增强合规意识。印发《关于组织签订合规承诺书的通知》，组织各部门、直属各单位全体员工认真学习、理解《员工合规手册》，严格遵循合规管理规范，将《员工合规手册》纳入新员工入职培训内容，完成全体员工合规承诺书签订工作。

二是开展专题法治宣传活动。按照中国南方电网公司、广东省普法办、省司法厅关于开展“4·15”全民国家安全教育日普法宣传活动的总体安排，广东电网公司以“坚持总体国家安全观，着力防范化解重大风险，喜迎中华人民共和国成立70周年”为主题，开展形式多样的普法宣传活动，进一步增强全体员工的国家安全意识。组织编制全民国家安全教育日普法宣传海报，整理了《中华人民共和国国家安全法》《中华人民共和国反间谍法》《中华人民共和国网络安全法》等相关法律法规材料供各单位学习宣传，全民国家安全教育日进行国家安全普法宣传讲座，如图2-12所示。

图2-12　全民国家安全教育日进行国家安全普法宣传讲座

三是强化合规管理培训。结合法治宣传教育工作，根据法规管理、安全生产、市场营销、人力资源、物资管理、财务税收、知识产权等业务领域特征，有针对性地组织开展合规管理与风险防控培训，强化全员合规管理理念与风险防范意识，牢筑合规经营思想基础，促进提升依法合规经营水平。

三、工作成效

（一）夯基垒台，合规管理体系基本完善

广东电网公司通过全面加强合规管理建设，将合规管理工作融入体系、融入业务、融入岗位，根据《公司合规管理办法》文件要求对合规管理体系进行了系统筹划与变革，统一规范了合规管理工作中的职责、内容、运行机制和管理保障等内容，夯实了合规管理基础，为提升合规经营水平提供了组织机构保障。

（二）真抓实干，合规管理机制成效开始显现

广东电网公司紧抓执行，推进各项制度落地实施，完成合规管理的“最后一公里”。如在管理制度审核环节，持之以恒地做好法律法规合规性审查工作。开展重大经营决策法律审查，将“决策不违法，违法不决策”的要求落实到位，实现合规性审查覆盖率与重大决策事项法律审核率连续多年达到100%。

（三）内外兼修，守法诚信企业形象得以彰显

为厚植法治文化理念，广东电网公司“内外兼修”，对法治文化进行“全方面、多维度、立体化”的宣传教育。对内，通过党委中心组学法、举办首届最佳合规实践评选活动、“依法经营大讲堂”、签署合规承诺书、推送电脑屏保等种类繁多的合规教育宣传，为安全生产、规划建设、财务税收等业务领域提供合规实践示范，牢筑合规经营思想基础，让合规管理成为日常工作的自觉行动，有效提升全局依法合规经营水平。对外，加强外部联动，积极参与地方立法，

推动广州市政府成立南方区域首支配备行政执法专项编制的电力行政执法队伍，促进出台多项电力行政执法系列规范性文件，遏制涉电违法行为，树立优化电力营商环境“样本工程”及良好的依法合规经营企业形象，大力提升广东省营商环境和城市竞争力。

四、经验启示

（一）推行合规管理，贵在强化落地执行

为全面加强合规管理，国务院国资委发布《中央企业合规管理指引（试行）》，中国南方电网公司继而出台《中国南方电网有限责任公司合规管理规定》，搭建起一个适用于符合电网特色的合规管理体系框架及基本制度。制度重在实施，束之高阁将会丧失生命力，合规管理也将成为一句空话。广东电网公司在推行合规管理的过程中，紧抓落实，狠抓执行，全力将各项政策制度文件落到实处，为合规经营提供行动支持。

（二）加强合规管理，重在融入生产经营

要使合规管理具有生命力，真正落到实处，需将合规管理要求与生产经营相融合，将合规管理融入业务、融入流程、融入岗位、融入信息系统，规范业务行为，充分发挥合规管理的最大效能。广东电网公司通过建立“三道防线”，强调业务部门承担合规的天然第一责任，由各业务部门主动识别合规风险，明确合规红线，结合组织绩效考核以及探索信息系统风险在线监控，将合规要求真正融入实际的生产经营任务，既实现防控合规风险，又能推进经营任务顺利有效完成。

（三）实现合规管理，关键在于体系融合

国务院国资委、财政部等五部委先后印发《中央企业全面风险管理指引》

《企业内部控制基本规范》《中央企业合规管理指引（试行）》等有关全面风险、内部控制和合规管理等规范性文件，核心是要求中央企业规范业务行为，有效防控内外部风险。因此，需要整合好合规管理与全面风险、内部控制等现有其他管理体系的关系。中国南方电网公司确定了以合规为基础，以风险管理为重点，深化内控体系建设的体系融合建设要求，打通资源共享通道，不“另起炉灶”，不搞“几张皮”，推动企业管理不断改进，保障企业持续健康发展。

坚持规范就是生命线，打造南网特色物资管理内控体系

（南网物资公司）

一、背景

南方电网物资有限公司（简称南网物资公司）自成立以来，始终坚持以习近平新时代中国特色社会主义思想为指导，从落实全面从严治党和优化公司治理能力的政治高度，贯彻落实国务院国有资产监督管理委员会（简称国资委）及中国南方电网公司关于企业内部控制建设的要求，坚持“规范就是生命线”的内控文化，按照物资公司业务实际，按照一年一个台阶的要求，扎实开展内控体系建设。2018 年南方物资公司建成“四册一单”规范型内控体系的框架；2019 年结合内控实践提炼“人本内控”理念，聚焦以人为本，从“意识、建设、执行”三层面，贯彻落实企业经营合规要求，有力保障公司高质量发展；2020 年不断优化内控管理流程，融入岗位体系、优化资源配置、推进信息化建设，探索风险管控与经济效益综合最优模式，推动建成南网特色物资管理内控体系。

二、工作举措

（一）统筹制定三年内控建设方案

南网物资公司从成立以来就高度重视内控体系建设，2018 年编制印发《内部控制管理工作方案》，从内控设计前端，以科学规范、全面覆盖和特色突出为

工作原则，以建设“全员、全业务、全过程”内控体系为目标，以全面布局、统一规划、分步实施为执行理念，明确公司2018～2020年内控建设的工作目标、原则、思路以及实施落地工作计划。按照第一阶段（2018年）建立“规范型内控管理体系”，第二阶段（2019年）推进“精益型内控管理体系”，第三阶段（2020年）探索“价值型内控管理体系”的建设计划，将内控打造为企业规范的指引者、风险的管控者和经营的监护者，助力公司规范、稳健、高效、可持续发展。

（二）扎实建立规范型内控体系

2018年，南网物资公司遵循《企业内部控制基本规范》及其配套指引，充分承接中国南方电网公司内控管理要求，结合公司业务实际，提出“规范就是生命线”的内控文化。从制度体系入手，全面梳理招标采购、电商管理等19个业务管理领域、127项工作流程，查找233个风险点，设计466条控制措施，细化匹配到各个岗位，编制了以规范经济业务核算为主线的《经济业务与成本核算业务规范手册》，以明确事权和财权、权责对等为原则的《经济业务权限手册》，以公司全业务流程为基础的《内部控制管理手册》和《内部控制评价手册》，以揭示业务风险、促进内部提升的《内控诊断单》，搭建起物资公司“四册一单”规范型内控体系。

（三）初步建成精益型内控体系

2019年，公司内控建设结合工作实践，创新以“人本”为主线和抓手，从内控内在的逻辑角度出发，总结提炼“三层面、五要素”，全面深化内控管理，推动公司规范型内控向精益型内控转变。**一是围绕“三层面”完善内控体系。内控对象层面**，以人为内部控制的核心，注重对人精神层面的管理和引导，注重营造、厚植内控和合规文化。2019年开展内控培训1次、问卷调查1次、知识竞赛1次；访谈部门10个、关键岗位18人。宣贯覆盖率100%。实现公司干部员工从“要我内控”到“我要内控”，将内控理念内化于心，外化于行。**内控方式层面**，建立“刚性制度，柔性管理”机制，将访谈和沟通对话等系列柔性管理手段运用于内部控制中，结合“四册一单”制度刚性执行，发挥“刚柔并济，相得益彰”之效。**内控目标层面，**从内外部检查、合理化建议等四个维度，设计 4 类考核评价指标，强调过罚相当、奖惩结合，纳入部门组织绩效考核体系，实现内控的闭环管理。**二是聚焦“五要素”强化内控管理。内部环境，**加强企业内控文化建设，通过协同党建学习、工会活动等渠道，定期开展主题思想、职业道德和法治、合规教育，构建内控激励和考核机制，激发全员广泛参与内控建设。**风险评估，**强调人的全面参与，突出风险中“人”的因素考量，将风险评估视角向人的心理转移，更多地对人的行为进行预测性风险分析，充分融入风险控制矩阵、内控诊断单等，有效提高风险防御能力。2019 年公司全员参与内控手册修编，共更新控制活动 101 项、权限节点 59 个，新增《数字化管理》和《音视频监控、远程会议系统管理》等业务流程，内控体系更加完善。**控制活动，**从制度源头杜绝各层级员工萌发舞弊念头，充分发挥内控的前端预控作用；通过广泛性的参与内控制度编制，增加全员对内控的理解和接受，并主动思考参与到管理中去；以科学的绩效考核管理，凸显控制活动的人性化，充分调动员工主观能动性，并实现内控闭环管理。**信息与沟通，**对照内控管理手册，重点检查测试电子商务、合同、财务等信息系统，提出针对性的内控诊断 3 个，确保内控在信息系统关键环节固化控制措施，实现风险可追根溯源。加快推进业财智慧平台等系统的开发建设，利用信息系统的应用提高工作效率，减少由于人工控制导致的失误及舞弊的发生。**内部监督，**针对招标代理业务等关键业务领域执行专项检查，共找出内控一般缺陷 13 个，并提出针对性建议，定期监督整改进度，促进内控体系不断优化完善，不断提升内控在公司治理中的监督管控作用。

（四）探索推进价值型内控体系

2020 年，南网物资公司继续深化“规范就是生命线”的内控文化，不断优化内控管理流程，优化资源配置，提升企业价值，实现风险管控与经济效益综合最优，探索形成价值型内控体系。**一是**将内控融入岗位体系，梳理岗位职责内容并提出优化建议，去除交叉节点重叠、权责边界不清的情况，提高岗位工作效率。**二是**优化管理权限。梳理各业务节点职责权限，按照扁平化管理模式提出权限优化建议。明确业务流程主线，去除不必要的冗余节点，找到控制与效益的平衡点。**三是**建立健全“一单两库三表四册”。按照国家监管要求和公司发展实际，建立内控两库（法规库、制度库），动态修编内控“四册”。以内控诊断单为核心，充分发挥内控“三表”（合理化建议表、指标预警表和绩效考核表）效能。

三、工作成效

（一）内控理念深入人心

南网物资公司以学习培训、心理沟通、全员参与等方式，结合党建多措并举，开展内控合规等宣贯等活动，让员工从思想上接纳，从行动上落实，从内心里自发，深刻理解内控的重要性，自觉践行“规范就是生命线”的内控文化。通过开展手册修编及内控自评价等工作，全员参与内控建设，引导员工识别潜在的风险和积极探索应对的内控措施，充分调动员工主观能动性，实现主动监督，全员的内控合规意识和自觉性不断提高。

（二）内控基础稳健扎实

南网物资公司进一步强化制度建设，从管理、执行、监督等多个维度，全面梳理各业务领域，明确规范职责分工、机构设置及业务流程，确保满足内控要求，形成有效的管理制衡机制。充分发挥内控前端预控作用，固化制度前置化审核流程，2019 年制度内控前置审核率 100%，强化内控融入制度体系。结合公司的业务发展和管理需要，根据业务实际动态修编内控手册，持续优化内控流程和管控措施。

（三）内控执行刚性有效

不定期开展内控诊断和专项检查，尤其针对南网物资公司特色的招标采购、电商管理等重点领域，分析评估内控建设和执行的薄弱环节，定期发布《内控诊断单》，强化内控执行监督，并落实整改责任，跟踪整改落地，实现内控监测检查覆盖率 100%、问题整改率 100%。2018～2019 年公司内控独立审计及自评价结论均为管理有效，不存在重大缺陷或重要缺陷。

（四）内控体系持续完善

经过三年不断创新实践，南网物资公司内控体系在发展中不断完善，从以风险为导向、建立规范型内控体系，向以人本为抓手、建立精益型内控体系纵深发展，最终向以效益为目标、建立价值型内控体系迈进，不断拓展和挖掘内控的广度及深度，初步建成具有南网物资公司特色的内控体系。2019 年，南网物资公司采购完成率与内部服务满意率均为 100%，并荣获“中国招标代理优质服务奖（五星级）”。

四、经验启示

（一）内控管理要融入业务走深走实

内控不是为控而控，而是要实实在在促进经营目标实现、提高管理的效能。内控建设应充分考虑公司业务实际，紧密结合公司发展战略，融入内控文化理念，有效平衡效益、效率和风险，将内控体系建设与业务深度融合，持续优化内控流程和管控手段，加强内控执行有效性的监督，健全内控绩效考核机制，持续总结内控建设成果和经验，探索建立长效机制，确保内控管理发挥实效，助推公司健康可持续高质量发展。

（二）内控理念要与时俱进

2018～2020年，南网物资公司坚持与时俱进要求，与中国南方电网公司物资管理实践同步，不断推进内控体系完善，取得显著成效。2019年10月19日，国务院国资委发布《关于加强中央企业内部控制体系建设与监督工作的实施意见》，明确要求充分发挥内部控制体系对中央企业强基固本作用，进一步提升中央企业防范化解重大风险能力，加快培育具有全球竞争力的世界一流企业。孟振平董事长在中国南方电网公司三届三次职代会暨2020年工作会议上提出，以合规管理为基础，以风险管理为重点，完善企业内部控制体系。内控、合规、全面风险管理体系融合建设是下阶段内控体系建设重点，要紧跟时代要求，聚焦建设具有全球竞争力的世界一流企业不动摇，密切关注行业动态和发展趋势，动态调整和完善自身内控管理体系，助力打好防范化解重大风险攻坚战。

严把“四道关口”，筑牢境外工程“合规底线”

（广西电网公司）

一、背景

2015 年 3 月，中华人民共和国国家发展和改革委员会、外交部、商务部联合发布《推动共建丝绸之路经济带和 21 世纪海上丝绸之路的愿景与行动》，就“一带一路”建设过程中的五大合作重点提出倡议。电力是向海经济发展的重要动力和坚强支撑，电力走出去是“一带一路”建设中的重要组成部分。

广西与东盟国家有着陆海相邻的独特区域优势，是“一带一路”有机衔接的重要门户，是中国—东盟交流合作的前沿阵地。2017 年 4 月，习近平总书记在广西考察时指出，广西要打造向海经济，广西有条件在“一带一路”建设中发挥更大作用。广西电网有限责任公司（简称广西电网公司）坚决落实习近平总书记在广西考察的重要讲话精神，积极响应“一带一路”倡议，融入全球产业链、价值链，对接东盟电力需求，在“一带一路”国家开展电力领域工程承包、分包等经营活动时，严把“四道关口”，防范境外经营合规风险，筑牢境外工程项目“合规底线”。

二、工作举措

（一）严把合规意识关，抓住关键深植合规理念

抓住境外业务分管领导、业务骨干、项目经理等关键人员，分层分类组织开展境外项目法律风险专项培训。邀请国内外境外业务资深律师、业内人

士授课，以不同国别为例，以 EPC 总承包、分包风险识别及防控为重点，通过以案说法，深植“人人讲合规、时时显合规、事事要合规”的理念。

（二）严把制度落实关，抓好执行增强制度生命力

完善境外制度体系建设，编制广西电网公司境外业务管理制度框架建议清单。新编印发《境外工程管理办法》《境外工程事项报告管理办法》等管理制度，加强制度合法合规性审核。严格执行中国南方电网公司及公司境外业务有关制度和指导文件，确保“专业部门延伸管理”模式管控到位。组织开展合规自查和联合检查，重点对制度执行情况进行检查，排查问题、落实整改，避免“城门大开”。

（三）严把标前评估关，抓实法律尽调识别项目风险

严格实施“一项目一法律尽职调查报告一法律意见书”，对新增境外工程项目开展法律尽职调查，全方位揭示法律风险。在项目投标前，对其中存在的高风险事项进行评估，识别境外投标合规风险。根据标前评估结果，项目谈判组在议标阶段平衡风险争取最大利益，成功签约柬埔寨等分包项目。

（四）严把风险管控关，抓牢全过程管理增强抵御能力

开展境外电力建设工程承包法律风险防范研究专项工作，形成“一书两库”（《境外项目法律风险分析报告书》《境外工程承包项目法律风险库》《境外电力建设项目法律法规库》）。开展境外项目合同管理情况通报，对境外工程项目合同履约法律风险进行排查，并督促风险防控措施落实到位。建立境外项目月度例会管控机制，实行双月动态管控，为项目实施提供过程法律服务，及时规避合规风险，维护公司合法权益。严格涉外合同法律审查，积极推进涉外业务律师库建设，强化法律服务保障。

三、工作成效

（一）境外业务制度体系更加完善

广西电网公司境外业务管理制度覆盖境外业务决策、风险管理、外事管理、对外工程承包、对外咨询服务、信息报送管理 6 大类 23 个业务事项，境外制度体系建设逐步完善，确保有章可循。

（二）境外业务合规、风险管理体系逐步建成

广西电网公司已建成境外业务常态化管控机制，动态掌握境外项目信息，避免发生违规经营责任追究事件。新投标境外项目均执行“一项目一法律尽职调查报告一法律意见书”，杜绝未经规范决策就开展境外项目事件的发生。充盈律师库境外业务律师资源，法律服务响应机制进一步完善。

（三）境外项目风险可控在控

目前公司累计在柬埔寨、老挝、肯尼亚等“一带一路”沿线及大湄公河次区域共 10 个国家承接了 24 项电力工程施工分包和总包项目，对境外项目进行“全面体检”，形成“一项目一分析一法律意见”，确保境外工程项目实施进度风险可控在控，未发生可能给公司造成重大损失或者不良影响的重大合规风险事件。

四、经验启示

（一）完善的境外风险管理体系和机制是基础

境外项目面临的各类风险往往发生概率较高，损害后果严重，防控难度大，有效识别和控制风险是境外项目成功实施的关键。因此，企业在“走出去”实

施境外项目时，有必要建立科学、系统、全面的风险管理体系和机制，在项目可行性研究、合同签约、项目建设及经营阶段有效地识别和控制风险，以保障境外项目实施的安全性，确保投资收益，成功实现“走出去”的战略目标。

（二）平衡风险防范与价值创造是关键

对境外项目风险管控，既要注重防控风险可能给企业造成的损失和危害，又要考虑把机会和风险转化为企业的特殊资源和巨大潜力，为企业创造价值。既要防止和纠正忽视风险、片面追求收益、风险越大收益越高的激进观念和做法，又要防止单纯为规避风险而放弃发展机遇的过于消极的观念和做法。

（三）内外结合的双重风险防范机制是保障

不同国别的风险类型和风险程度都有不同，仅仅依靠企业内部法律人员，将会影响法律风险防控的质量和水平。应建立以企业内部法律团队为核心主导、外部律师团队为专业支撑的双重风险防线，实现企业内部法律顾问与外聘国内外律师的优势互补，共同有效解决涉外法律风险防控问题。

健全重大风险管控机制，提升防控水平

（超高压公司）

一、背景

党的十九大报告中明确提出了“坚决打好防范化解重大风险、精准脱贫和污染防治攻坚战”。习近平同志在省部级主要领导干部坚持底线思维着力防范化解重大风险专题研讨班开班式上强调：深刻认识和准确把握外部环境的深刻变化和我国改革发展稳定面临的新情况新问题新挑战，坚持底线思维，增强忧患意识，提高防控能力，着力防范化解重大风险。2019 年 1 月，国务院国有资产监督管理委员会召开中央企业地方国资委负责人会议，明确要求“强化风险管控，严控法律等四大风险，坚决守住不发生重大风险的底线”。为贯彻落实党中央决策部署，中国南方电网公司将防范化解重大风险作为重点工作，坚决落实积极落实防范化解重大风险责任，推进构建重大风险防控机制。中国南方电网超高压输电公司（简称超高压公司）作为中国南方电网公司分公司，严格贯彻落实中央和中国南方电网公司有关防范化解重大风险的决策部署，提高政治站位、强化政治担当，不断强化底线思维，结合实际对重大法律风险进行识别、分析和评估，探索建立重大风险防控五项机制，确保风险防控措施有效落地、重大法律风险得到有效防控。

二、工作举措

（一）完善防范化解重大风险五项机制，持续推动工作常态化长效化

一是持续完善重大风险研判机制。密切关注内外部环境变化，充分利用好

全面风险管理委员会、安委会、经济活动分析会和各类专业会议等现有机制，定期研判重大风险，加强风险信息搜集、共享和预警。**二是**持续完善重大风险防控协同机制。结合全面风险、内部控制、合规管理体系等工作，充分发挥三道防线作用，加强与利益相关方的联动，协同推进风险管理。**三是**持续完善重大风险评估机制。严格执行重大决策程序，把风险评估作为必经程序，落实专家论证、风险评估、合法合规审查、请示报告等要求。定期开展重大风险梳理、评估、更新。**四是**持续完善重大风险防控责任机制。切实落实防范化解重大风险负主体责任，党组织书记负第一责任，分管领导负直接责任，重大风险防控牵头部门切实负起风险管控职责，统筹策划、协调推进风险防控工作。**五是**持续完善重大风险报告机制。严格落实重大风险报告机制，及时对发生重大风险的性质、事态变化和风险程度做出判断并全力处理，有效避免单一风险转化为系统性风险。

（二）建立防范化解重大风险考核监督机制，确保责任措施落实到位

一是将防范化解重大风险纳入公司“两表”、年度工作要点进行统一管控，通过督查督办、绩效考核等措施强化责任落实。**二是**将防范化解重大风险工作纳入公司巡察工作重点，督促被巡察党组织进一步强化责任意识和政治担当，重点监督防范化解重大风险中多说少做、甚至只说不做等不负责任、落实不力的问题，进一步推动防范化解重大风险各项工作抓实抓细抓具体。

（三）开展重点工程法律护航服务，确保工程重大风险在控可控

超高压公司遵循“重点工程推进到哪里，法律服务就跟进到哪里”的原则，按照“总体管控、分省服务”模式，组建20余支法律服务团队。自2013年在“两渡”直流工程中首次开展重点工程法律服务工作以来，连续为金中、滇西北、异步联网、昆柳龙、云贵互联等重大工程提供专项法律服务，针对工程建设压覆矿、签证管理、土地征收、拆迁青苗补偿、合同谈判及变更等法律风险业务事项，提供优质法律服务，有效管控了重大法律风险。图2-13为超高压公司

压覆矿专题讨论会。

图 2－13 超高压公司压覆矿专题讨论会

三、工作成效

西电东送是国家的重要能源战略，是中国南方电网公司的主责主业，是中国南方电网公司生存发展的基础。超高压公司承担南方电网西电东送主网架及重要联络线的建设、管理、运行、维护任务，防范化解重大风险工作紧紧围绕主营业务开展，以工程建设及线路运维为重点，带动整体防范化解重大风险工作，为主责主业保驾护航。

（一）风险防控体系更加完善

超高压公司建立了以重大风险防控责任机制为基础，以重大风险评估机制、报告机制、研判机制、协同机制为支柱，以考核监督机制为保障的风险防控体系，为有效防范化解重大风险提供了强有力的体系支撑。

（二）电网建设工程压覆矿管理更加规范

压覆矿管理是超高压公司电网建设高风险领域，超高压公司将其作为落实重大风险防范化解的切入口重点突破。为进一步规范电网建设项目办理压覆矿产资源手续，减小因压覆矿产资源引起纠纷的风险，超高压公司发布了南网系统内首个《电网建设项目压覆矿产资源业务指导书》《关于切实防范公司电网建设工程压覆矿相关法律风险的提示函》，进一步有效防范同类法律风险。

（三）工程建设法律风险防范成果丰富

超高压公司针对工程建设各个关键环节进行风险防控，形成了《工程建设法律风险梳理及防范报告》《工程建设法律风险防范指导手册》《输电线路通道清理法律风险防范指引》《建设工程压覆矿业权法律关系研究报告》及《建设工程压覆矿业权法律工作指引》等一系列成果，为工程建设中解决压覆矿补偿问题提供了法律指引，如图 2－14 所示。

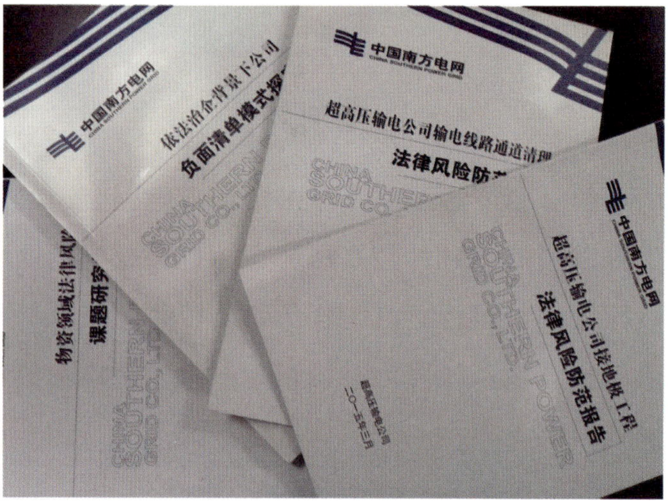

图 2－14　工程建设法律风险防范成果图示

四、经验启示

（一）抓牢防控重大风险责任落实

风险在企业经营业务中产生，并受内外部形势、外部监管要求等复杂因素影响而变化，单靠风险管理归口部门难以实现有效防范化解的目标。防范化解重大风险，必须强化党对风险防范化解工作的领导，切实发挥三道防线作用，落实风险防范主体责任，确保相关举措落实到位。

（二）坚持深度融入业务管控风险

业务部门是风险防控的第一道防线，对业务的熟悉、业务实施的管控让业务部门天然有了研判风险、防控风险的优势和责任。风险防范化解，必须坚持紧密围绕业务、依靠业务、融入业务，实现对风险的准确研判、应对措施的精准制定、防范措施的有效落实。

（三）坚定战略定力狠抓落实

风险因其不确定性、损失性等特征，防范化解难度大、压力大。需要重点提升战略思维、底线思维，科学预见形势发展走势和隐藏其中的风险挑战，坚定信心、保持定力，将风险防范化解机制落实到位，发现风险的客观性和规律性，增强风险研判的准确性，提高风险防控的能力，筑牢抵御各类风险的铜墙铁壁。

深入推进风险内控合规体系建设，防范化解重大金融风险

（南网财务公司）

一、背景

党的十八大以来，习近平总书记对金融作出一系列重要指示批示和全面系统的论述，很早就提出要把防控金融风险放在更加重要的位置。党的十九大报告、中央经济工作会议再次强调，要打好防范化解重大风险攻坚战，重点是防控金融风险。随着十八大以来，中国特色社会主义法治建设与全面推进依法治国重大方略的逐步实施，落实金融风险防控与依法合规治理逐渐成为南方电网财务有限公司（简称南网财务公司）经营管理中的重中之重。

“十三五”期间，公司认真贯彻落实法治央企建设要求及中国南方电网公司“十三五”战略部署，深入推进风险内控合规体系建设，把防范化解重大金融风险与提升公司依法治企能力有机结合起来，完善全面风险管理机制，强化制度建设，不断优化风险管控措施，实现“风险、收益和资本”的动态平衡，牢牢守住不发生金融风险、不发生资金安全事故、不发生违规事件的底线，做好公司“风险免疫系统”，切实保障公司业务合规和资金安全，打好防范化解金融风险攻坚战。

二、工作举措

（一）以“党的领导”为指引，落实党委主体责任

南网财务公司党委把全面深化风险内控合规体系建设作为贯彻落实党中央

深入推进依法治企要求的重要举措，**一是**制定《关于加快推进依法从严治企的实施方案》《全面风险管理实施方案》《依法合规管理工作方案》，充分发挥党委“把方向、管大局、保落实”的作用，完善公司风险内控合规管理体系。**二是**编制公司党委及“三会一层”等治理主体议事及决策规则、权责清单及授权清单、公司《“三重一大”决策实施办法》，细化公司各治理主体职责及履职程序，明确董事会和监事会会议召开频度，提升董事、监事依法履职能力，确保授权用权合法合规，健全公司法人治理体系。

（二）以“制度建设”为基本，健全风险内控合规体系

一是构建完善以《公司全面风险管理办法》为核心、10个专项风险管理办法为支撑、2个内控手册为辅助的“1+10+2”全面风险管理体系，全面防控公司经营管理各项风险。**二是**建立完善以《突发事件总体应急预案》为核心、11个专项应急预案为支撑的“1+11”应急预案体系，做好公司业务连续性保障及突发事件应对等工作。**三是**制定公司《深化内部控制建设工作方案》，构建“理念统一、工具统一、流程统一、评价统一”的公司内部控制体系，定期完善公司内部控制两本手册，保障内部控制设计及运行切实有效。**四是**制定公司《法律案件管理办法》《合同管理办法》等法治管理专项制度，进一步防范法律风险，确保公司合法合规运行。**五是**修订公司《授权委托管理办法》，明确法定代表人授权及内部授权的形式及要求，规范授权权限、授权方式及授权依据，健全授权管理机制。

（三）以“监管要求”为导向，深入开展金融风险管理专项检查

一是深入贯彻落实国家金融监管政策，按照中国银行保险监督管理委员会广东监管局对专项金融风险排查的工作部署，认真开展“三违反”（违法、违规、违章）、“三套利”（监管套利、空转套利、关联套利）、“四不当”（不当创新、不当交易、不当激励、不当收费）、“两个加强、两个遏制”、银行业市场乱象整治以及“巩固治乱象成果　促进合规建设”、银行业金融机构案件警示教育等专

项排查工作，以每年一个重点任务为主题，严查政策执行落实，严查风险隐患，严查违法违规行为，保障公司经营合规。**二是**切实履行金融机构反洗钱义务。认真贯彻中国人民银行反洗钱局工作要求，按年度开展洗钱风险自评估及发现问题整改，密切跟踪反洗钱监管态势，及时修订公司《反洗钱工作管理办法》及 11 个附则，完善反洗钱制度体系。**三是**推动综合治理和平安金融创建。深入贯彻广东省政法委、省金融综治领导小组决策部署，牢固树立“大金融、大监管、大平安”工作理念，研究制定公司各年度《综治暨平安金融工作要点》，组织公司上下逐级签订《综治工作责任书》，做好关键时点的金融安全管理。

（四）以“合规治理”为目标，加强经营业务合规管理

一是严格开展业务合规管理。针对客户信用评级及授信、自营贷款等关键业务开展风险审查并出具报告，充分揭示业务风险，提出合法合规、风险控制等管理建议。有力监控关键风险指标，对流动性比例、资本充足率等核心指标进行实时监测和预警。做实资产风险分类，严格按照规定按季开展资产分类认定工作，全面、真实、准确反映公司资产质量。**二是**加强重点业务合规风险审查，制定各年度《重大法律风险管控方案》，对融资租赁、“一头在外”的票据贴现、应收账款保理及其他产业链金融服务等当年度公司创新业务，进行法律风险合规性审核，并提出相对应措施。**三是**落实公司案件风险防控责任，制定年度《案件防控工作方案》，明确各部门（单位）案防工作责任，有效惩治违法、违纪、违规行为，确保公司涉刑、涉案事件零发生，公司经营稳健运行。

（五）以“岗位和员工”为抓手，提升员工守法合规意识

一是梳理员工岗位合规义务，制定《公司 2019 年依法合规管理工作方案》，对照法律法规和监管文件梳理现有业务合规义务 180 条，编制形成《合规义务清单》。**二是**编制公司《业务权限清单》，组织公司各部门（单位）对 318 项业务内部授权事项进行梳理，明确员工岗位操作权限。**三是**加强重点岗位合规管控，结合公司实际情况，识别重点合规岗位，按照“融入体系、融入业务、融

入岗位”原则，以“重点领域、重点岗位、重点人员”为抓手，编制形成《重点岗位合规手册》。**四是**梳理近年来行业内发生的合规风险案例，制作《公司合规案例宣传手册》，组织全体员工签订《合规承诺书》、发放合规手册、制作合规案例集，进一步明确自身合规义务，落实合规工作。

（六）以“企业文化”为宗旨，厚植公司法治合规文化

一是开展依法治企宣传教育，根据网公司和广东银保监局的要求，紧紧围绕“深化依法治企　打造法治金融”主题，通过展板、电子屏、手册、移动互联网等载体，开展历年“消费者权益保护教育宣传周”“全民国家安全教育日”“防范非法集资和电信诈骗”“金融知识宣传月”“平安金融宣传月”“12·4”国家宪法日活动等系列法治金融宣传教育活动。**二是**举办公司会计金融知识竞赛，积极组织员工参加网公司会计金融、法治、审计等专项知识竞赛，参加广东银保监局“提升合规意识　重塑合规文化”主题知识竞赛，提升员工业务能力。**三是**开展“重塑合规年”主题系列活动，制定《“重塑合规年”主题活动实施工作方案》，落实合规自评自查工作，加强发现问题整改，强化合规意识。**四是**举办年度金融讲坛，对业务拓展、合规管理及风险案例进行讨论，聚焦年度热点内容，对公司全体员工干部开展专题培训，厚植法治合规文化理念。

三、工作成效

（一）公司制度治理效能不断推进，“制度活力”得到凸显

一是明确公司党委在深化制度建设中的领导作用，明确各级党组织的机构设置和基础保障，明确公司党委在公司授权体系建设中的前置研究作用，党委“把方向、管大局、保落实”作用不断得到发挥。**二是**细化公司各治理主体权责内容及履职程序。对董事会和监事会会议召开频度、方式均详细规定，以制度推进公司法人治理体系、治理能力进一步现代化。**三是**符合金融企业特色的授

权管理体系进一步建立健全。公司各治理主体权责清单及相关授权清单梳理完善，授权范围严格界定；法定代表人授权委托书授权及“三会一层”议事规则不断规范。十三五期间，公司党委及治理层严格按照制度要求，开展各项公司经营管理工作，不存在违法违规行为。

（二）专项风险排查严格管控，“监管要求”得到落实

一是公司把风险防控、合规治理和内控建设放在更加重要的位置，以监管要求为导向，从健全公司治理和履职评价体系、规范信贷业务管理、审慎开展资金运作、加强资金管理、防止利益输送、合法合规展业、防范案件与操作风险和廉洁风险等方面加强金融业务风险防范，十三五期间，公司各项监管要求工作均已得到落实。**二是**落实反洗钱主体责任，夯实综治暨平安金融建设机制，强化案件风险防控，确保实现“四个不发生”（不发生危害国家安全和社会稳定的重大事件、不发生严重暴力恐怖和个人极端事件，不发生重大群体性事件以及不发生重大公共安全事件）。“十三五”期间，公司在监管评级、反洗钱评级、综合治理和平安金融创建等方面取得较好成绩。**三是**严格开展关键风险指标监测，做实资产质量。“十三五”期间，公司流动性比例、资本充足率等指标符合监管规定，不良资产率和不良贷款率始终保持为0。

（三）全面风险管理体系不断完善，“风险防控”得到加强

一是公司深入贯彻落实监管机构风险防控要求，刚性执行36条金融风险防范措施，基本形成以重点业务专项风险审查为核心、日常业务例行检查为基础、上下联动、业务全覆盖、流程全封闭的全面风险管理体系，确保严控金融投资、提高发展质量落实落地。**二是**公司贯彻落实法治工作要求，针对法律风险及时提出防范建议，固化重大法律事项前出具法律意见书机制，法律案件全过程管理得到推进。十三五期间，公司重大法律风险可控在控，无涉刑涉诉等案件发生。**三是**公司认真落实合同管理，对照合同管理通报逐条查摆、深刻剖析，合同管理效率不断提升，合同签订及时率、标准文本使用率等考核指标稳中向好，

合同风险管控有效。“十三五”期间合同法律审核率达 100%，合同执行情况较好，无合同纠纷案件发生。

（四）岗位合规体系进一步完善，“员工活力”得到激发

一是通过加强员工岗位合规管理，公司已逐步形成基于价值观管理，以《合规义务清单》《重点岗位合规手册》《合规承诺书》为基础，全面覆盖、职责清晰、协同联动、有效执行的岗位合规管理体系，员工岗位合规义务进一步明晰。**二是**结合员工行为排查活动，公司健全员工行为排查长效机制，员工行为管理延伸至八小时以外，业务操作风险和员工道德风险得到有效防范，岗位合规体系取得实效。**三是**落实以党建带动团建，树立先进典型，开展谈心谈话交流，及时警醒员工干部，高质量推进“不忘初心、牢记使命”主题教育外化于心、内化于行。“十三五”期间，公司未发生员工异常行为及相关风险事件。

（五）法治合规文化体系进一步确立，“文化活力”得到释放

公司广泛深入开展各项主题宣传活动，形成以“金融讲坛”为载体、以年度风险合规内控管理焦点为主题的全员培训机制和多主题的研讨交流座谈，切实提高公司风险防控、合规管理及金融服务水平，全面营造“人人讲合规、时时显合规、事事要合规”的良好氛围，真正树立全员依法合规的文化理念。“十三五”期间，公司在网公司和监管机构举办的会计金融、法律、审计、合规等专项知识竞赛中取得较好成绩，公司法治合规文化氛围更加浓厚。

四、经验启示

（一）明确党委主体责任是风险合规内控建设的重中之重

不断加强党委对公司的领导，尤其是对于风险合规管控和措施执行主体责

任落实方面，加强全面从严治党责任，强“根”固“魂”，确保各级党组织和全体党员干部时刻把制度要求牢记心中，发挥好战斗堡垒作用和先锋模范作用，推进公司风险合规内控体系不断完善。

（二）严格制度刚性执行是风险合规内控建设的必然要求

要加强公司员工对公司各类制度的学习运用，领会制度精神，真正把制度的要求转化为行为准则、行动自觉。要紧跟监管趋势和经济形势，结合公司业务发展实际，强化制度体系建设与业务深度融合，不断增强制度的权威性和执行力，坚持制度一经形成，就必须严格遵守，任何人都不能做选择、搞变通、打折扣，以制度刚性确保企业治理合法合规。

（三）落实监管政策要求是风险合规内控体系的明确导向

风险合规内控是金融监管机构的必然要求，也是确保公司平稳运营的关键。公司要坚持以监管政策为导向，始终把风险防控放在更加重要的位置，牢固树立合规经营的底线思维，密切关注监管形势，把监管要求和公司风险合规内控管理深度融合，推进风险合规内控体系进一步发展。

（四）抓牢员工岗位合规是风险合规内控体系的关键一环

“管住人、看住钱、扎牢制度防火墙”是公司风险合规内控体系的首要职责，抓牢员工岗位合规则是“管住人”的关键举措。公司要坚持推进员工行为管控常态化机制建设，强化岗位业务操作流程、操作权限等合规管理，增强公司员工的合规意识和工作责任心，加强谈心谈话及异常行为监测，切实防范违法违规行为。

（五）推进法治合规文化建设是风险合规内控体系的重要保障

公司要重视风险合规内控管理的企业文化和管理哲学，将各环节的制度设计统一在法治合规文化理念的框架内。大力宣传金融法律、法规及监管政策，切实提高依法依规的风险意识、预防能力和办事能力。深入开展案件警示教育活动，抓好合规培训的内容和重点，开拓合规管理视野，将严守合规理念渗透至每个业务环节、每个业务部门和每一位员工。

发挥依法治企保驾护航作用，建立存量土地物业资产盘活新模式

（鼎元资产公司）

一、背景

近年来，国资国企改革力度持续加大，要求中央企业探索国有资本保值增值的新模式。新时代，中国南方电网公司以建成具有全球竞争力的世界一流企业为目标和愿景，不断深化改革，致力于向智能电网运营商、能源产业价值链整合商、能源生态系统服务商转型。为支撑转型发展战略，电网企业积极盘活存量资源、寻求新的效益增长点、培育增长新动能、打造发展新引擎。

南方鼎元资产运营有限责任公司（简称鼎元资产公司）于 2017 年 3 月 15 日成立，是中国南方电网公司存量资产盘活新兴业务的主要承载主体。成立以来，鼎元资产公司坚持以习近平新时代中国特色社会主义思想为指导，以《中国南方电网公司发展战略纲要（2019 年版）》为遵循，践行“依法治企”管理理念，在法治轨道上推动市场化方式盘活南网系统内存量土地及物业资源，创新资产盘活模式，为实现国有资产保值增值和公司高质量可持续发展提供了有效支撑，实践了更好地服务中国南方电网公司战略转型的企业使命。

二、工作举措

（一）以治理体系建设为抓手，完善资产盘活顶层设计

一是不断加强公司章程科学性。把党建条款写进公司章程，将党的领导贯

彻落实到依法治企全过程，充分发挥党委“把方向、管大局、保落实”的领导作用，确保资产盘活不偏向、不迷航。根据公司规模和业务发展，优化公司董事会、监事会、高级管理人员设置，发挥各治理主体间有效制衡和有效决策作用，聚焦存量土地和物业资产盘活业务，提升资产盘活策略的科学性和精准性。

二是不断完善治理主体运行。制定了党委会、董事会、总经理办公会议事规则，建立议事清单式管理，有效划分各治理主体的权责边界。按照资产盘活规模、权属层级、风险程度等维度，将资产盘活各阶段管理活动分配不同治理主体，推动公司主营业务快速发展。

三是不断建立健全依法治企保障机制。将法治建设纳入公司战略及发展规划，构建战略引领机制。将法治素养和法治能力作为选人用人的基本条件，将“合规经营”作为经营业绩考核红线事项，落实领导人员述职述法及党委中心组法治专题学习要求，形成依法治企常态运行机制。印发《南方鼎元资产运营有限责任公司违规经营投资责任追究实施细则（试行）》，规定风险管理方面的责任追究情形，形成责任落实机制。

（二）以法律服务为支撑，探索资产盘活路径

盘活业务涉及的政策多、利益复杂，公司始终坚持问题导向，以法治方式解决项目推进过程中的各种问题。一方面，法律人员进入项目组，参与项目机会研究至项目实施全过程，针对问题进行精准法律论证，找到最佳盘活路径，形成“拔钉”的法律服务机制。另一方面，划分好内部法务部门和外聘法律顾问职责。内部法务部门发挥“全科医生”作用，对内做好工作协同，对外做好沟通，侧重基础性、常规性和规范性问题的解决。外聘法律顾问发挥“专科医生”作用，解决疑难杂症，提供实操指导。

（三）以风险防控为主线，推动资产盘活实施

千里之堤，溃于蚁穴。风险管控不好，整个盘活项目就功亏一篑，公司将风险管控贯穿于资产盘活全过程，将风险管控作为资产盘活的基石。

一是不断加强内控。成立合规及风险管理委员会，领导统筹内控及合规管理。开展资产管理合规义务清单编制，将合规义务落实到岗位，编制重点岗位人员合规手册，形成全员合规观。开展“强基础、抓合规、转作风、促发展”专项工作，促进公司管理运作机制更加健全，制度流程体系进一步完善。

二是不断加强重大投资项目风险分析。建立重大项目投资风险分析机制，系统分析投资项目必要性、可行性，科学测算预期投资收益率，并细分投资项目风险，细化风险事项颗粒度，按照风险敞口、发生概率、风险损失三个维度进行风险评估，根据评估结果划分风险等级，测算预控成本，制定预控措施，提出投资结论。

三、工作成效

（一）可复制推广的盘活模式确立，“资本活力”释放

公司通过加强政策研究、法律论证、实地调研，促成了一批盘活条件成熟的项目落地，探索出“项目公司”“按份共有”“无偿划转”等盘活模式，实现国有资本保值增值。

“项目公司”模式。土地权属单位成立项目公司，将土地使用权划转更名至项目公司，再由资产运营方增资项目公司。由项目公司负责项目投资建设，项目建成后，双方按照股权比例共享项目收益。该模式有利于均衡合作双方或各方的利益诉求，可通用于存量土地盘活项目。

“无偿划转”模式。权属单位将地块使用权、物业资产产权无偿划转至资产运营方，由资产运营方对存量土地进行市场化开发，或者对物业资产进行改造和运营。该模式投资界面清晰，快速实现项目的市场化开发，可通用于存量土地及物业资产的盘活。

“按份共有”模式。土地权属单位将部分土地使用权无偿划转至资产运营方，双方“按份共有”土地使用权，共同办理项目有关报批报建手续，并根据各自

投资计划分别投资建设。项目建成后，双方按照所占土地使用权的份额分配地上建筑面积，并将地上建筑分别确权登记至双方名下。该模式投资界面及产权归属清晰，项目建成后可实现分别独立确权，适用于两个不同投资主体在同一地块分别投资建设的盘活项目。

（二）存量土地物业资产盘活取得实质进展，“改革活力”凸显

鼎元资产公司聚焦主责主业，全力解决系统内存量土地和物业资产长期闲置的问题，推动了香山路 2 号项目、番禺电力科技园等一批“星火项目”落地。随着资产盘活领域探索不断推进，“星火项目”将形成“燎原之势”，非管制类业务“强支撑、增利润、促转型”的活力不断凸显。

（三）与市场接轨的制度体系初步形成，“制度活力”激发

以公司章程为统领，基于公司业务框架，按照与市场接轨原则，搭建公司管理制度体系。编制《南方鼎元资产运营有限责任公司业务管理框架》，共包括一级业务 49 项，二级业务 195 项，业务事项 428 项，核心业务流程 455 项，为管理制度建设提供清晰指引。以项目投资和人力资源管理为重点，编制投资管理实施细则，印发投资项目负面清单，调整薪酬管理，增加向一线人员的倾斜，加大直线经理人的分配权限，编制出资企业薪酬体系设计方案，改变了公司项目推进的被动局面，有效促进了公司业务的良性发展。

四、经验启示

（一）健全现代企业治理体系是关键

完善的公司治理体系是存量资产盘活的土壤，让盘活项目落地生根，不断繁殖成长。明确股东会、党组织、董事会、经理层权责，从公司业务规划编制，到分类盘活项目储备研究，再到具体项目投资决策，充分发挥“三会一层”作

用，提高治理主体运行效率。在项目公司模式中，将项目公司治理结构纳入可行性分析，从项目启动就做好项目公司章程、股权结构、“三会一层”的设计，积极和相关方做好谈判沟通，确保盘活项目持续高质开展。

（二）依法规范推动项目是第一要务

闲置土地在财务账上，看不出其价值所在，盘活了价值才会放大，才能带来额外效益。项目盘活越早，推动资产保值增值就越快。然而，闲置资产往往存在各种历史问题，盘活工作协调工作较多。这就需要认真深入研究政策法规，将依法规范作为解决一切问题的“总钥匙”，细致开展资产情况摸查，做实做细项目机会研究和可行性研究，确定清晰的盘活思路实现盘活项目落地，确保盘活项目效率和质量并进。

（三）与市场接轨是必由之路

坚持市场化改革方向，提升项目市场化运作水平，才能不断提高公司价值创造能力。首先要实现全方位与市场接轨，包括项目管理的全链条，涉及规划、设计、施工、成本控制、营销、客户服务等方方面面。同时与市场接轨必须要以成本管控为核心，统筹做好项目前期和施工的各项工作，实现资产的高周转，站在客户的角度来思考问题，满足客户的期望，不断挖掘客户群，确保盘活项目价值最大化。

严把法律审核关，用法治护航重大改革落地实施

（广西电网公司）

一、背景

2019 年 7 月 30 日，广西壮族自治区人民政府与中国南方电网公司签订新时代全面深化合作框架协议，全面开启广西“一张网”融合发展大幕。2020 年 6 月 5 日，广西电网有限责任公司（简称广西电网公司）与广西农村投资集团签订《资产重组协议》并举办资产交割仪式，标志着双方正式进行资产交割，广西电网公司成功重组广西农村投资集团下属 40 家县级供电企业电网资产。至此，广西“一张网”融合发展取得重大成果。

在这场央地电网大融合改革大考中，广西电网公司党委坚决落实习近平新时代全面依法治国新理念、新思想、新战略，坚守依法依规底线，凡事有理有据、有力有节，注重以法治平衡各方利益，兼顾历史沿革和各方意愿，在圆满完成改革发展任务的同时，确保了资产重组程序和实体依法合规，向中国南方电网公司党组和自治区党委交出了一份满意并经得起历史检验的答卷。坚持依法合规推进广西“一张网”改革，是近年来公司以法治思维和法治方式推动改革发展的一个典型缩影。五年来，广西电网公司进一步完善决策机制，提升重大法律审核质量，为广西电力改革提供了更加坚强有力的法律保障和支撑。

二、工作举措

（一）迅速成立专项法治保障团队

此次资产重组涉及法人主体多、法律关系复杂，时间紧、任务重，广西电

网公司采取“内部公司律师+外部律师事务所”联合法律服务工作模式，成立了由总法律顾问牵头的专项法治保障团队，为资产重组提供全过程法治保障。

（二）依法设计改革路径

加强改革涉及法规政策的研究和应用，确保资产重组“路线图”合法合规且符合改革实际。广西电网公司充分发挥主观能动性，主导协议起草和谈判，将法律审核融入资产重组涉及的53份协议的起草、谈判、决策和实施全过程，制定完成《新电力集团章程》等重要法律文件，为新电力集团组建以及后续法人治理提供了法律依据。

（三）全程严把法律审核关

开展净资产收购模式、债权债务处置等28个法律问题研究论证，完成52家目标公司法律尽职调查，针对承接的担保债务、接收无偿划转资产等重大事项出具专项法律意见书，累计出具法律尽职调查报告55份、法律意见书64份。全面梳理法定程序，编制《资产重组全流程合规清单》，督促落实资产重组中各方需要履行的法定程序，确保程序合规。

（四）合规高效完成资产交割法律手续

推动标的股权质押解押等问题解决，为资产重组扫清实质性障碍。编制完成各子公司股东会决议和章程等交割必备的法律文书246份，组织40家子公司顺利完成股权交割，打通资产实质交割“最后一公里”。

三、工作成效

（一）依法合规决策机制不断健全

修编完善并严格执行“三重一大”决策制度，全面梳理涉法重大决策事项

26 项，实现应审必审，确保无“漏网之鱼”；健全依法决策程序，严格落实风险评估、合法合规性审查、廉洁性审查、集体决策等程序要求；落实总法律顾问或法律部门负责人列席党委会与董事会审议事项，“决策先问法，违法不决策”全面落实落地。

（二）重大决策法律审核质效进一步提升

编制《广西电网有限责任公司重大经营决策法律审核业务指导书》，建章立制规范重大决策法律审核管理。充分发挥“公司律师＋外部律所”两大平台内外结合优势，扎实开展法律尽职调查，做好分析论证，严格执行“一决策一法律意见书”。建立“省级集中”法律审核机制，对于公司党委会、董事会研究审议的涉法事项，由省公司法规部门集中统一开展法律尽职调查，确保法律审核质量。五年来，广西电网公司累计对 68 项涉法重大决策事项开展法律审核，出具各类法律尽职调查报告 135 份、法律意见书 192 份，为公司县级供电企业“子改分”、公司制改制、职工持股企业改革参、与增量配网试点项目、与百色贺州地方电网合作、电力交易中心股份制改革等 32 个改革项目提供法治支持，推动广西新电力投资集团、南方电网（广西）电动汽车服务公司等 16 家公司依法设立。

四、经验启示

（一）提升“关键少数”法治意识及法治能力是重点

加强依法决策、依法经营，要牢牢抓住领导干部这一“关键少数”，广西电网公司党委会、董事会带头严格依法决策，涉法事项未经法律审核不予上会；扎实开展领导干部法治建设“六个一”活动，公司领导履职尽责组织分管业务领域重大决策法律论证，近三年公司领导班子成员累计开展法治建设“六个一”活动 209 项；从而带动各级决策层依法决策、广大干部员工依法办事的意识和能力不断提升。

（二）完善依法决策机制是基础

规范的依法决策机制有力保障了重大改革事项在依法合规的轨道上推进，同时也为公司治理体系和治理能力现代化奠定了行权基础。在改革发展中，广西电网公司坚持改革发展有效推动与依法决策“两手抓”，持续完善决策制度，规范决策流程，落实重大风险防范化解要求，为企业改革发展奠定了坚实的基础。

（三）强化法治保障是关键

坚强有力的法治保障是重大改革事项依法合规推进的关键。广西电网公司坚持强化法治保障，协同内外法律平台力量，建立“省级集中”法律审核机制，将法律服务主动融入改革工作的每一个环节，切实把好法律审核关，切实履行用法治护航重大改革落地实施的使命和任务。

筑牢合规基础，助力数字化转型的网络安全体系建设

（南网数研院）

一、背景

党的十八大以来，我国确立了网络强国战略，加快建设数字中国，加快推动信息技术与经济社会发展深度融合，加快推动经济社会发展。互联网成为国家发展的重要驱动力。党的十九大报告中指出网络安全是人类面临的许多共同挑战之一，并明确提出电力行业智能化。2017 年 6 月 1 日，《中华人民共和国网络安全法》正式实施，网络安全管理进入法治化进程。为响应国家对信息化和产业优化升级的要求，深入贯彻习近平总书记关于信息化工作的重要论述，保障电网网络安全，中国南方电网公司积极抓住历史机遇，明确提出“数字南网”建设要求，将数字化作为公司发展战略路径之一，加快部署数字化建设和转型工作。公司董事长、党组书记孟振平强调要“坚定不移推进公司数字化转型，促进公司战略落地，推动公司发展质量、效率、动力变革，做强做优做大国有资本，建设具有全球竞争力的世界一流企业”。南方电网数字电网研究院有限公司（简称南网数研院）作为中国南方电网公司保障网络安全的主体单位，“十三五”以来，紧紧围绕党中央重大决策部署和中国南方电网公司工作安排，严格遵循《中华人民共和国网络安全法》《计算机信息系统安全保护条例》等法律法规，落实网络安全保障主责，以防御最高等级的网络攻击为目标，依法合规开展网络安全保障工作，提升网络安全保障能力，确保网络安全局面保持平稳，为中国南方电网公司数字化转型提供了有力支撑和服务。

二、工作举措

（一）压实责任，夯实网络安全管理基础

一是优化网络安全合规组织架构。建立合规风险管理委员会和安全生产委员会结构，明确职责分工界面，确保内控风险合规管理工作和安全生产管理工作落实到位、履责到位。

二是强化网络安全合规管理标准。将网络安全合规管理纳入公司合规管理体系，重点关注行业准入及监管条件，系统梳理网络安全与信息化领域合规义务 288 项，为公司网络安全保障提供了法律依据和标准指引。

三是明确网络安全合规管理责任与标准。组织全员签订《网络安全责任书》《合规承诺书》。进一步建立健全公司网络安全制度体系，发布《软件品控测试管理办法》《测评中心管理办法》《测评中心测试指引》《信息系统入网安评测试管理办法》等 9 份网络安全系列标准，进一步规范品控测试条件、流程和方法。

四是压实网络安全合规管理岗位职责。编制各类网络安全合规管理重点岗位说明书、安全责任书，确定各级人员安全责任和履职标准，完善考核标准和考核问责办法，严格落实网络安全主体责任，确保网络安全责任全覆盖。

五是加强网络安全合规管理宣贯培训。将普法宣传、合规培训与网络安全教育有机结合，深入开展《中华人民共和国网络安全法》普法宣传，提升员工网络安全守法意识，将“依法合规”“安全第一”的思维模式植根于日常工作中。定期组织开展安全大讨论、安全规程考试和安全技能竞赛等安全合规教育活动，着力提升网络安全关键岗位人员的法律意识和专业水平，在努力打造一支高素质、懂合规、专业技能过硬的网络安全服务队伍的同时，构建“人人讲合规、时时显合规、事事要合规”和“安全生产，人人有责”的企业文化氛围。

（二）全面建设保障体系，严守网络安全合规底线

一是建立网络安全风险闭环管控机制。充分发挥网络安全业务部所“第一道防线”作用，切实做好网络安全前端风险防控。严格贯彻落实“三同步”要求，以测评中心为载体，优化改进信息化系统全生命周期管控机制，保证安全技术措施同步规划、同步建设、同步使用；常态化开展安全检查、风险评估、渗透测试、基线配置核查、日常巡检等安全检查工作，严格网络安全风险动态闭环管控，切实做好病毒和网络攻击的风险防范；建立漏洞全过程管控机制，完善并落实跟踪反馈处理流程，提升漏洞修复的时效性。

二是落实网络安全合规管理应急响应机制。落实网络运营者责任，制定网络安全事件应急预案，及时处置系统漏洞、计算机病毒、网络攻击、网络侵入等安全风险；明确网络安全应急响应合规标准，印发《网络安全管理办法》和《网络安全应急预案》。进一步加强网络安全应急队伍、应急资源库建设，定期组织开展实战型网络安全应急演练，提升网络安全事件应急快速响应能力。

三是建立网络攻防演习迎战机制。在“护网—2019”行动中，建立了完善的迎战工作机制，明确了认识到位、措施到位、责任到位、保障到位四项基本要求，落实立机制、建组织、引外力、明责任、清资产、理边界、强防护、抓管理、密值守、强应急十项举措，圆满完成了“护网—2019”保障工作。

三、工作成效

（一）网络安全合规风险可控能控在控

2019 年，南网数研院及时处置系统漏洞、计算机病毒、网络攻击、网络侵入等安全风险，网络安全风险得到事前防控。公司累计完成 259 个信息系统的网络安全测试工作，累计发现 176 225 个漏洞，漏洞整改率 84.1%，高中危漏洞整改率达 99.87%，实现对全部漏洞整改情况的闭环跟踪。加强对系统源代码的

安全风险管控，消除系统源生安全风险，全年累计完成 11 490 万行源代码的安全审查，系统本质安全得到有力保障。

（二）圆满完成特殊时期网络安全保障任务

在“两会”（指中华人民共和国全国人民代表大会和中国人民政治协商会议）、博鳌亚洲论坛、“一带一路”（指“丝绸之路经济带”和“21 世纪海上丝绸之路”）国际合作高峰论坛、国庆 70 周年、澳门回归 20 周年、海南文昌航天发射等重大活动和重大节假日期间，开展 7×24 小时网络安全值守保障任务，2019 年累计投入 5094 人次网络安全值守，开展安全、系统运行和动环巡检 2148 次，日均拦截互联网攻击 4031 次，通过拉网覆盖式全面值守保障，实现网络安全“三个零”目标。

（三）以优异成绩完成“护网—2019”攻防演练

公司在攻防演习期间，启动 7×24 小时值守保障，累计投入值守保障人员 327 人，共计 4620 人次。累计发现并成功拦截高危攻击 49 391 个，封堵 IP 数 47 214 个，处置工作指令 363 条，开展溯源分析 223 次，处置应急事件 5 次，成功实现了“公司内网边界不失守、等保三级及以上系统不被控、敏感数据不泄露”的总体目标，助力中国南方电网公司综合成绩获得 120 家参演单位第 18 名、央企第 2 名的好成绩。

四、经验启示

（一）企业数字化转型必须建立完善内控合规体系

在能源革命和数字经济的时代背景下，高新技术产业领域各类新兴业务蓬勃发展，数字经济步入法治化进程，企业在经营管理中建立内控合规体系的重要性更加凸显。构建基于风险防控的内控合规体系，保证公司经营管理合法合规、资产安全及相关信息真实完整，提高运行效率和效果，才能保障公司健康可持续发展，全面支撑数字化转型战略目标的实现。

（二）网络安全内控合规管理工作必须具有适度前瞻性

信息技术高速发展的今天，基于数字化企业所处的行业特点，内控合规管理工作应当密切关注国家及行业对网络安全、数据安全等重要领域的立法动态和监管动态。结合企业实际及时进行风险识别和风险预判，同步对公司经营管理提出前瞻性内控合规管理要求，并抓好落实，形成风险管理闭环。

（三）内控合规体系建设必须与业务进行深度融合

只有与业务深度融合的内控合规体系才更具有生命力、更能发挥实效，才能为企业创造和实现价值，保障企业在合规的前提下可持续发展。推动内控合规体系建设与公司业务深度融合，将内控合规管理要求嵌入业务流程、融入岗位职责，通过决策机制、制度流程、专项行动、监督检查等方式，将管控措施落实到位。

着力构建合规管理体系，保障国际业务行稳致远

（云南国际公司）

一、背景

2017年5月习近平总书记主持召开中央全面深化改革领导小组第三十五次会议，要求规范企业海外经营行为，要围绕体制机制建设，突出问题导向，落实企业责任，严格依法执纪，补足制度短板，加强企业海外经营行为合规制度建设，逐步形成权责明确、放管结合、规范有序、风险控制有力的监管体制机制，更好服务对外开放大局。

2018年8月和11月，国务院国有资产监督管理委员会先后印发《中央企业违规经营投资责任追究实施办法（试行）》《中央企业合规管理指引（试行）》；2018年12月，中华人民共和国国家发展和改革委员会（简称国家发改委）、外交部、商务部等七部委联合印发《企业境外经营合规管理指引》，中央企业合规管理作为法治央企建设的重要一环正式全面启动。随着国家对中央企业合规管理力度的不断加强，开拓境外市场的同时，依法合规地“走出去”是涉外公司合规管理的重点。

南方电网云南国际有限责任公司（简称云南国际公司）在深入贯彻国家“一带一路”（指丝绸之路经济带和21世纪海上丝绸之路）倡议过程中，践行开放发展的理念，大力拓展国际业务，取得了积极成效。由于目前所推进的境外业务大部分无先例可循，面对境外业务开拓过程中的不确定因素，云南国际公司坚持将合规经营作为公司在“一带一路”建设中可持续发展的头等大事，不断

加强境外项目的合规管理，强化重大合规风险防范，有力保障了公司境外业务的持续健康发展。

二、工作举措

（一）切实落实合规管理责任，为“走出去”奠定坚实基础

一是完善合规管理机构，统筹管控境外业务风险。2020年初，云南国际公司成立了以董事长为组长，以总经理、纪委书记为副组长，以其他公司班子成员、总经理助理和总工程师为成员的合规及风险管理委员会，强化组织领导和统筹协调。针对公司业务开展情况，2020年上半年召开2次合规及风险管理委员会会议，统筹研究境外业务风险内控合规工作，压实公司各责任主体风险防控职责，不断加强对境外业务风险的分析、识别、预判与防控。

二是发挥主观能动性，提前做好立项前合法合规风险识别。云南国际公司结合境外业务开展需要，重点做好老挝、缅甸、柬埔寨、泰国等国的境外项目合规风险分析及重点合规岗位识别。针对以往项目实施过程中存在的问题，编制印发《立项前清单式合规指引》，作为项目机会阶段的合规指引文件，从合规的角度指导市场开拓人员有针对性地了解项目有关情况，有效避免了法律合规风险，为项目筛选和下一阶段的工作奠定了基础。

三是借助外部咨询机构专业优势，深入开展项目实施合法合规性论证。云南国际公司目前已立项的境外投资项目均聘请专项法律顾问进行合法合规性论证。以老中铁路供电项目为例，作为老挝首个电网BOT项目，老中铁路供电项目在前期工作中，云南国际公司聘请专项法律顾问对项目开展了法律尽调，对项目在中国境内法律项下的合法性和合规性予以确认，并对本项目涉及的老挝境内输电线路建设行业外资的可进入性、特许经营权的拟申请方式和相关协议安排的合规性、项目公司中老双方拟持股比例安排和公司形式的可实现性予以确认，以确保项目实施的合规性及可行性。周边法律特点研究图示如图2－15所示。

中国南方电网
CHINA SOUTHERN POWER GRID

周边国家法律特点概述

国家	普通法影响	大陆法影响	本国特点
老挝	重大商业和投资交易由普通法国家法律管辖或者将类似法律作为补充	法国的殖民统治及上世纪70年代苏联式社会主义意识形态影响，老挝的法律体系一般被归为大陆法系范畴	佛教国家，传统与习惯
缅甸	1885年缅甸沦为英国殖民地后，缅甸法律体系沿袭英美普通法系传统	20世纪60年代开始，转而以社会主义人民司法制度为基础，大陆法系的法律观念和传统逐渐影响缅甸法律制度的发展	婚姻、家庭、继承和宗教等相关法律仍保留了传统民族文化的影响
越南	……	隶属于法律法系，源自法国民法。基于共产主义法律理论。受其他法律体系特别是中国的影响	传统儒家思想和东方价值观在社会意识形态中占主导地位
柬埔寨	加入世贸组织后新一轮法律修订借鉴普通法系原则	法国的殖民统治影响	佛教国家

图 2-15　周边法律特点研究图示

（二）严格落实境外投资监管要求，确保决策依法合规

一是建立合法合规审查与复核机制。对于上会决策的项目，由主办部门按照国家和中国南方电网公司关于境外投资管理的相关规定认真做好投资决策合规审查，法律合规管理部门进行合法合规审查复核，把合法合规审查与复核作为上会决策前的必需程序。

二是分级分层履行决策程序。严格规范境外项目决策程序及规则，确保项目实施依法合规。以老中铁路供电项目为例，在完成云南国际公司总经理会、党委会、董事会研究决策程序后，报中国南方电网公司决策审批后执行。项目于 2019 年 12 月 23 日获得商务部颁发的《企业境外投资证书》，2020 年 1 月 23 日国家发改委下发《境外投资项目备案通知书》，依法合规完成了该项目在中国境内的行政审批程序。

（三）规范境外项目管理，确保业务实施过程合规

一是压实境外参控股公司项目管控责任。不断规范境外参控股公司管理，

强化境外项目合规管控。老中铁路供电项目实施中，云南国际公司成立了首个境外控股公司老中电力投资有限责任公司（简称老中电力公司）。为规范其管理，在其正式成立前即着手梳理制度建设思路和制度体系，并就招标制度及时征求另一方股东意见。成立后，围绕重大合规风险防控要求，制定《招标管理规定》《日常报销管理办法（试行）》等制度，为老中电力公司各项工作的合规开展建立了制度依据，为其合规经营奠定了基础。

二是做好建设项目合规全过程管理。在老挝本代开关站扩建项目实施中，云南国际公司切实履行工程总承包商责任，将项目合规管理贯穿至项目开工前、建设中、运营中等项目全过程管理。项目开工前，组织对项目管理团队、施工单位、监理公司及设计单位开展安全生产、廉洁、保密及合规交底工作，确保项目管理团队、施工单位、监理公司及设计单位清晰了解项目合规管理要求。项目建设中，云南国际公司项目管理、纪检及安全生产管理部门到项目现场开展检查，做好过程管控，同时设兼职纪检监督员，开展项目全过程的廉洁及违规风险评估和防控。

三是因地制宜，规范境外项目采购工作。以老中铁路供电项目为例，老中电力公司作为项目实施主体，立足建设老挝首个电网 BOT 项目典范工程，及时成立招标管理委员会，在老挝面向中国企业和老挝企业发布公开招标公告，并对评标全过程进行监督，全力做好首次境外全过程施工招标工作。为满足项目采购需求，充分利用中国南方电网公司电子商务系统，由老中电力公司在中国国内委托云南电网物资有限公司规范开展采购工作，稳步推进各项采购更加规范合规。

（四）坚持思想引领，强化合规管理组织保障

一是加强境外党建，以党建促进合规。云南国际公司积极探索加强境外党建的路径和方式，以强党建来促合规。以老中铁路供电项目为例，经云南国际公司党委批准，成立云南国际公司控股公司第一党支部。该支部是云南国际公司新一轮组织结构优化调整后的第一个境外党支部，云南国际公司派驻老中电

力公司的所有党员编入该支部，实现了党员管理的全覆盖。坚持把党的组织优势延伸到境外项目上，持续加强党员思想政治教育、廉洁教育、合规教育，增强了境外项目党员干部的党性观念、组织观念、纪律意识和责任意识，发挥了党组织的战斗堡垒作用，为项目规范有序推进奠定了坚实的基础。

二是重视合规宣贯培训，着力培育合规文化。云南国际公司将合规教育培训工作纳入年度培训计划，将合规培训作为新员工入职的必修课，同时针对境外合规风险，请合规律师为涉外工作人员开展反商业贿赂专题培训。云南国际公司以企业文化公约形式打造“心有规　行天下”的法治文化实践主题，不断强化制度的刚性执行，盯住重点领域和关键环节，促使员工养成学法、守法、用法的良好习惯，做到“知法于心、守法于行”，为公司国际业务行稳致远、高质量发展提供坚强的法治保障。

三、工作成效

（一）合规风险防控和业务有效同步推进

通过聘请专项法律顾问、组织公司法律合规人员进入项目组、及时解答项目推进过程中所面临的法律及合规问题，有效实现了合规风险防控关口前移。开展合规风险识别，2019 年共梳理识别出合规风险 42 项、合规岗位 30 册。针对所识别出的合规风险，公司各业务部门及驻外代表处制定了管控措施并明确了完成时间，保障了合规风险防控工作按期推进。

（二）公司国际业务有序开展

秉承依法合规开拓境外业务的思路，精准把握目标市场国家、合作伙伴利益关切，创造性地做好沟通协调工作，加深了与周边国家能源主管部门、电力企业的合作与互信，进一步汇聚服务“一带一路”建设的合力，云南国际公司各境外项目稳步推进。老中铁路供电项目于 2019 年 12 月正式开工，老挝 230kV

本代开关站扩建项目于 2020 年 1 月顺利投产，中缅 500kV 联网项目正式立项并按计划提交可行性研究报告，老挝国家输电网公司股东协议完成签署，中老联网、老柬联网、中越联网等项目均取得新进展。

（三）企业合规文化不断培育

通过将各项合规要求融入内部管理制度，对不同国别、不同岗位、不同环节实际，开展系统性、针对性、专业性和实用性的合规管理培训，帮助项目一线工作人员熟悉掌握项目各环节涉及的合规风险及管控要求，进一步增强了员工的合规意识，有效营造了企业合规文化氛围。

四、经验启示

（一）坚持底线思维，强化合规风险管控

境外业务必须结合自身企业情况、行业特点、项目所在国国情等综合因素，有重点、有针对性地对项目所在国家、地区法律法规及相关规则开展专项研究，力求全面准确掌握禁止性规定，明确业务红线、底线。在业务推进过程中，要坚持底线思维，定期对境外业务风险状况进行梳理排查，关注重大决策、重大合同、大额资金管控和公司治理等方面存在的重大合规风险，依法合规加强境外业务及境外参控股公司管控，规范经营管理行为。

（二）突出“三重”，统筹推进风险内控合规工作

境外业务开拓推进过程中，在结合实际全面分析、识别和防范可能出现的各类风险的基础上，要强化对重点领域的重点管控、对重要岗位的制衡监督和对重大风险的应对防范。将境外合规要求和风险防控植入项目开发、决策、实施和运营管理全过程，严格遵守国际规则、投资所在国法律和我国法律法规，不断提高业务合规水平，依法助力境外项目开拓，充分发挥法治的“压舱石”作用。

（三）强化“三融”，规范岗位合规职责

合规管理是为企业经营服务的，要服从经营目标的实现。在开展合规工作的过程中，要将合规管理要求全面融入公司经营管理各环节，做到公司工作推进到哪里，合规管理就跟进到哪里，经营业务拓展到哪里，合规管理就延伸到哪里。应根据工作需要围绕岗位职责和工作事项清单，将合规义务梳理融入对应的岗位合规职责中，并将合规管理职责和要求嵌入具体业务流程和管理表单中，切实推动合规管理体系起作用。

（四）促进文化融合，筑牢境外合规经营基石

境外合规经营不仅是空间的转移和人员的变动，更要面临不同文化的碰撞和交流。国际化经营首先要注重的就是不同文化背景下的价值观的理解和认同。做好境外合规经营，要注重以国际化的视角，促进文化交流，依托参控股公司建设具有地域特色的企业合规管理体系，保障企业的持续发展。

优化境外项目法律顾问采购模式，保障境外项目依法合规

（南网国际公司）

一、背景

“十三五”时期，南方电网国际有限责任公司（简称南网国际公司）作为中国南方电网公司国际化经营和参与“一带一路”（指丝绸之路经济带和21世纪海上丝绸之路）建设的实施者和践行者，聚焦主业，在越南、智利、老挝、卢森堡、阿曼等国开展了若干境外股权并购和绿地开发项目（统称境外项目开发）。境外项目开发通常涉及投资方母国、项目东道国等多个司法管辖区域，导致境外项目开发实施时间长、交易成本高、重大风险防范和化解难度较高，法律服务在推动交易进展、防范化解重大风险等方面发挥着不可或缺的作用。选聘合格称职的境外项目开发法律顾问对一个境外项目开发的成败至关重要。

与传统意义上的国内招标采购相比，境外项目开发法律顾问采购主要存在以下特点：一是费用高昂。境外项目开发的法律顾问等外部顾问通常都是行业内的权威，在全球业界范围内都具有一定影响力，按其行业惯例收费标准高。二是费用总额极易发生变化。国际上从事跨境投资并购类业务的律师事务所通常采用计时收费模式，因卖方交易流程及谈判进程等我方因素的影响，法律顾问工作范围极易发生变化，导致法律费用超支。针对上述问题，南网国际公司立足于公司境外项目开发实际，不断优化法律顾问采购模式，及时高效为境外项目提供法律服务，保证了境外项目开发实施的依法合规。

二、工作举措

（一）完善境外项目法律顾问采购流程

“十三五”时期南网国际公司在开展境外项目开发选聘境外法律顾问过程中，在严格遵守法律法规及内部采购规章制度的基础上，充分考虑境外项目法律顾问服务专业性强、服务范围复杂、保密要求高等特点，在合理确定顾问工作范围和假设条件的基础上，统一法律顾问工作范围及报价假设条件，优先采用邀请竞争性谈判方式，不断改进、完善法律顾问采购流程管理，确保整个采购过程透明并高效进行。

（二）清晰界定法律顾问工作范围

针对以往法律顾问费用经常性超支、服务项目有遗漏的问题，南网国际公司系统梳理非约报价、尽职调查、协议谈判、融资、交割等阶段法律顾问工作19大项、63小项，清晰界定了法律顾问工作范围及深度要求。以尽职调查阶段为例，在明晰每一个项目的尽职调查工作范围的基础上，同时要求出具中文尽职调查报告、尽职调查报告的重点摘要、法律风险等级表及应对措施报告等尽职调查阶段法律顾问工作成果。工作范围和交付标准的细化，让法律顾问不漏项、不重复地按南网国际公司的要求和特定情况精准地提供各阶段的工作成果。

（三）细分法律顾问工作边界条件

按照“确定性、不可控、部分可控”的原则细分法律顾问工作报价边界条件，通过竞争性谈判与13家国际一线律所逐一进行沟通谈判，促使其放弃行业惯例，报价边界条件从以往60余项大幅降至13项，为降低法律费用超支风险奠定了基础。仍以尽职调查阶段为例，明确卖方调整交易流程，或尽职调查时间延长但未实质增加工作量，不应视为突破报价边界条件。

（四）推动服务合同范本标准化

在统一法律顾问工作范围和报价边界条件之后，制定服务合同范本，促使全部参与报价的国际律所完全响应工作范围、报价边界条件和服务合同，既保证了合同内容与服务内容的一致性，也避免了以往合同签署严重滞后的问题。

（五）实行法律顾问全过程管理

南网国际公司以项目顾问全过程管理为主线，坚持以问题为导向，系统优化管理流程，明确境外项目开发顾问管理、费用管理、合同变更、顾问评价、责任追究等环节的管理内容、流程和权限，制定印发《境外项目开发顾问管理细则》，确保顾问全过程管理有章可循。

三、工作成效

（一）提高法律顾问采购效率

完善了法律顾问招标和采购流程，流程实践过程中形成了采购文件、采购方案等示范性工作成果。法律顾问选聘流程既依法合规，又高效透明。

（二）减少法律费用超支及争议发生的可能性

通过清晰界定法律顾问工作范围、梳理细化报价边界条件，既有效防范了法律费用超支，又减少了合同争议。

（三）规范法律顾问使用管理

法律顾问在投标阶段完全响应工作范围、报价边界条件，并承诺中标后按示范合同文本及时签订合同并依约履行。

四、经验启示

（一）在经营合规框架内探索采购模式

在探索过程中，南网国际公司时刻遵循着严格遵守法律法规、中国南方电网公司关于招标采购管理方面规定的这条红线，在现有规范的框架内找到适合公司实际需要的采购模式，并通过制定细化制度等方式补足现有规范，使境外项目法律顾问采购流程得到优化，相关工作有章可循。

（二）注重结合境外项目采购特点是保证采购目的实现的关键

境外项目法律顾问采购具有鲜明的特点，与常见的国内采购业务有较大差别。南网国际公司充分分析境外项目特点，探索的采购模式在不突破现有采购规范框架的基础上，确保了采购结果与境外业务项目实施需求匹配。

（三）不断总结经验是提升采购质量与效率的重要方法

通过不断总结历次采购的经验和教训，南网国际公司将境外项目开发全过程法律服务和风险防范机制向前延伸，提升了境外项目法律顾问采购工作的前瞻性，大幅降低了过往出现过的问题再次发生的可能性。回顾—分析—改进工作方法的应用，不仅直接提升了采购工作的质量与效率，更有助于境外项目开发甚至境外资产管理等全业务环节工作质量的提升。

第三章

管理规范篇

推动全过程管理，提升合同风险防控水平

（中国南方电网公司法规部）

一、背景

《中华人民共和国合同法》作为维持市场交易的最基本制度，是公司对外开展经营工作的基本规范，是“适用频率最高”的法律之一。企业合同管理，包括合同洽谈、起草、签订、履行、纠纷处理、履行后评价等一系列流程，是落实企业全面风险管理和内部控制的一项核心的管理业务。

中国南方电网公司一直以来高度重视合同管理工作，将其作为提升管理水平的重点工作之一持续优化完善。2017年，为持续优化合同管理，中国南方电网公司正式启动并实施了合同全过程管理专项工作，重点针对流程环节多、合同签订效率低、质量不高等问题，以全过程管理工具为方法，提出有针对性的优化完善措施，并将成果固化至相关合同管理制度和合同管理信息系统中，实现项目成果的全网复制和推广，全面推动合同全过程管理水平的提升，同时也为提升企业法治能力提供了优秀的实践案例。

二、工作举措

（一）加强工作实施策划，确保项目进度可控

为保证工作的顺利推进，成立了跨部门并涵盖超高压输电公司、贵州电网有限责任公司、海南电网有限责任公司、广州供电局有限公司等基层单位的合同全过程管理项目组。同时分别就基于项目的合同全过程管理、合同商业智能分析、

合同管理评价指标体系、合同流程优化管理、合同变更解除优化等专题，成立五个子项目组。项目组组织对总部、广东、广西、云南、贵州、深圳供电局等单位开展实地调研，进行现状诊断、优化分析，多次召开研讨会，广泛听取各方意见，确保项目实施各项进度可控，项目实施质量在控。

（二）全面开展问题诊断，确保改进方向明确

项目组实地调研 15 家基层单位，统计分析 18 125 份合同数据样本，重点从合同管理效率、管理质量、价值创造能力、评价考核四个方面开展问题分析。从分析来看，合同主要存在审查环节较多、时限较长、合同变更流程繁琐、标准文本使用率不高、合同审查多流于形式、全过程监控、后评价不到位、评价指标体系欠缺、合同数据分析对管理决策的支持力度不足等问题，制约着合同管理能力提升。

（三）聚焦目标定举措，确保质量持续提升

针对诊断出的问题，确定了精简流程、提高效率、提升风险管控水平的总目标。聚焦目标实现，明确了提升合同管理效率和管理质量、挖掘合同价值和建立合同评价指标体系四个重点改进方向及 10 项重点改进举措，如图 3－1 所示。举措的细化和明确为工作推进提供了有力的支撑和保障。

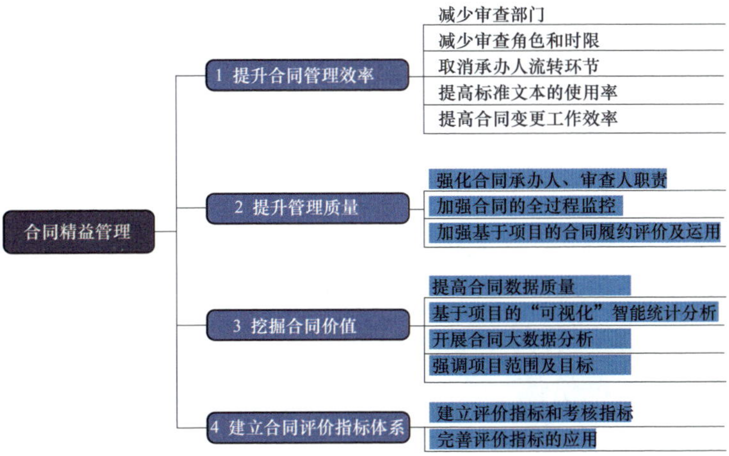

图 3－1　合同全过程管理工作举措图

三、工作成效

经过专项工作的实施，共形成合同管理评分表、合同审查意见规范表、合同数据清单、评价指标体系 4 项成果，通过合同管理的规范化、标准化、制度化、信息化、可评价，有效提升了合同效率和合同质量，实现了合同全过程管理工作总目标。

（一）合同效率有效提升

通过合同全过程管理工作，合同效率实现了有效提升的目标，减少审查角色 1 个，缩减审查时长 11.06 天，提高审查效率 58.35%。从招标开始到合同审批完毕平均用时从 180 天大幅缩短到 80 余天，提高合同效率超过 50%。

（二）合同质量显著提升

通过合同全过程管理工作，合同标准文本质量显著提升，合同标准文本使用率从 50%提高到近 90%。将合同审查职责细化到岗位，合同审查职责更明确，有效提升了合同质量。

（三）建立指标评价体系

通过梳理现有评价、考核指标，优化形成合同评价指标共 14 项，建立了集绩效指标、分析指标和统计分析指标三位一体的合同管理评价考核指标体系。明确指标评价办法，规定评价部门、评价层级、评价周期等，将评价指标与合同承办、审查部门相关联，从而能够及时获取客观评价，有效促进合同管理水平的提升。

（四）有效发挥数据价值

对合同信息进行层层挖掘，并以直观、具象方式展现合同数据，使决策层、管理层和执行层能够全面、准确地了解、掌控合同数据，充分发挥合同数据价值。合同仪表盘如图 3－2 所示。

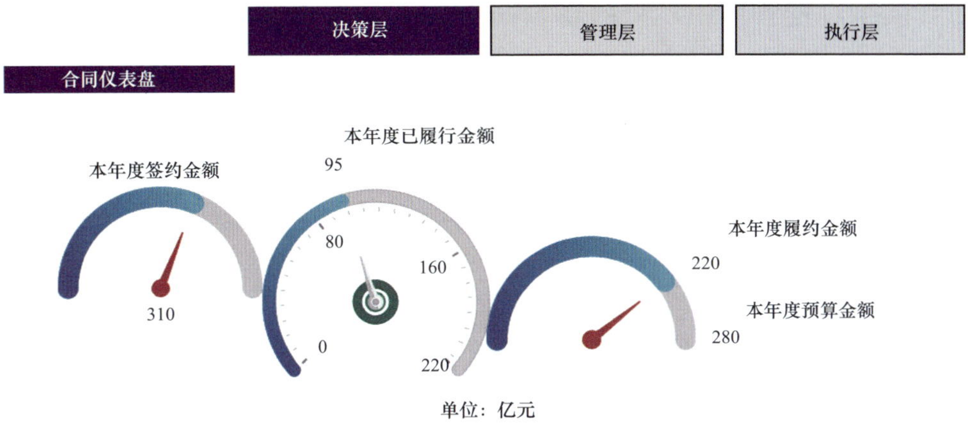

图 3－2　合同仪表盘图示

四、经验启示

（一）坚持风险防控目标，管理改进不失焦

合同全过程管理工作中坚持风险防控目标不动摇，为问题查摆、现场调研、举措制定及实施等确定了方向和指引，避免了方向跑偏带来的举措失效问题，有效保证了管理工作不失焦、不脱靶。

（二）坚持全过程管控原则，管理改进有价值

合同管理环节较多、相互影响、质量效率等问题的解决，不能只盯住单一环节和流程。传统合同管理只重视签订环节，忽略了合同谈判及履约环节，管控的只是合同静态风险，对更大可能影响合同履行的动态风险关注管控不够，常常会导致合同纠纷等风险发生。在合同全过程管理改进中，坚持合同全过程管控原则，从谈判开始一直到履约完成闭环，有效促进了横向协同、提升了对合同动态风险的防控能力，确保管理改进成果更有成效和价值。

（三）坚持以问题为导向，管理改进有成效

在合同全过程管理中，将问题诊断作为改进的起点和成效验证的终点，通过指标分析+现场调研的方式剖析问题根源，确保改进措施有针对性、可操作性，确保管理改进方向正确、举措有效。

（四）善用管理工具，管理改进更科学

在合同全过程管理中，除了通过 DMAIC 方式来进行过程管理和控制，还在不同工作阶段采用帕累托图（二八原则）、鱼骨图（分析因果关系）、5why（寻找根本原因）、价值流图（定位增值、浪费环节）、QFD 重要因素识别（原因分析）等全过程管理工具作为辅助，为管理改进提供科学的方法，保证了工作开展的周密性。

打造“看得见”的法治，提升法治管理水平

（广东电网公司）

一、背景

党的十九大对坚持全面依法治国、深化依法治国实践作出了全面部署，明确了全面依法治国的指导思想和发展道路。依法治企是全面依法治国的必然要求和重要组成部分。国务院国有资产监督管理委员会（简称国资委）提出“全面推进法治央企建设”要求，“明确提出到 2020 年打造治理完善、经营合规、管理规范、守法诚信的法治央企目标。加强依法治企能力，以法治思维和法治方式推动企业持续健康发展成为中央企业发展的必由之路。

广东电网有限责任公司（简称广东电网公司）自 2017 年起，坚持“可复制、可展示、可评价、全覆盖”的法治建设要求，以问题为导向，针对企业经营管理与改革发展的薄弱环节进行深入剖析，建立完善的法治企业建设体系，不断提高依法规范管理水平，为创建全国最好世界一流省网企业提供法治保障。

二、工作举措

广东电网公司以创建全国最好世界一流省网企业为目标，围绕建设标准、评价标准、动态监控和运行展示 4 个重点环节，创新构建具有广东电网公司特色的法治企业建设体系，如图 3－3 所示，打造法治建设“五个‘看得见’”（法治建设要求“看得见”、合规化水平“看得见”、过程监控“看得见”、法治运行全景“看得见”、法治文化教育“看得见”），切实提高公司法治建设水平。

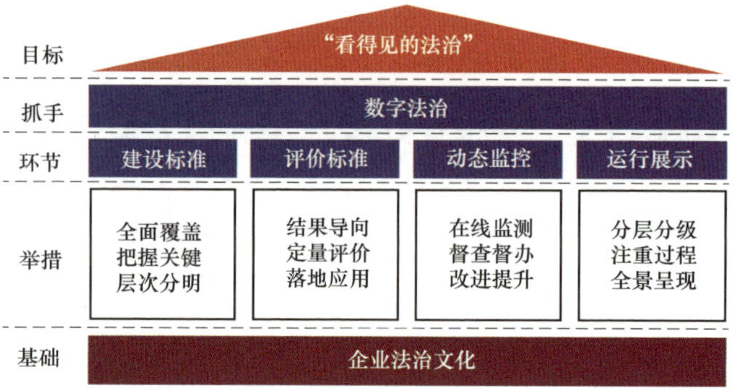

图 3－3　广东电网公司“看得见的法治”建设体系框架

（一）法治建设要求“看得见”，构建立体覆盖的法治企业建设标准

广东电网公司运用综合评价方法管理工具，以“管理规范”为方向，建成管理要素、业务领域、管理层级三维立体覆盖的法治企业建设标准；围绕公司治理、制度建设、业务规范、法治文化、服务保障、组织领导 6 大管理要素，横向覆盖全业务领域，纵向贯穿省公司、地市局、县区局、供电所 4 个层级，系统梳理各维度与法治最密切相关、最容易引发法律纠纷风险的关键流程、重点环节、重要指标等，形成 153 项层次分明的建设标准。为确保标准落地，广东电网公司指导各单位结合自身优势、短板和业务特点，逐项细化分解建设标准，将标准要求与各业务环节一一对应，如在工程建设各环节落实重大项目法律顾问制度；在劳动争议解决环节建立健全本单位劳动争议调解委员会等。

（二）合规化水平“看得见”，建立精准量化的法治指数评价标准

创新性引入“法治指数”概念，提出包括 110 项指数在内的定量评价模型。建立法治指数评价机制，每年组织开展公司法治指数评价，对公司法治建设情况开展年度评价，如图 3－4 所示。开展各层级法治工作评价，精准分析优劣势，找准标杆和短板，将评价结果作为每年各单位组织绩效考核的重要输入，找到不同维度的法治建设标杆，有效推动各单位加强法治建设。

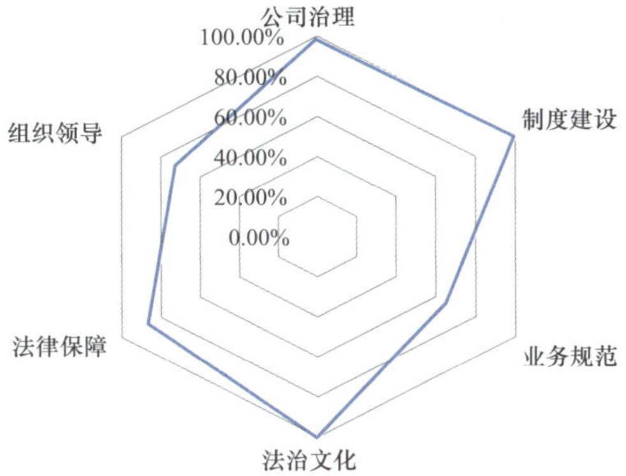

图 3－4　广东电网公司 2018 年评价结果各维度指数得分情况

（三）过程监控“看得见”，形成全过程管理的法治动态监控机制

采取“在线监测＋督查督办”双管齐下的监控模式。以法治指数评价模型为基础，搭建法治数据可视化管理平台，对接公司运营监控平台，实现法治数据在线采集、计算、读取和监测，如图 3－5 所示。建立法治督查督办机制，常态化深入基层了解情况，防微杜渐管控风险。采用先试点、后推广的工作模式，选取佛山、中山开展示范单位建设，同步推进其他单位法治企业建设，并将建设任务纳入年度督办工作。畅通监控结果反馈机制，依据监测结果与调研情况，修编完善建设标准和评价标准，推动法治建设工作不断改进提升。

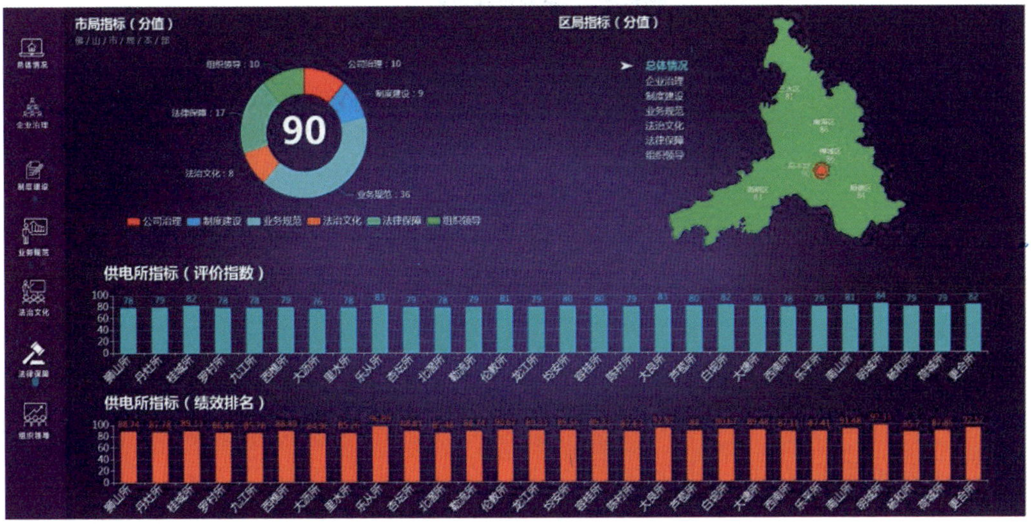

图 3－5　“数字法治”在线监测情况

（四）法治运行全景“看得见”，实现全景透视的法治运行展示

构建南网首个法治运行展示中心，如图 3－6 所示，以直观形式将法治工作要点嵌入业务流程，充分展示流程的规范性、过程资料的完备性。针对各专业线条、各层级的不同特点，设计分层分级的定制化展示模式。省公司层级重点展示建设体系的完整性；地市局层级重点展示落地情况，特别是业务规范领域的承接落地；县区局层级重点展示法律风险管理体系和各项防范措施应用情况；供电所层级重点展示法治文化融入班组文化建设情况。法治运行展示中心充分利用信息化、智能化手段，实现法治运行过程的全景呈现。探索应用虚拟现实（VR）技术、智能机器人等手段加强展示互动性和立体性。

图 3－6　法治运行展示中心概况

（五）法治文化教育“看得见”，营造全员参与的良好法治氛围

广东电网公司内部自上而下发挥各级领导示范作用，自下而上鼓励广大干部员工积极参与，开展多样化的法治宣传教育活动。五年来，广东电网公司累计组织各级党委开展中心组学法活动 70 多场，统筹举办“12・4”宪法宣传周主题活动 172 场，公司系统 4.2 万人次参与，社会民众 8 万人次参与。

三、工作成效

（一）管理能力“更上层楼”

广东电网公司合规经营管理水平进一步提高，公司法人治理结构日益健全，规章制度不断完善，先后印发《法治企业建设总体工作方案》《法治企业建设和评价标准》《法治企业建设成果“可展示”指导意见》等制度性文件，法律保障服务水平稳步提高。通过对法治运行过程的动态监控和全景展示，初步实现法律风险“防患于未然”。

（二）经济效益“著有成效”

2017年成果落地至今，广东电网公司共办结法律案件472宗，胜诉率93%，挽回经济损失9.3亿元，2018年以来在网公司挂号的6宗重大案件全部销号、全面胜诉，没有新发生负有责任的重大案件。超额完成资产产权证明清理专项行动。

（三）社会形象“日滋月益”

在打造“看得见”的法治过程中，树立了法治文化建设标杆形象，提高了公司法治企业品牌美誉度。广东电网公司及下属佛山供电局均荣获全国“七五”普法中期先进单位；在广东省法治文化建设示范企业评选中广东电网公司获奖单位数量全省第一。广东电网公司作为唯一企业代表，参加广东省首届国家机关“谁执法谁普法”履职报告评议活动，取得社会评议第一、总分第二的优异成绩，引起社会各界广泛关注和热烈反响。

四、经验启示

（一）贯彻落实全面依法治国战略部署是“建设之本”

全面建设法治央企，是贯彻落实全面依法治国战略的重要内容。在法治建设的过程中，必须牢牢把握国家的政策指向，深入贯彻落实国家关于依法治国、国务院国资委关于建设法治央企的要求，确保法治企业建设符合国家战略部署。

（二）充分发挥领导干部的示范引领作用是“推行之基”

“身体力行是最有效的示范，以上率下是最有力的引导”。在法治建设督查督办过程中，广东电网公司领导带队深入基层实地调研；在法治文化教育活动中，广东电网公司自上而下发挥各级领导示范引领，动员各级干部员工积极参与多样化的法治宣传教育活动。领导干部的示范引领作用，助力推动法治企业建设落实落地，形成全员自觉尊法、学法、守法、用法的浓厚法治氛围，为推行“法治央企”提供了坚实的文化基础。

（三）主动拥抱大数据等新兴技术是“创新之源”

新时代，推进法治央企的建设需要善于合理利用新兴技术的创新之力，以取得事半功倍的效果。在南方电网数字化转型的大背景下，广东电网公司积极运用数字化技术和信息系统平台，创新构建法治动态监测系统和数据可视化管理平台，开辟“数字法治”的新天地。

深耕制度“一页纸”，提升制度执行意识

（广西电网公司）

一、背景

“天下之事，不难于立法，而难于法之必行”，对企业而言，制度相当于企业的“法律”，得不到执行的法律和制度，就是一纸空文。2019 年 9 月 24 日，在中央政治局第十七次集体学习时，习近平总书记发表了重要讲话，强调“各级党委和政府以及领导干部要增强制度意识，善于在制度的轨道上推进各项事业。广大党员、干部要做制度执行的表率，引领全社会增强制度意识，自觉维护制度权威”。持续强化制度意识，须在制度意识培育方面出实招、下功夫。

为贯彻落实党中央及网省公司制度执行相关工作部署，广西电网有限责任公司防城港供电局（简称防城港供电局）探索实施“一页纸”制度管理，以制度适用简化梳理、岗位与制度匹配识别、岗位制度知识考试为切入点，推动实现企业管理“三个确保”（确保人员素质与岗位职责的充分匹配，确保岗位职责与管理制度的充分融合，确保管理制度在基层岗位的有效落地），筑牢企业管理效益提升的基础。

二、工作举措

（一）以“一把手”为引领，建立健全管控机制

防城港供电局党委高度重视制度建设，党委书记带头解决重点、难点工作，对重要工作亲自抓部署、抓落实，将防城港供电局“一页纸”制度管理作为防

城港供电局管理提升的三个重要举措之一统筹推进。将制度建设纳入领导班子下基层调研内容之一，通过开展制度实用性调研，深入一线了解制度建设工作中的困难和问题，共同研究解决制度短板。建立逐级反馈的检查考核及奖惩机制，加强过程控制，定期检查、督导工作，动态掌握制度建设进展情况，及时审定工作成果，并对典型经验予以奖励，推动管理要求有效落地。

（二）以“岗位责任”为基础，精准识别制度清单

按照“部门适用”“跨部门适用”“不适用”三类标准，组织各专业部门根据公司有效制度清单，对制度进行识别梳理，形成制度识别表，如图 3－7 所示，并对应确定制度修编学习及执行责任部门与岗位，为有效推进“一页纸”修编奠定基础。

各部门A类制度识别表

序号	制度名称	制度编码	管理部门	不适用	部门适用	跨部门适用	适用范围																			
							办公室	计划部	人资部	财务部	市场部	生技部	建设部	安监部	监察部	党建部	工会	审计部	系统部	物流中心	综合服务中心	变电所	输电所	港口分局	供电服务中心	计量中心
1	中国南方电网有限责任公司安全生产风险管理体系审核管理办法	Q/CSG 210007—2014	安监部	否	是	是	√	√	√	√	√	√	√	√		√	√		√	√	√	√	√	√	√	√
2	中国南方电网有限责任公司职业健康管理办法	Q/CSG 210001—2018	安监部	否	是	是	√	√	√	√	√	√	√	√	√	√	√	√	√	√	√	√	√	√	√	√
3	中国南方电网有限责任公司保供电管理规定	Q/CSG 210004—2014	安监部	否	是	是	√	√			√	√	√	√		√			√	√	√	√	√	√	√	√
4	中国南方电网有限责任公司安全管理规定	Q/CSG 210005—2014	安监部	否	是	是	√	√	√	√	√	√	√	√	√	√	√	√	√	√	√	√	√	√	√	√
5	中国南方电网有限责任公司安全监督工作规定	Q/CSG 210006—2014	安监部	否	是	是	√	√	√	√	√	√	√	√	√	√	√		√	√	√	√	√	√	√	√
6	中国南方电网有限责任公司电力事故事件调查规程	Q/CSG 210020—2014	安监部	否	是	是	√	√	√	√	√	√	√	√	√	√	√		√	√	√	√	√	√	√	√
7	中国南方电网有限责任公司电力安全工作规程	Q/CSG 210001—2015	安监部	否	是	是	√	√			√	√	√	√			√		√	√	√	√	√	√	√	√
8	中国南方电网有限责任公司安全生产问责管理规定	Q/CSG 210002—2015	安监部	否	是	是	√	√	√	√	√	√	√	√	√	√	√	√	√	√	√	√	√	√	√	√
9	中国南方电网有限责任公司安全生产风险管理工作规定	Q/CSG 210001—2017	安监部	否	是	是	√	√	√	√	√	√	√	√		√			√	√	√	√	√	√	√	√
10	中国南方电网有限责任公司应急预警与响应管理办法	Q/CSG 210001—2014	安监部	否	是	否								√												
11	中国南方电网有限责任公司应急预案与演练管理办法	Q/CSG 210002—2014	安监部	否	是	否								√												
12	中国南方电网有限责任公司应急管理规定	Q/CSG 210003—2014	安监部	否	是	否								√												
13	中国南方电网有限责任公司工程项目竣工决算报告编制规定（试行）	Q/CSG 216008—2011	财务部	否	是	是				√			√					√								
14	中国南方电网有限责任公司投资收益管理暂行办法	Q/CSG 216030—2011	财务部	是	否	否																				

图 3－7　制度梳理、适用性划分展示

（三）以“写我所做”为驱动，完成“一页纸”内容修编

专业部门结合业务框架、部门及岗位职责按照识别的制度清单，对制度内容进行总结提炼，在总篇幅不超过一页纸的原则上完成单个制度内容的“一页纸”修编，如图 3－8 所示，并完成“一制度一题库”的编制工作。为提高“一页纸”修编质量，明确要求按六何分析法（5W1H）的管理思路，依据流程节点

上的执行主体、风险、时间要求、引用条款、关键控制点、输入输出信息及信息记录载体内容等要素，提炼核心内容，重点突出部门岗位职责、业务流程、期限等工作要求。

中国南方电网有限责任公司安全生产风险管理体系审核管理办法

制度主要内容

一、公共部分

1、审核员必须具备相应等级的审核资格证书。审核资格证书由公司认证和发放，分为初级、中级和高级，有效期 3 年。初级审核员只能参加本单位的体系初审，中级审核员可参加体系初审和三钻及以下体系复审，高级审核员可参加体系初审和五钻及以下体系复审。

2、各单位体系初审每年 1 次。初审由各单位组织本单位审核员实施，也可由分子公司组织所属单位的审核员实施。

3、各单位体系复审原则上每 2～3年 1 次。复审由公司组织或授权分子公司组织审核员实施。

4、被审核单位所属区局和县级供电企业应作为抽样对象全部纳入体系审核范围。

5、各单位应对审核发现的问题，组织人员进行原因分析，制定整改措施，并纳入纠正与预防系统跟踪落实。

二、专业部分

1、各单位应对审核发现的问题，组织人员进行原因分析，制定整改措施，并纳入纠正与预防系统跟踪落实。（适用于安监部、生技部、系统部、建设部相关专责）

2、初审报告和复审报告由被审核单位安全监管部保存 4 年。（适用于安监部风险体系管理专责）

图 3－8　“一页纸”内容范本

（四）以培后考试为抓手，确保制度培训质量

根据业务范围组织开展部门内训和跨部门培训及培后考试，如图 3－9 所示。

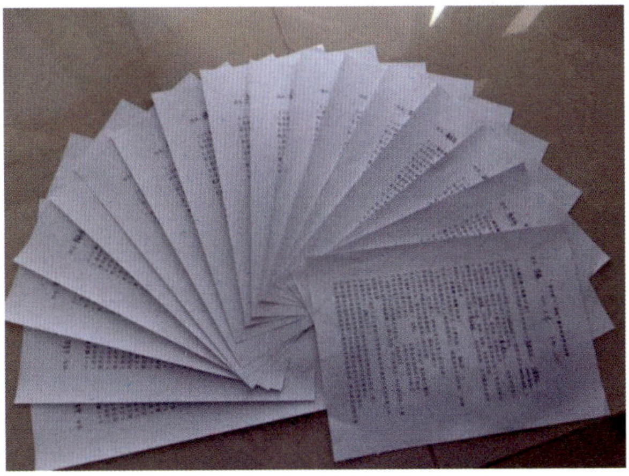

图 3－9　“一页纸”跨部门集中学习考试

对于跨部门配合的制度，明确是否组织集中宣贯学习。截止到2020年6月，已有9个部门开展内部培训，6个部门开展跨部门培训，“逢培必考”模式有效提升了培训实效。

（五）以闭环管理为原则，对“一页纸”编制和培训完成情况进行检查

列制“一页纸”编制、培训及制度修编情况表，定期跟踪闭环，确保编制、培训及修编工作得到推进落实。抽调由安风体系审核员为主要成员的检查小组对“一页纸”修编质量进行检查把控，对完成较差的“一页纸”提出整改措施，对完成较好、具有代表性的“一页纸”在各部门间流转学习，持续提升制度宣贯材料质量。

三、工作成效

（一）全员制度意识实现针对性提升

通过对制度核心内容进行梳理、提炼，将制度制定者最关心的内容展现出来，有利于制度执行者快速掌握本岗位有关规章制度、操作流程的核心要义，把制度读“薄”，把重点摸清，制度执行者更容易掌握制度核心内容。

（二）对员工素质提升形成了重要补充

员工是制度执行的主要责任主体，“一页纸”将制度简明化，缩短制度学习周期，员工根据工作开展的需要进行专业交叉学习，有效提升了人才培养效率。同时，结合制度梳理结果修订员工绩效合约、部门绩效合约，确保制度管理和制度执行落实，强化制度执行刚性。

（三）为企业管理要求落地奠定了良好的执行基础

不以规矩，不成方圆。“一页纸”修编依据AB类制度更新情况并持续更新，

及时传递最新制度标准，确保企业管理的各项要求落实准确、执行到位，对减少甚至杜绝“不懂制度”违规行为的发生有较大的促进作用，为企业管理要求的准确落地、刚性执行提供了保障，打牢了基础。

四、经验启示

（一）领导重视是关键

“一页纸”修编涉及14个职能管理部门，宣贯学习涉及20个直属机构、县级供电企业，工作开展覆盖面广、范围大。在推进过程中“关键少数”必须充分发挥统筹、协调作用，及时指导管理提升各项工作，加强过程控制，“一页纸”制度管理应有效能才得以充分发挥。

（二）全员参与是重点

解决制度执行问题，关键在于全员参与。“一页纸”宣贯到岗到位，入心入里，有利于提高员工制度意识，但“一页纸”制度内容梳理涉及面广、工作量大，必须充分发挥员工的主观能动性，聚焦业务核心，结合实际工作细心、耐心梳理，才能让梳理、宣贯工作不流于形式。

升级合同全过程管理，保护公司价值创造

（云南电网公司）

一、背景

2015 年 12 月，国务院国有资产监督管理委员会（简称国资委）印发了《关于全面推进法治央企建设的意见》，明确要求中央企业要崇尚契约精神，严格落实合同法律审核制度。2018 年 11 月，国务院国资委颁布的《中央企业合规管理指引（试行）》指出，市场交易是企业合规管理的重点领域，合同是市场交易的载体，必须将合规审查作为重要合同签订的必经程序。云南电网有限责任公司（简称云南电网公司）系统每年除了供用电合同外有 5 万多份经济合同，金额在 500 亿元以上，体量非常大，如果发生合规方面的风险，将给公司带来不可估量的损失，因此，合同的合规管理非常重要。中国南方电网公司修订《合同管理办法》，明确了合同管理核心指标，对合同全过程管理提出了具体要求。

云南电网公司认真落实国务院国资委、中国南方电网公司的安排和部署，将合同作为公司生产经营活动基础性法律文书，严格落实合同法律审核要求，从制度建设、管理指标优化、标准文本管理、合同审查智能化等多个方面，强化合同全过程管理。

二、工作举措

经过近年来的摸索和总结，提炼形成了以合规制度为统领、“四化”管理要求为核心、智能化升级为手段的合同全过程管理模式。公司升级合同全过程管理模

式，向前延伸至采购环节，向后延伸至履行环节，合同管理覆盖了采购、签订、履行、归档、纠纷案件管理的全过程，为保护公司价值创造提供了有力保障。

（一）升级合同管理制度，明确管理思路

按照合同管理全生命周期的要求，就合同管理全过程的每个环节，建立和健全具体的、操作性强的管理制度，使合同管理有章可循。合同全过程管理示意图如图 3－10 所示。全面贯彻落实《中央企业合规管理指引（试行）》要求，将合同合规审查要求写入合同管理实施细则，为合同合规管理奠定了基础。开创性地将合同合规义务清单纳入了合同管理制度。新增、修编合同管理法律风险提示、审批签署权限等 18 个方面管控要求，合同管理制度更加贴合实际。

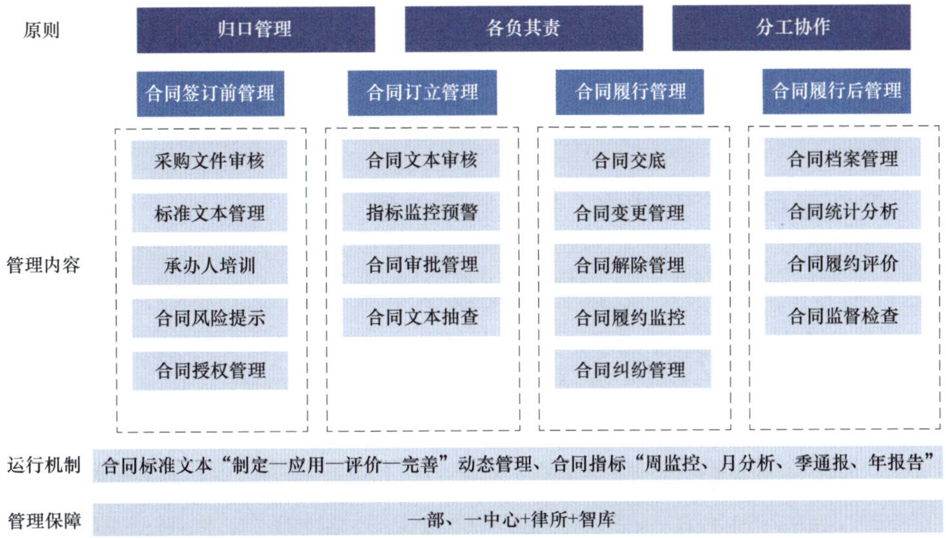

图 3－10　合同全过程管理示意图

（二）升级合同“四化”管理要求，防范合同风险

确立了合同指标“看板化”、合同审查“清单化”、标准文本“产品化”、合同链条“延伸化”的“四化”管理要求。

一是合同指标“看板化”。按照“周监控、月分析、季通报、年报告”的工作机制，每周监控指标完成情况，进行指标看板管理。从 2019 年开始至 2020

年8月发布合同监控周报70期，预警196起，开展问责或绩效考核16起。通过合同指标“看板化”，提高了管理透明度，进一步发现问题、解决问题。

二是合同审查“清单化”。集中开展在昆单位（云南电网有限责任公司昆明供电局除外）合同审查、基层单位合同抽查工作，对合同审查发现问题、合同抽查发现问题实行“清单式”销号管理。审查发现在昆单位合同问题415项，已完成整改415项；累计抽查发现基层单位合同问题278项，杜绝重复发生问题278项。

三是标准文本“产品化”。引入产品质量管理的理念加强合同标准文本“产品化”管理，确立“制定—应用—评价—完善”合同标准文本管理机制。承办部门制定，法律部门合规复核，严把合同标准文本的质量关。

四是合同链条“延伸化”。拉长合同链条，开展采购文件合法性审查，将合同审查问题、标准文本问题移入前端控制，延伸审查范围。总结提炼招标过程中发现的问题，编制招投标法律风险防范指引。

（三）升级合同审查智能化，挖掘数据价值

推进合同审查智慧化、数据化，用技术手段控制合同管理风险。在推广南网电商合同管理信息系统的基础上，在南网内率先提出“智慧合同”新概念，开展了合同智能审核信息化项目研究。致力于构建基于人工智能NLP（自然语言处理）算法模型的合同智能审查（见图3－11），实现人工智能技术在法务领域的突破性和创新性应用，促进合同管理从传统向智能化转型，不断挖掘合同管理大数据价值，为公司法治建设赋能。

（四）升级合同标准文本，小步迭代快走

一是开展合同标准文本“制定—应用—评价—完善”动态管理。以提高合同文本质量为重要抓手，以问题为导向，将合同标准文本作为重大法律风险进行管理，重点优化公司级合同标准文本，强化三级单位合同标准文本质量管控。

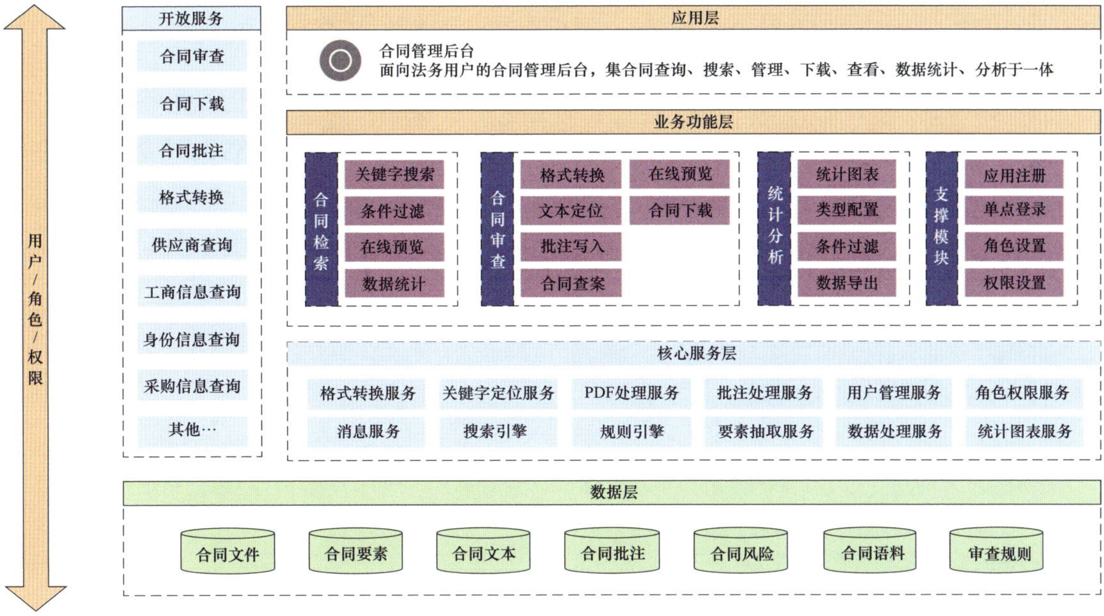

图 3-11 基于人工智能 NLP 技术合同法律风险审核项目整体架构图

二是开展合同标准文本的两级确认、横纵向差异比对。开展三级单位合同标准文本横纵向比对工作，横向上按照十大合同类型分类开展，纵向上遵循普遍到特殊的一般原则，废止三级单位合同文本 850 份，提级为公司级标准文本 61 份。严控标准文本质量，提升合同文本抗风险能力。

三是聚焦重大合规风险防范，重点开展营销领域合同专项法律风险研究。结合云南电网公司历年法律纠纷案件、安全生产事故等，修改完善供用电合同标准文本，提出修订完善意见 51 条，重点对产权经营者认定、智能缴费方式停电程序、计量装置权属、送达方式等内容进行了重新优化设计，全面修订完善供用电合同标准文本。

三、工作成效

（一）合同全过程管理水平不断提升，合同法律风险得到有效管控

五年来，公司签订经济合同超 27 万份（供用电合同除外），涉及金额 2900

亿元，提出法律审核意见 21 万条，实现了合同法律审查率 100%。合同履行过程中未发生我方负有责任的重大合同法律纠纷案件，合同法律风险得到有效管控。2019 年公司系统办结合同纠纷诉讼案件 40 宗，涉案金额 2893.71 万元；胜诉 40 宗，胜诉率 100%（见图 3-12），挽回或避免损失 2667.7 万元（见图 3-13）。公司挽回或避免损失金额、胜诉率均大幅提升。

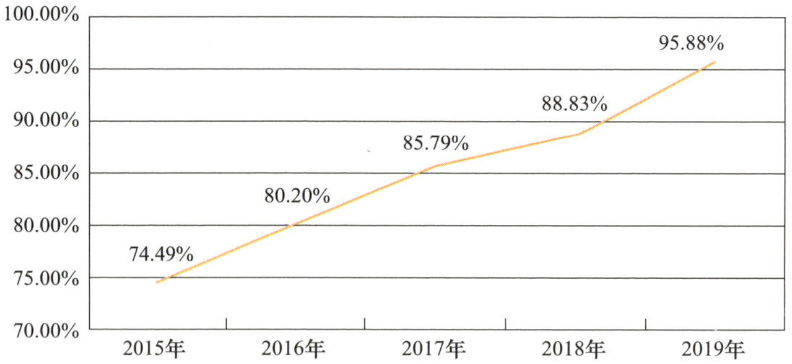

图 3-12　办结合同案件胜诉情况

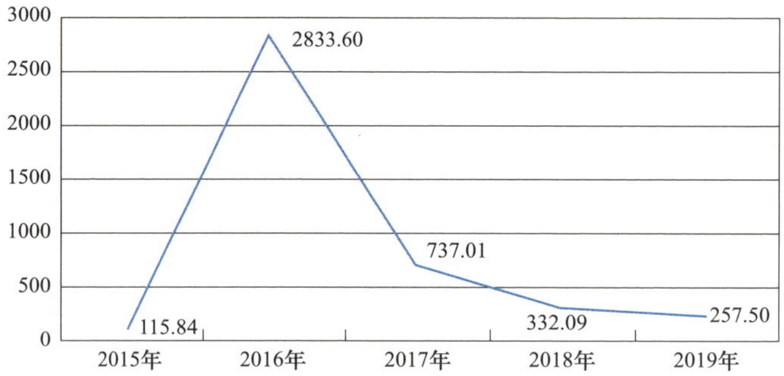

图 3-13　办结合同案件挽回经济损失额情况

（二）合同关键指标不断提升，合同管理能力持续增强

合同指标直接反映合同管理水平。通过合同集约化管理，建立以“周监控、月分析、季通报、年报告”为核心的合同指标管控机制，2019 年合同管控关键指标同比实现了“三升一降”，合同签订及时率 99.38%，同比提升 15.91%，在南网五省区排名第一；标准文本使用率 90.19%，同比提升 31.97%；一审通过率 49.87%，同比提升 19.97%；合同倒签率 0.64%，同比降低 67.01%，如图 3-14 所示。

图 3－14　2018～2019 年合同关键指标对比

（三）合同智能化水平不断提升，基层审查负担有效减轻

合同智能审查项目已完成实质性开发，投入运行后，通过把合同审查问题、合法性要素等成果嵌入人工智能，为合同承办人提供智能审查帮助，减轻基层法律人员合同审核负担，提升合同审查工作效率和审核质量。

四、经验启示

（一）制度建设是合同管理的“责任之源”

制度是企业最好的培训教材、员工最强的言行规范，不仅要巩固和发挥已有的制度优势，将制度优势转化为治理效能，同时必须通过完善治理实践，持续强化制度优势。在南网合同管理办法的基础上，结合公司的实际，合同管理实施细则经过多次酝酿修订，经过修订、新增、删除制度条款，进一步明晰了管理职责和管理行为，构建了合同全过程管理模式，对各单位的合同管理活动提供了根本指引、遵循。

（二）合规管理是合同管理的“履责之道”

合规管理是合同管理的重要内核，是全体员工的首要责任。合同管理作为合规管理的重要一环，应当秉承“人人讲合规，时时显合规，事事要合规”的理念，将合规管理的要求融入合同管理的全过程，做实重大合同合规审查复核，全面开展合同合规检查，及时提示合同合规风险，为公司决策层、管理层和一线员工提供可信赖的合规之道。

（三）人工智能是合同管理的“尽责之基”

借助人工智能技术代替人工重复性劳动的趋势已日趋明显。在合同审查领域，公司每年 5 万份左右合同需要法务人员重复开展合规性审核，人工智能技术在合同审查领域的推广运用，必将有效提升合同审核效率和审核质量，提升合同风险管控能力，同时，也将是对法律人力资源的一次高效释放。

依法合规，提前完成国务院国资委挂牌督办“僵尸企业”处置任务

（贵州电网公司）

一、背景

贵州电力线路器材厂（简称器材厂）成立于1958年11月，时为贵州水利电力厅所属企业（见图3-15）。1997年更名为贵州电力线路器材厂，为贵州省电力工业局（贵州电网有限责任公司前身）所属全民所有制企业。2004年8月10日，根据贵州电网有限责任公司（简称贵州电网公司）《关于贵州电力线路器材厂并入贵州送变电工程公司的通知》（黔电人〔2004〕413号文），器材厂整体并入贵州送变电有限责任公司（简称送变电公司），作为其所属企业，进行统一管理。

图3-15 器材厂原繁忙有序的镀锌车间

2011 年以来，受产品技术含量较低、设备老化、生产布局不合理、市场份额逐年下滑等因素影响，加之人工成本及离退休人员费用较高，器材厂持续亏损，截止到 2015 年底已亏损 2845 万元，资产负债率从 79.94%上升到 107.47%，已严重资不抵债，生产经营困难。2014 年，器材厂因环保问题被政府责令停产整顿，关停了制塔车间和镀锌车间，主营业务中断（见图 3－16）。

图 3－16　器材厂镀锌车间现在没有了往日的繁华景象

2016 年，国务院国有资产监督管理委员会（简称国资委）下达《关于反馈“僵尸企业”和特困企业名单的函》（评价函〔2016〕138 号），器材厂被纳入国务院国资委挂牌督导“僵尸企业”名单，限令“僵尸企业”2018 年 12 月 31 日前完成关闭撤销。

二、工作举措

（一）加强组织领导、综合施策开展工作

贵州电网公司制定了兼并注销工作方案，成立了以总法律顾问为组长的器材厂清理整顿工作小组，层层抓好工作目标的分解、工作措施的落实、工作成效的考核。为确保各项任务有序推进，梳理成立了清产核资、债权债务清理、

资产处置、人员安置、税务清算注销、工商注销等工作小组，多管齐下、齐头并进。对关键工作、关键环节进行跟踪督办，千方百计、排除万难，啃掉债权人百般刁难、土地资产及银行账户被司法查封冻结等一个个硬骨头。采取“季调度、月跟踪、周例会”形式解决处置面临的各种困难，及时有效处理疑难问题。制定应急预案，联系公安、劳动行政部门和社区，切实做好突发事件的应对。

（二）有效开展债权债务清理，实现减负增效

贵州电网公司重点对应收账款、预付账款、其他应收款项进行债权清理，形成债权清单，向债务人发出询证函，完成债权确认，及时启动催收程序。开展债务清理，形成债务清册，对症下药，一户一策，与百余家债权人逐户协调，达成债务处置协议，减免债务 822 万元；对于存在债务诉讼纠纷事项，积极通过法院调解，快速解决了债权单位对器材厂账户冻结解封和土地解封，免除违约金 600 多万元，有效缓解了债务压力。

（三）合理安置人员，保证队伍稳定

针对器材厂处置涉及职工较多、人员结构复杂等问题，送变电公司制定了《人员安置方案》。依据《中华人民共和国劳动法》《中华人民共和国劳动合同法》等法律法规，妥善安置职工，积极回应和解决职工合理诉求，切实保护职工合法权益。分类安置人员，对不在岗和离退休人员进行梳理，统一接收管理；对在岗人员进行转岗培训及岗位实践，帮助转岗职工尽快融入新的工作岗位，做到“转岗不下岗，转业不失业”。争取中央拨付资金补助 1379 万元，并全部用于人员安置。2017 年，采取内部转岗和劳务派遣等方式合理安置器材厂职工 209 人，保证了人员队伍稳定，确保了处置工作顺利推进。

（四）规范资产处置，确保国有资产保值增值

建立健全资产处置工作推进机制。2016 年按照清理处置实施方案对器材厂实施了全面停产。开展资产清查，聘请会计师事务所对器材厂进行清产核资，

形成资产清册，按照最有利于维护企业权益的要求，对现有资产进行分类处理。针对器材厂拥有的处于贵阳经济技术开发区主城区中心地带的161.75亩土地使用权，积极与地方政府沟通，实现该地块无偿变更登记为送变电公司目标，有利于土地资产盘活利用。聘请评估中介机构进行资产评估，按照规范程序流程，依法处置，确保国有资产保值增资。

三、工作成效

经过为期一年的努力，2017年6月27日完成了器材厂工商注销，提前一年完成国务院国资委督导的“僵尸企业”处置任务，同时实现生产经营稳定、职工队伍稳定、社会稳定“三个稳定”和资产不流失“一个不流失”的目标，处置成效获得了国务院国资委的肯定。

（一）职工安置平稳推进，维护企业生产经营稳定

贵州电网公司认真落实国家和地方关于职工安置的精神和政策，按照构建和谐社会的要求，严格执行《中华人民共和国劳动合同法》等法律法规，坚持“把职工安置工作放在重要位置”的原则，保证了队伍的稳定，为有序推进处置工作提供了稳定基础。提前做好社会稳定风险分析，周密制定职工安置方案，严格履行领导集体决策程序，履行民主决策程序，确保员工安置依法规范。重点做好岗位安置培训上岗、社会保险接续等涉及职工安置的相关工作，保证企业清算处置顺利进行。处置过程中未发生人员上访或群体事件，确保了人员队伍稳定。器材厂处置过程中，送变电公司生产经营保持平稳态势。

（二）消除化解了社会风险，妥善处理了债务矛盾

器材厂负债2.8亿元，涉及债权人100余名，债务诉讼风险高发。贵州电网公司通过多方努力，通过与62家债权人签订债务处置协议，缓解了债务压力。

妥善处理诉讼案件 11 宗，涉及金额 6865 万元，有效解决账户冻结和资产查封等问题，防止了债务矛盾的扩大。图 3－17 为中央企业“处僵治困”督导组前往器材厂督查处置情况。

图 3－17　中央企业“处僵治困”督导组前往器材厂督查处置情况

（三）积极盘活土地资产，维护企业权益

贵州电网公司积极与地方政府沟通，有效盘活器材厂土地价值，有效维护了企业合法权益，保证了国有资产的增值保值。

四、经验启示

（一）坚持维护稳定、效益最大化原则，是有效推进专项治理的保障

器材厂治理工作最大的难点是在保证保持内外稳定的同时实现经济效益最大化，所以在专项治理工作中确定了维护稳定、效益最大化原则。基于两个原则，贵州电网公司经充分论证，争取政策，将器材厂从“清理淘汰退出一批”调整为“兼并重组改造一批”，为后续有效推动工作，最大程度保持内外部稳定、最大限度挖掘经济价值提出了保障。

（二）坚持合规管理要求，是有效推进专项治理工作的基础

中央企业“处僵治困”专项治理工作必须坚持合规管理要求，确保各项工作在法治的轨道上有效推进。规范内部决策，做好法律风险、社会稳定风险等有效防范；依法处置债权债务，确保不留“尾巴”和风险；合规处置资产，规范开展第三方评估及公开拍卖，确保处置价值公允；依法完成人员处置、工商注销登记等手续。

（三）坚持精益管理方法，是有效推进专项治理工作的关键

贵州电网公司将精益管理方法应用到工作推进中，确保了关键环节可控、关键流程规范。一是精益工作部署，制定工作方案及行动计划，将工作责任到人、细化到天。二是精益任务落实管控，建立周报与例会机制，动态跟踪任务进度，对问题及早处置，对疑难问题公司领导亲自督办，实现任务闭环管控。三是精益工作保障机制，落实全过程保密要求，完善应急机制，有效防范稳定等重大风险。

联合签署全国首个电力交易机构从业人员行为规范公约

（广州电力交易中心）

一、背景

当前，电力市场化改革深入推进，国家、社会、市场主体及相关方对电力交易机构的规范化建设提出新的更高要求。电力交易从业人员行为关乎电力市场建设和交易机构规范运行，必须具备良好的职业道德和从业规范，取信于市场客户，树立良好的社会形象。南方区域各电力交易机构在规范运作方面做了大量工作，其中在建立完善电力交易规则、理顺交易机制、规范市场服务方式等方面成效显著，但与国家提出的“推进交易机构相对独立，规范运行”总要求还存在一定差距，存在无统一的从业人员行为规范、尚未构建从业人员风险管理体系、信息安全未引起足够重视等问题，亟待解决和提升。

广州电力交易中心有限责任公司（简称广州电力交易中心）在充分学习借鉴国内外交易机构先进经验的基础上，组织南方区域五省区电力交易机构开展系列规范性专项行动，联合签署全国首个电力交易机构从业人员行为规范公约，有效促进交易人员行为规范，为电力交易机构规范运行提供了很好的示范样本。

二、工作举措

（一）建章立制，联合签署《南方区域电力交易从业人员行为规范公约》

广州电力交易中心积极探索南方区域跨区跨省电力市场建设，组织南方区域五省区电力交易机构编制并联合签署《南方区域电力交易机构从业人员行为规范公约》（简称《公约》），提出电力交易从业人员的职业道德、执业纪律、专业能力等方面的基本要求，明确执业过程中必须遵守的行为规范，为电力交易从业人员提供了衡量自身行为的尺度和准绳，不断提高专业能力和职业道德水平，进一步提升了电力市场和交易机构管理水平，为南方区域电力市场健康稳定发展奠定了良好的基础。

（二）入脑入心，多维度对《公约》进行宣贯学习

广州电力交易中心协同南方区域各电力交易机构采取多种方式和形式对《公约》进行宣贯。对内，组织干部员工对公约进行专题学习，制作公约宣传手册，供公司内部、管理委员会传阅和学习，将公约内容张贴公告，提升《公约》的宣传效果。对外，将《公约》文本公告于各交易机构门户网站，主动接受广大社会公众的监督。充分利用各省区电力市场管理委员会和市场主体座谈会，强化对《公约》进行宣贯，接受市场主体的监督。

（三）开展南方区域电力市场与规范性文件符合性比对

组织五省区电力交易机构开展国家电力体制改革规范性文件和合同管理要求符合性比对工作。梳理国家电力体制改革政策要求，各省区交易机构从机制建立和实际执行两个层面对国家要求落实情况进行梳理和比对，找出其中的差异和存在的问题，涵盖市场主体培育、优化交易机制、输配电价执行、交易合同管理等十个方面，分析原因，提出提升措施，形成《南方区域电力市场电力体制改革规范性文件及合同管理要求符合性比对分析报告》，并持续推动提升措施落地。

三、工作成效

（一）签署电力市场首个行业公约，具有良好的示范作用

电力交易机构立足电力市场建设阶段面临的突出问题，制定《公约》，对电力交易从业行为做出积极的“正面倡导”，并列出从业“负面清单”，提出从业人员行为的“十个不准”，在电力交易行业引起广泛影响，受到中国电力报等多家媒体约稿刊登，不断提升电力交易机构依法规范运行水平，规范电力交易从业人员的执业行为。

（二）电力交易从业人员的合规意识不断加强

各省区电力交易机构联合签署《公约》，并通过不同的形式对《公约》进行宣贯培训，让从业人员充分认识到自身从业行为的规范性对电力市场建设和电力交易机构的极端重要性，在追求市场运行效率的同时，意识上多了一根合规弦。在南方区域电力市场逐步构建了一套较为完善的合规管理体系，以保障电力市场的持续健康发展。

（三）交易机构规范运行水平得到不断提升

符合性比对后，汇总形成国家规范性要求 208 项，截止到 2019 年底，完全落实的合计 142 项，部分落实的合计 46 项，未落实但纳入工作计划的合计 20 项，为电力交易机构规范提升提供基础输入。通过聚焦发现的问题和差异项，使交易机构合规管理工作更具有针对性和实效性，将问题“点对点”整改和闭环，不断提高交易机构规范运行水平。

四、经验启示

（一）加大交易机构的协同与融合是深化南方区域电力市场建设的创新手段

广州电力交易中心协同各省区交易机构，承接和落实中国南方电网有限责任公司“电力市场建设者”战略定位，紧密结合电力交易从业人员的行为特性，立足于电力市场建设这个特殊发展阶段及其面临的突出问题编制而成《公约》，在电力市场制度管理、交易规则制定、市场体系建设等方面统一发力，为构建统一规范、有序运行的南方区域电力市场开展了有益的创新实践，为南方区域电力市场健康发展奠定了良好基础。

（二）电力交易从业人员行为规范是确保电力市场持续健康发展的重要保障

新一轮电力体制改革以来，电力交易从业人员作为一支新生力量，在加快电力市场建设、促进电力交易机构规范运行方面发挥着重要作用，展现了电力交易人员良好的形象。《公约》的签署、宣贯、践行，进一步增强了电力交易从业人员的使命感、责任感，主动作为，自我加压，确保电力市场公平公正和透明规范运作。

（三）巩固《公约》工作成果是提升交易机构规范管理能力的重要抓手

现阶段南方区域各电力交易机构通过签署《公约》、编制《电力案例》等方式初步构建了规范工作体系。《公约》成果的巩固深化为下一步各交易机构从机制建立和实际执行两个方面持续优化完善南方区域电力市场机制和交易行为奠定了基础，将推动交易机构不断提升规范运行水平。

以“标准文本+”模式提高合同标准文本使用率

（广西电网公司）

一、背景

在当前的社会形势下，市场经济不断深入发展，法治建设成就斐然，合同成为交易的主要载体。做好合同标准文本的制定、推行、反馈、完善，可以保证交易顺利高效完成，是企业管理的重要环节。合同承办人采用大量的非标准文本起草合同，不仅增加合同审核及审批人员的负担，降低合同流转的效率，更不利于合同质效提升和风险防范。一直以来过低的合同标准文本使用率一直是广西电网有限责任公司（简称广西电网公司）合同管理面对的问题和困难。

为解决这个难点和痛点问题，广西电网公司按照 DMAIC 路径，以“消除浪费、创造价值”为导向，以精益方法工具为支撑，系统性地提高公司合同标准文本使用率。从合同覆盖度、合同适用性出发，对现有标准文本进行整体设计，同时转变合同承办人的意识和观念，全面防范各类法律风险，提高合同管理的效率和效益。基本实现了合同标准文本的全覆盖，转变了合同承办人对使用合同标准文本的意识与观念，全面提高了合同标准文本的适用性。

二、工作举措

为有效提升合同标准文本使用率，广西电网公司以精益方法和工具为支撑，按照 DMAIC 路径有效推进。在定义阶段（D）主要描述合同标准文本使用率过低的不良影响，以及影响标准文本使用率的关键 CTQ；在测量阶段（M）通过数据来验证关键 CTQ 的正确性，并找出影响关键 CTQ 的潜在原因；在分析阶段（A）对潜在原因进行深入分析以找到影响标准文本使用率的根本原因；在改善阶段（I）对分析阶段找出的根本原因制定有效的改进方案，并按计划进行实施；最后在控制阶段（C）对项目实施效果进行验证，制定控制计划并进行成果标准化等。具体采取了“合同标准文本+”六项重点举措。

（一）业务框架比对+与合同标准文本框架的比对

利用业务流程平台，在系统中提取出业务框架中需要签订协议/合同的流程环节，共有369个含有“协议”“合同”的业务流程环节，与公司现有合同标准文本框架进行比对，如图3－18所示，分析覆盖情况，对缺失的合同进行修编。

序号	关键词	职能流程名称	环节编号	环节名称
361	协议	联网调度协议管理流程	03	组织编制调度协议初稿
362	协议	联网调度协议管理流程	04	会审调度协议初稿
363	协议	联网调度协议管理流程	05	审核联网调度协议
364	协议	联网调度协议管理流程	06	调度协议定稿
365	协议	联网调度协议管理流程	07	签订调度协议并盖章
366	协议	联网调度协议管理流程	08	调度协议归档备案
367	协议	同级调度之间的计算数据交换流程	07	与申请方签订保密协议
368	协议	服务级别管理流程	03	制定服务级别协议
369	协议	服务级别管理流程	04	签署服务级别协议

图3－18 业务框架与合同标准文本框架进行比对

将公司合同标准文本框架与网公司合同分类代码标进行对比，如图3－19所示，累计修编了10种类型（一级分类）的288份合同，其中“框＋子”合同39套（其中框架合同39份，子合同42份），专项合同207份，业务覆盖领域达到96%。

（二）通用条款＋专用条款

通过研究现有标准文本框架内的标准文本，对各类合同中的条款进行深入分析，形成固化的“通用条款＋专用条款”模式的二级分类精益合同标准文本规范，如图 3–20 所示。同时，从合同完整性角度出发结合二级合同业务的特点，优化专用条款的框架设计，实现常规条款、商务条款和该二级合同的类型化，实现快速、高效起草一份结构统一清晰、层次分明、内容完整的合同。

南方电网合同分类代码表（2018年）					
一级分类	二级分类	对应代码	三级分类	对应代码	适用范围
	工程前期合同	01	工程可行性研究咨询合同	01	电源点、电网等工程项目可行性研究服务。
			社会稳定风险评估咨询合同	02	工程项目社会稳定风险评估服务
			工程选址选线咨询合同	03	输变电工程项目选址选线咨询服务
			工程项目规划选址咨询合同	04	电源点等工程项目选址咨询服务
			工程水土保持方案编制咨询合同	05	委托编制建设工程项目水土保持方案
			工程节能评估咨询合同	06	建设工程项目节能评估服务
			工程环境影响评估咨询合同	07	建设工程项目环境影响评估服务
			工程地质灾害危险性评估咨询合同	08	建设工程项目地质灾害危险性评估服务
			地震安全性评估咨询合同	09	建设工程项目的地震安全性性评估服务
			工程涉及土地利用总体规划修改咨询合同	10	建设工程项目用地总体规划修改咨询服务
			其他前期工程咨询合同	11	建设工程其他前期咨询服务

图 3–19　南方电网合同分类代码表（部分）

<table>
<tr><td colspan="3">精益化合同</td></tr>
<tr><td colspan="2">专用条款</td><td>通用条款</td></tr>
<tr><td>常规条款</td><td>合同名称、合同主体信息、项目名称、项目地点、收款账号、开票信息</td><td rowspan="3">付款程序条款、保密条款、合同解除和变更条款、安全服务条款、争议解决条款、通知和送达条款、合同期限顺延条款、廉洁条款、合同附件条款、合同生效条款等</td></tr>
<tr><td>商务条款</td><td>合同期限、合同金额、合同价格调整依据、工作内容、工作要求、工作成果和完成时间要求等</td></tr>
<tr><td>类型化条款</td><td>权利义务条款、违约责任条款</td></tr>
</table>

图 3–20　精益化合同

通过对专用条款 + 通用条款的划分，并对通用条款予以固定，实现由全文审查到仅专用条款审查，有效提高了审批效率，如图 3–21 所示。

（三）采用“框 + 子”的模式

根据招标权限上收后的招标流程，采用“框 + 子”的模式对合同标准文本进行重新设计，如图 3–22 所示。目前已修编了“框 + 子”合同 39 套，通过对项目总标包进框架采购，避免了子项目重复采购和重复审签合同，节省了业务部门和基层大量招标时间和成本，减少了合同起草、审签时间。

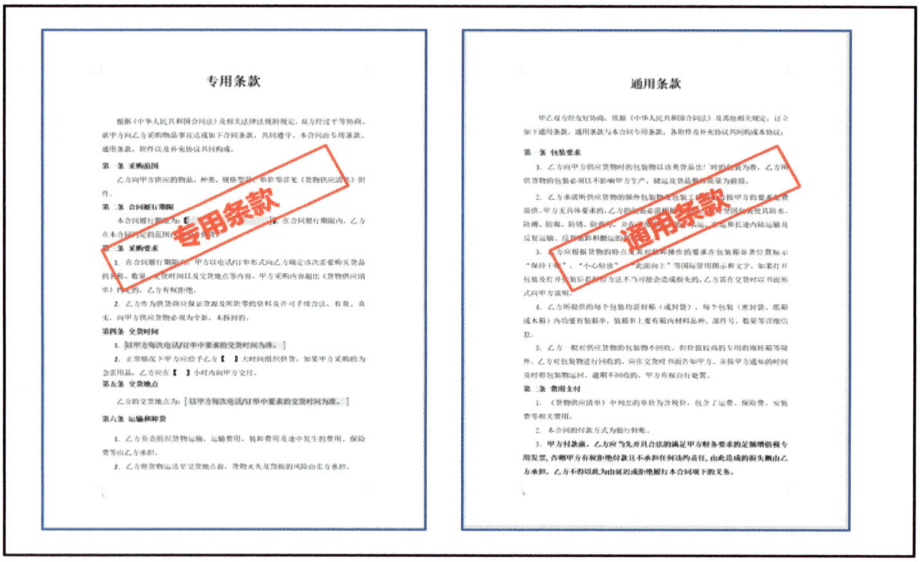

图 3–21　专用条款＋通用条款

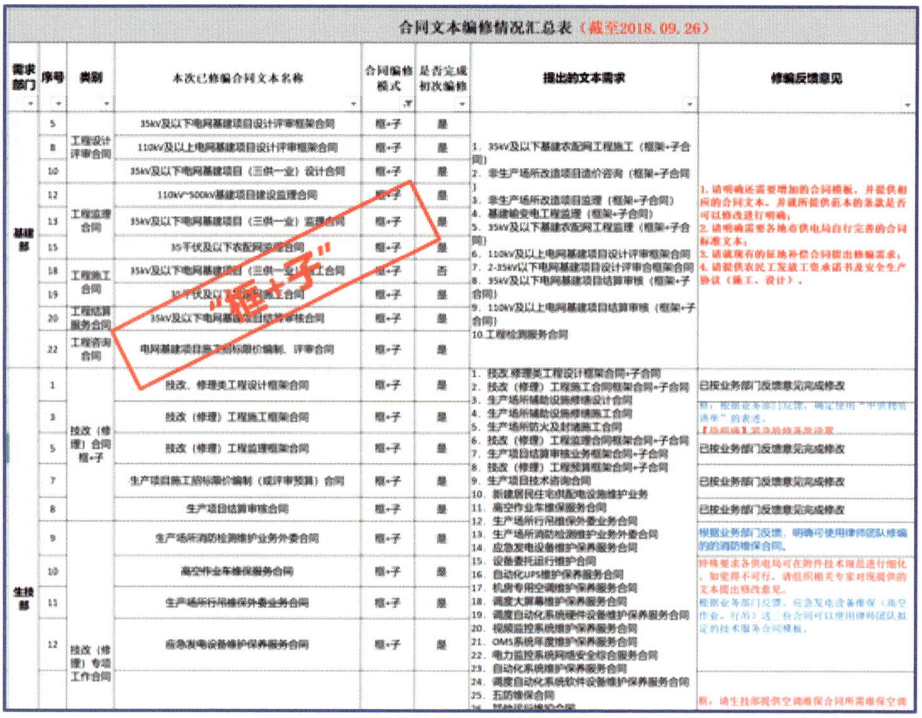

合同文本编修情况汇总表（截至2018.09.26）

需求部门	序号	类别	本次已修编合同文本名称	合同编修模式	是否完成初次编修	提出的文本需求	修编反馈意见
基建部	5	工程设计评审合同	35kV及以下电网基建项目设计评审框架合同	框+子	是	1. 35kV及以下基建农配网工程施工（框架+子合同） 2. 非生产场所改造项目造价咨询（框架+子合同） 3. 非生产场所改造项目监理（框架+子合同） 4. 基建输变电工程监理（框架+子合同） 5. 35kV及以下基建农配网工程监理（框架+子合同） 6. 110kV及以上电网基建项目设计评审框架合同 7. 2-35kV以下电网基建项目设计评审合框架合同 8. 35kV及以下电网基建项目结算审核（框架+子合同） 9. 110kV及以上电网基建项目结算审核（框架+子合同） 10.工程检测服务合同	1. 请明确还需要增加的合同模板，并提供相应的合同文本，并就所提供范本的条款是否可以修改进行明确； 2. 请明确需要各地市供电局自行完善的合同标准文本； 3. 请就现有的征地补偿合同提出修编需求； 4. 请提供农民工发放工资承诺书及安全生产协议（施工、设计）。
	8		110kV及以上电网基建项目设计评审框架合同	框+子	是		
	10		35kV及以下电网基建项目（三供一业）设计合同	框+子	是		
	12	工程监理合同	110kV~500kV基建项目建设监理合同	框+子	是		
	13		35kV及以下电网基建项目（三供一业）监理合同	框+子	是		
	15		35千伏及以下农配网监理合同	框+子	是		
	18	工程施工合同	35kV及以下电网基建项目（三供一业）施工合同	框+子	否		
	19		35千伏及以下农配网施工合同	框+子	是		
	20	工程结算服务合同	35kV及以下电网基建项目结算审核合同	框+子	是		
	22	工程咨询合同	电网基建项目施工招标限价编制、评审合同	框+子	是		
生技部	1	技改（修理）合同框+子	技改、修理类工程设计框架合同	框+子	是	1. 技改 修理类工程设计框架合同+子合同 2. 技改（修理）工程施工合同框架合同+子合同 3. 生产场所辅助设施修缮设计合同 4. 生产场所辅助设施修缮施工合同 5. 生产场所防火及封堵施工合同 6. 技改（修理）工程监理合同框架合同+子合同 7. 生产项目结算审核业务框架合同+子合同 8. 技改（修理）工程预算框架合同+子合同 9. 生产项目技术咨询合同 10. 新建居民住宅供配电设施维护业务 11. 高空作业车维保服务合同 12. 生产场所行吊维保外委业务合同 13. 生产场所消防检测维护业务外委合同 14. 应急发电设备维护保养服务合同 15. 设备委托运行维护合同 16. 自动化UPS维护保养服务合同 17. 机房专用空调维护保养服务合同 18. 调度大屏幕维护保养服务合同 19. 调度自动化系统硬件设备维护保养服务合同 20. 视频监控系统维护保养服务合同 21. OMS系统年度维护保养服务合同 22. 电力监控系统网络安全综合服务合同 23. 自动化系统维护保养服务合同 24. 调度自动化系统软件设备维护保养服务合同 25. 五防维保合同 26. [illegible]	已按业务部门反馈意见完成修改
	3		技改（修理）工程施工框架合同	框+子	是		[illegible]，根据业务部门反馈，确定使用“[illegible]清单”的表述。[illegible]
	5		技改（修理）工程监理框架合同	框+子	是		已按业务部门反馈意见完成修改
	7		生产项目施工招标限价编制（或评审预算）合同	框+子	是		已按业务部门反馈意见完成修改
	8		生产项目结算审核合同	框+子	是		已按业务部门反馈意见完成修改
	9	技改（修理）专项工作合同	生产场所消防检测维护业务外委合同	框+子	是		根据业务部门反馈，明确可使用律师团队修编的的消防维保合同。
	10		高空作业车维保服务合同	框+子	是		特殊要求各供电局可在附件技术规范进行细化，如觉得不可行，请组织相关专家对现提供的文本提出修改意见。 根据业务部门反馈，应急发电设备维保（高空作业、行吊）这三份合同可以使用律师团队拟定的技术服务合同模板。
	11		生产场所行吊维保外委业务合同	框+子	是		
	12		应急发电设备维护保养服务合同	框+子	是		
							框，请生技部提供空调维保合同所需维保空调

图 3–22　“框＋子”合同清单（部分）

（四）合同要素框架目录+条款示例表

针对标准文本未覆盖的情形，总结提炼合同应当具备的基本条款，制定“合同要素框架目录+条款示例表”供承办人进行选择起草，提升非标准合同的起草效率和质量，如图3－23所示。

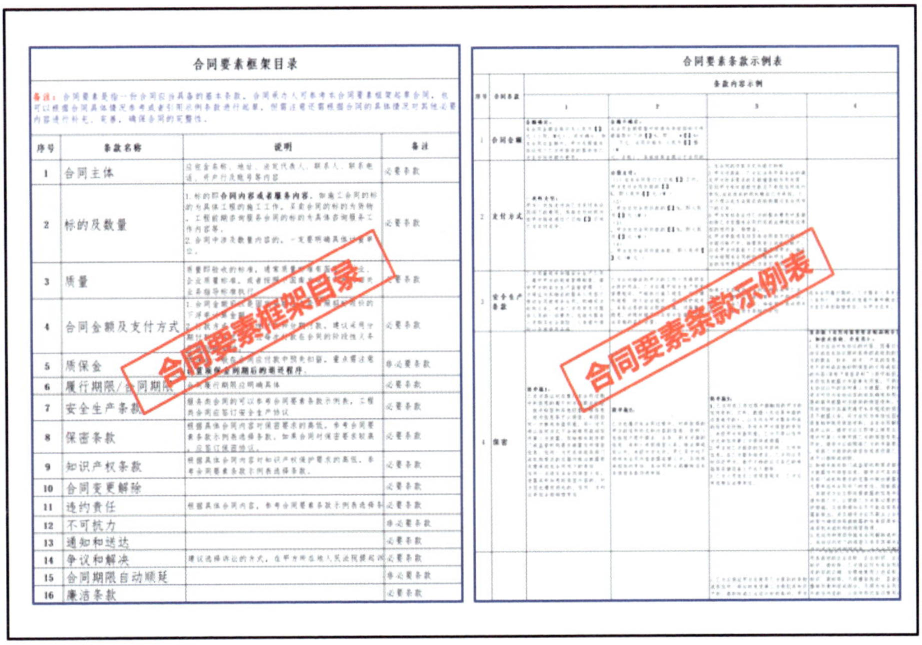

图3－23 合同要素框架目录+条款示例表

（五）“常规修编+实时修编”的动态完善

为提升合同标准文本适用性，采用“常规修编+实时修编”的形式，实现合同标准文本的动态更新和完善。以业务需求为导向，除年度常规合同标准文本修编外，及时开展合同标准文本后评价工作，实时收集各业务部门对合同标准文本使用情况的意见，实现合同标准文本的动态更新。

（六）“合同标准文本+采购策略”双审查机制

鉴于目前合同管理系统已实现与电商系统采购模块互联互通，将法律审查的关口从招标采购文件审查环节提前至招标策略制定环节，全面梳理合同标准文本，确保其与各业务部门招标采购策略一一对应，实现每项业务均有标准文本可循。制定《合同标准文本使用指南》，系统介绍了公司合同标准文本体系，并结合电商合同管理模块使用及各业务部门采购策略，对合同标准文本使用各个环节提出了具体规范要求，可有效指导合同承办人正确、规范、高效使用公司已下发的合同标准文本，切实防范合同法律风险，提高合同承办效率。

三、工作成效

（一）合同标准文本体系更加系统完备

广西电网公司以“业务框架分析比对＋网公司合同标准文本分类代码表”比对，对缺失的文本进行修编，基本实现合同标准文本的业务全覆盖。以制定“合同通用指引＋合同分类指引”“通用条款＋专用条款”模式、“框＋子”模式、“合同要素框架目录＋条款示例表”等为指南，提高了合同标准文本的适用性，构建了一套覆盖各业务领域的相对完备的合同标准文本体系，目前公司级合同标准文本数量达 288 份。

（二）合同文本更加科学规范

合同标准文本具有“重复使用性”特点，广西电网公司从有利于公司的角度拟定、固化合同，公司 288 份合同标准文本均嵌入了规范“通用条款”，明确填写规则，源头防范合同风险。

（三）合同流转更加高效

广西电网公司系统合同标准文本覆盖率由 2017 年的 45%上升到当前的 96%，合同标准文本使用率目前已达 97%。使用标准文本起草合同的效率方面，改善后起草一份合同所需时间由 50 分钟缩短到约 10 分钟，极大地提升了合同流转效率。

四、经验启示

（一）系统谋划，强化合同标准文本体系构建是基础

构建系统完备的合同标准文本体系是实现合同标准文本管理甚至是整个合同管理的最基础的工作。自上而下构建合同标准文本体系，扩大标准文本体系合同类型覆盖面，根据业务类型对现有体系的已有分类进行调整优化与细化，确保公司各级合同标准文本在统一框架、统一规范下有效运行，发挥作用。

（二）科学设定，源头防范合同风险是根本

合同标准文本具有“预先拟定性”特征，制定合同标准文本时，预先在合同中确定风险点，通过合理设计合同标准文本的具体条款来防范、转移法律风险，达到合同监管关口前移，从而最大限度地维护企业自身利益。

（三）强化应用，保持合同标准文本生命力是关键

开展合同管理后评价工作，及时总结现阶段合同标准文本使用情况，针对实际业务中出现的具体问题提出有效的改良优化举措，不断优化合同标准文本。建立健全合同承办考核机制，严格规范合同标准文本使用，通过制定《合同标准文本使用指南》及合同承办人进入和退出考核机制等，推动合同承办人自觉选用合同标准文本，提高合同标准文本使用率，确保合同管理实现质效双提。

坚持法治引领，依法护航改革转型战略落地

（深圳供电局）

一、背景

党的十八届三中全会作出了全面深化改革的决定，经济体制改革是其中的重要内容之一。党的十九届四中全会明确提出要推进国有经济布局优化和结构调整，发展混合所有制经济，做强做大国有资本。深圳供电局有限公司（简称深圳供电局）作为国企改革“双百企业”，是国企改革等经济体制改革的重要参与者。当前，深圳供电局以改革和转型为抓手，大力推进电力体制改革、混合所有制改革、输配电价改革等多项改革任务，积极拓展新兴业务，举全公司之力融入和服务粤港澳大湾区建设和中国特色社会主义先行示范区建设。

公司的转型发展对企业的法治建设提出了新要求，特别是在拓展新兴业务方面。这些领域市场竞争激烈，市场监管要求严格，涉及不同的法律环境和经济政策，公司将面临更多法律风险，依法经营的重要性、紧迫性更加凸显。深圳供电局积极顺应国家改革形势和政策要求，坚持用法治思维推动改革、用法治方式规范创新发展，契合公司战略发展目标，从法律角度主动研究解析改革前沿问题，为重大改革事项提供全过程法律服务，运用法治手段平衡各方利益，确保公司各项改革举措依法合规、稳步推进。

二、工作举措

深圳供电局根据外部法律政策环境变化，按照“公司业务拓展到哪里，法律就保障到哪里”的思路，重点针对输配电价改革、电力体制改革、混合所有

制改革、新兴业务拓展等公司改革转型发展中具有全局性、战略性和方向性的改革前沿问题开展法律研究和论证。同时，结合公司改革转型战略定位，进一步落实重大项目的法律顾问服务制度，为公司参与售电侧改革、推行增量配电网改革、进行职工持股企业改革、推进前海供电混合所有制项目、创建电动汽车产业服务公司等重大改革项目提供全过程法律服务。

（一）坚持问题导向，精准掌握改革转型法律服务需求

为更好地适应公司改革转型发展需要，特别是服务新兴业务的拓展，进一步加强法律服务的前瞻性、针对性，做好法律风险管控，深圳供电局多次组织召开改革转型前沿法律问题服务需求座谈会。根据各业务部门（单位）的需求反馈，深圳供电局聘请专业师资先后开展了资产并购和商务谈判策略、反不正当关联交易和商业贿赂法律风险防范两项专题法律培训，防范违规操作风险，为公司依法投融资、通过合法的关联交易实现商业目的提供法律保障。

（二）坚持需求导向，定向开展改革转型前沿问题研究

深圳供电局根据改革转型涉法问题征集情况，围绕公司战略发展目标以及深圳法治城市示范的有关部署，积极开展改革前沿法律问题研究，分析研究了母子公司之间在人员借用、资金往来、关联交易、安全责任承担、民事连带责任承担 5 个方面的法律关系，提出 11 项法律风险防范建议和 3 项管理举措，在保障公司投资权益的同时激发子公司经营活力。同时，开展了国有企业参控股公司引入战略投资者、实际控制企业法律管理模式、电力数据应用及隐私保护、电子签章应用等相关法律问题专题研究，梳理分析相关文件政策，理顺各项法律关系及权责义务，提前预判潜在的法律风险，未雨绸缪提出相关法律建议，确保公司改革转型依法有序。

（三）坚持服务导向，依法护航公司重大改革转型项目

深圳供电局以“战略支撑型”为定位，推行一项目一法律顾问服务制度，

在深化电力体制改革、国企改革以及推进产业发展布局过程中，用法治思维推动改革，用法治方式规范创新发展。法律专职人员全程参与重大项目策略研讨、法律论证、法律尽调、商务谈判、法律文书制定等工作，严格落实“一项决策两项文书”机制，出具《法律意见书》与《法律尽职调查报告》，为公司重大项目推进保驾护航。加强职工持股企业改革中的法律保障，确保在刚性落实政策要求的基础上，做到改革决策依法合规、股权清退程序依法规范、股权清退纠纷解决于法有据，顺利完成改革任务。为前海混合所有制改革试点的制度设计和组织实施提供法律支撑，通过科学设置股权结构，合理设置董、监事会的席位和决策范围，建立“三会一层”议事规则和完善信息披露制度，依法推动前海公司建立有效制衡的公司治理结构，打造治理完善的现代企业。积极支持公司拓展新兴业务，依法组建电动汽车服务公司、智慧能源公司、双创基地及孵化器公司等，确保公司新兴业务依法有序开展。协助组建深汕特别合作区供电局，确保合作区供电业务平稳过渡。

三、工作成效

（一）前沿法律问题研究硕果累累

形成了《母子公司主要法律关系分析报告》《国有企业参、控股公司引入战略投资者相关法律问题研究报告》《股权并购法律风险及商务策略专题研究报告》等12项前沿法律问题研究成果，受到公司广大干部员工的高度认可。其中，创新应用知识产权法律风险管理研究，分别获评公司、网公司管理创新成果一、二等奖。《关于〈用电检查管理办法〉废止影响的报告》推动了深圳市政府将《深圳经济特区供用电管理条例》纳入2019年政府立法预备项目。

（二）依法完成各项重大改革项目

前海混合所有制改革成为国有企业混改样板，前海公司先后被纳入国家发改委首批增量配电业务改革试点、全国首批重要领域国有企业混合所有制改革试点，其取得的成效在中华人民共和国国家发展和改革委员会、国务院国有资产监督管理委员会等中央部委的多次会议、调研督导中获得充分肯定。顺利完成职工持股企业改革，深圳供电局以有限合伙企业作为公有制收购平台的方式得到中国南方电网有限责任公司的认可并全网推广。依法组建电动汽车服务公司并成为网级电动汽车服务公司，统领全网电动汽车服务业务。

四、经验启示

（一）提前谋划，事前防控改革风险

按照“业务拓展到哪里，法律就保障到哪里”的思路，重点针对公司改革转型发展中具有全局性、战略性和方向性的前沿法律问题开展专题研究，综合研判公司改革转型中可能遇到的法律风险，提出风险防控建议，为公司经营策略调整提供法律意见，确保公司各项改革举措于法有据，风险可控在控。

（二）找准定位，以法律支撑战略转型

重大改革项目法律服务要以服务和支撑为定位，为项目提供全过程法律服务。在工作格局上，要站在公司全局的高度去思考问题、推动工作、创造价值。在工作能力上，要具备法律专业、管理视角、全局视野、前瞻思考。在工作方法上，要加强沟通，主动做好法律服务，以服务的方式实现管控的目的。

实用化修编作业标准，提升企业治理效能

（广西电网公司）

一、背景

党的十八大以来，党中央把制度建设摆到更加突出的位置，强调“构建系统完备、科学规范、运行有效的制度体系，使各方面制度更加成熟更加定型”。党的十八届三中全会首次提出“推进国家治理体系和治理能力现代化”这个重大命题，并把“完善和发展中国特色社会主义制度、推进国家治理体系和治理能力现代化”确定为全面深化改革的总目标。

制度的生命力在于执行，如何让制度在基层落地，让广大企业员工自发自觉践行制度，提升企业治理效能，是每一级组织、每一个管理者都必须深入思考并推动解决的问题。2019年，广西电网有限责任公司（简称广西电网公司）结合安全生产风险体系建设需求，以推动制度建设在基层单位有效落地为切入点，以“业务指导书由繁至简，实现双量（质量、数量）优化”为目标，在广西电网有限责任公司南宁供电局、有限责任公司贵港供电局（简称贵港供电局）探索开展作业标准实用化，工作成效显著，试点单位作业标准实用化成果得到中国南方电网公司安全风险体系审核专家组的高度认可。

二、工作举措

针对目前作业标准全面性、充分性、适宜性仍存在不足的问题，试点单位采用“1+1+3”模式，即一统筹一简化三规范，围绕优化文件清单、编制范本样本、修编业务指导书、评审业务指导书开展工作，深化制度建设，促进治理

效能提升。

（一）统筹协调，明确目标，建立健全组织保障体系

健全组织，全面部署。成立了由公司专业部门及试点单位相关人员组成的工作小组，建立“省地联动、专业主导、资源统筹、分级评审”工作机制，按照职责分工对口负责，统筹推进各项工作，形成了一级抓一级，层层抓落实的良好局面。

建立机制，持续改进。召开碰头会及工作推进会，研究部署作业标准实用化推进工作，试点单位及时做好经验总结分享，进一步理清工作思路，明确目标方向，为做好制度建设打下坚实基础，确保推进作业标准实用化工作有条不紊。

（二）化繁为简，简化清单，奠定作业标准优化基础

优化文件清单，构建覆盖全专业的文件体系框架。梳理办公、计划、财务、设备、安全、市场、建设、审计、党建、人资、企管、监察、工会、系统运行、物资和综合管理等 17 个专业共 1191 个业务事项与安风体系 66 个要素、作业标准形成三者映射关系，并结合业务流程优化、法律法规及廉洁等风险控制措施融入、检查审核发现问题整改等情况，综合考虑各专业领域作业标准本地化承接编制、补充新增及县级供电企业本地化需求，形成《业务事项与体系要素映射表》和《体系要素与业务指导书映射表》，从源头上确保文件体系框架的全面性与系统性。

（三）规范过程，精益求精，强化作业标准过程全管控

规范范本样本编制。基于全面收集国家法律法规、国家标准、行业标准、地方标准及各项规章制度模板，结合标准的实用性、充分性、可操作性、规范性的工作思路，对现行标准格式与典型样本库的各类文本格式进行对比分析，确定了封面、目次、基本信息表、标准名称、业务说明、适用范围、规范性引用文件、术语和定义、职责、管理要点、流程步骤及说明、附录等作业标准关

键要素，并逐一明确要素规范性要求，形成了业务指导书标准模板，如图 3-24 所示，为修编作业标准提供了依据。

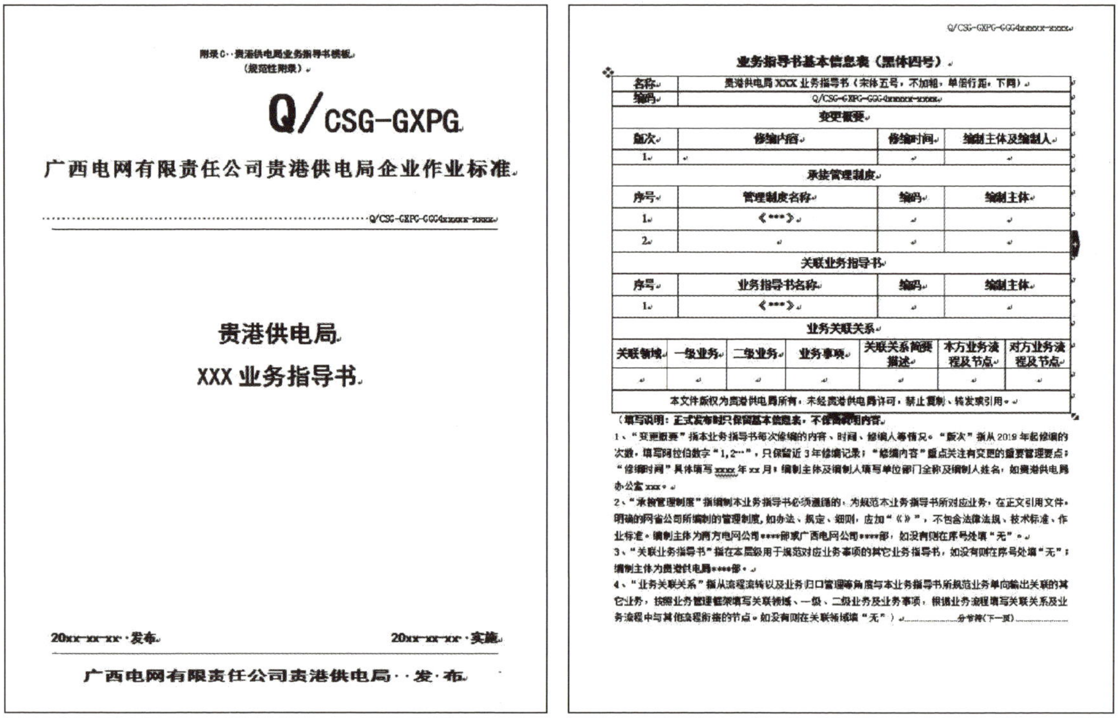
附录 C　贵港供电局业务指导书模板
（规范性附录）

Q/CSG-GXPG

广西电网有限责任公司贵港供电局企业作业标准

Q/CSG-GXPG-GGG4xxxxxx-xxxx

贵港供电局

XXX 业务指导书

20xx-xx-xx 发布　　20xx-xx-xx 实施

广西电网有限责任公司贵港供电局　发布

Q/CSG-GXPG-GGG4xxxxxx-xxxxx

业务指导书基本信息表（黑体四号）

名称	贵港供电局 XXX 业务指导书（宋体五号，不加粗，单倍行距，下同）		
编码	Q/CSG-GXPG-GGG4xxxxxx-xxxxx		
变更概要			
版次	修编内容	修编时间	编制主体及编制人
1			
承接管理制度			
序号	管理制度名称	编码	编制主体
1	《***》		
2			
关联业务指导书			
序号	业务指导书名称	编码	编制主体
1	《***》		

业务关联关系						
关联领域	一级业务	二级业务	业务事项	关联关系简要描述	本方业务流程及节点	对方业务流程及节点
本文件版权为贵港供电局所有，未经贵港供电局许可，禁止复制、转发或引用。						

（填写说明：正式发布时只保留基本信息表，不保留说明内容。

1、“变更概要”指本业务指导书每次修编的内容、时间、修编人等情况。“版次”指从 2019 年起修编的次数，填写阿拉伯数字“1，2…”，只保留近 3 年修编记录；“修编内容”重点关注有变更的重要管理要点；“修编时间”具体填写 xxxx 年 xx 月；编制主体及编制人填写单位部门全称及编制人姓名，如贵港供电局办公室 xxx。

2、“承接管理制度”指编制本业务指导书必须遵循的，为规范本业务指导书所对应业务，在正文引用文件，明确的网省公司所编制的管理制度，如办法、规定、细则，应加“《》”，不包含法律法规、技术标准、作业标准。编制主体为南方电网公司****部或广西电网公司****部，如没有则在序号处填“无”。

3、“关联业务指导书”指在本层级用于规范对应业务事项的其它业务指导书，如没有则在序号处填“无”；编制主体为贵港供电局****部。

4、“业务关联关系”指从流程流转以及业务归口管理等角度与本业务指导书所规范业务单向输出关联的其它业务，按照业务管理框架填写关联领域、一级、二级业务及业务事项，根据业务流程填写关联关系及业务流程中与其他流程衔接的节点。如没有则在关联领域填“无”）

分节符(下一页)

图 3-24　作业指导书标准模板

规范业务指导书修编。一是厘清管理节点。全面梳理业务管理的逻辑顺序，清晰管理节点，提炼每个节点的关键管理要求，将原有常识性、原则性的管理要求删除或放到附录中，形成清晰、完整的逻辑管理链条及操作性强、可执行性强的业务管理要求，实现业务事项流程 PDCA 闭环，使管理层级更加清晰。二是完善管理内容。落实 5W2H（What：做什么；Why：为什么做；Who：谁来做；When：什么时候做；Where：在哪里做；2H：How、How Much：怎么做、做到怎样）和明确业务质量与风险的管控要求，完善业务事项管理环节包含的管理内容。

规范业务指导书管控模式。一是发布评审工作方案，搭建“编写人自审 + 专业部门初审 + 专业联合会审 + 局标准工作小组终审”评审模式，明确编写人、评审人、评审模式、评审内容及问题管控要求，完善评审细则，重点关注作业标准的流程控制、质量控制和风险控制，不断提高作业标准评审质量。二是选取专业分管领导、中高级审核员、技术技能专家、基层业务骨干组成专业评审小组，确保管理要求覆盖各个层级并能够准确应用。三是依托企业规范性文件库平台和安全管理业务效能监察平台，如图 3-25 所示，搭建“标准制定——执行应用——依从评价——问题分析——问题跟踪管控——修编完善”的作业标准管控模式，不断提升作业标准优化、执行、依从成效，实现业务管理要求应用落地。

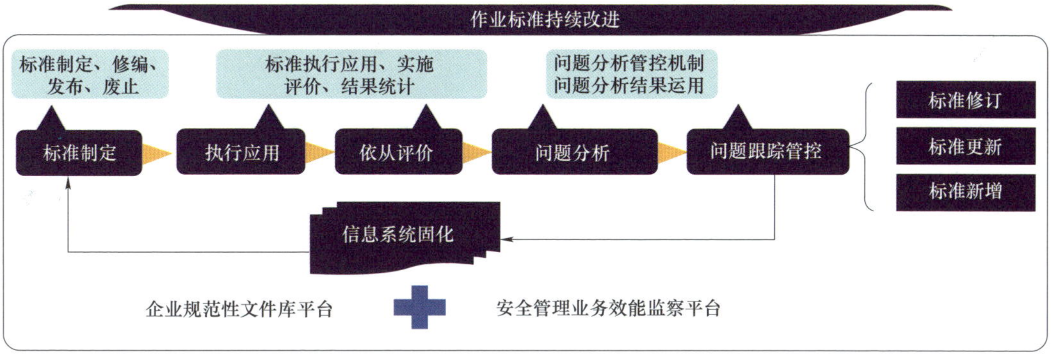

图 3-25　企业规范性文件库平台和安全管理业务效能监察平台

三、工作成效

（一）实用化后的作业标准得到基层认可

通过跨专业、跨部门开展业务优化整合及业务指导书实用化修编，以实际行动为基层减负，执行人员普遍认为实用化后的业务指导书目的和责任明确，条文简明、易懂、好执行。2019 年，贵港供电局安全生产相关业务指导书由 225 份减少到 157 份，共减少 68 份，占比 30.2%（取消 8 份，整合 80 份，新增 6 份），其作业标准实用化成果在 2019 年 12 月中国南方电网公司安风体系审核“五钻”现场评审中获得专家组高度认可，助力贵港供电局成为 2019 年南网系统唯一一家获“五钻”评级的单位。

（二）专业协同能力进一步增强

通过捋顺各专业业务管理脉络和业务边界，对作业标准进行整合优化，有效消除专业壁垒及条块式管理，部门、专业间的协同更加紧密，业务管理和风险管控的结合更进一步。

（三）企业管理水平不断提升

一方面，在实用化修编工作中，各部门各专业管理人员进行充分的业务交流与思想碰撞，系统思维、风险思维得到了提升，管中窥豹、盲人摸象的局限性减少。另一方面，制度文本实现简化，制度的执行主体、流程步骤更加明晰，5W2H 的管理要求在指导书里充分体现，基层员工更容易读懂、使用，有效提高了基层对制度的执行力，让制度的力量在提升企业治理体系和治理能力的过程中得到了充分释放。

四、经验启示

（一）作业标准是规范基层工作最直接、最根本的制度，必须严控细管

中国南方电网公司建立了“企业章程—管理制度—作业标准”的制度体系，网省两级都对业务事项制定有相应的制度标准，地市局作为第三层级执行落实单位，需要结合工作实际制定具有本地特色、符合实情的条款，才能确保基层工作有序开展。作业标准是打基础、利长远的工作，地市供电局应建立健全作业标准管理机制，明确牵头部门、配合部门、专兼职管理人员，从严从细规范作业标准全过程管理。

（二）作业标准修编是一项系统工程，必须加强统筹管控

作业标准修编涉及企业管理的方方面面，需要领导干部高度重视、做好动员，在人员组织和资源保障方面构建作业标准修编“一盘棋”。在具体工作方法上，工作组需打破原有区域、层级和部门界限，创新交流沟通及落实执行模式，形成高效便捷的工作协调机制，引领各专业要素实现整合、资源共享，及时解决作业标准建设中面临的问题。

应用“拉链式”管理法，全面推进合同全过程精益闭环管理

（深圳供电局）

一、背景

现代市场经济是契约经济，也是法治经济。企业作为市场竞争的主体，从事交易，参与竞争，必须在法律规定的范围内进行。合同是企业在现代市场经济中从事经济活动取得经济效益的桥梁和纽带，是企业与外部进行物流、资金流、信息交换的基本形式，也是产生纠纷的重要来源。因此，加强企业合同管理是规范经营行为、防范市场风险、树立商业信誉和提高企业竞争力和经济效益的重要管理手段。

长期以来，企业合同管理侧重于签订阶段管理及文本审核，未将管理链条贯穿到合同全过程，不利于合同风险的全面防控。“十三五”期间，深圳供电局有限公司（简称深圳供电局）采取扎实举措，应用“拉链式”管理法，将合同管理贯穿签约前、审核签约、履行和履行后四个阶段，确保合同流程的“链牙”走到哪里，合同管理的“拉头”就跟进到哪里，实现了合同全过程精益闭环管理，在有效防范合同法律风险、保障实现合同目的上取得了较好成效。

二、工作举措

（一）以“关口前移”为抓手，做实签约前阶段管控

一是建立合同管理组织体系。制定合同管理制度，建立法律部门归口管理，

招标采购、财务、办公等各相关部门各负其责、分工协作的合同全过程管理机制，形成合同全过程立体管理。

二是强化签约前审核管理。从制度上明确招标文件必须进行法律审核，在采购流程中嵌入合同审查节点，明确采购文件的法律审查要求，强化招标文件标准文本的制定及管理，实现风险关口前移，有效杜绝招标文件与合同不一致等法律风险。

（二）以“规范高效”为原则，优化审核阶段管控

一是完善标准文本管理。梳理公司合同标准文本的需求情况，从业务需求和适用性两个维度建设统一的标准文本体系框架。实施合同标准文本使用率考核机制，推广合同标准文本应用。

二是提升合同审批效率。对使用标准文本的非重大合同、不涉及金额的合同及框架合同下的订单合同等进一步压缩审批流程，合同流转环节进一步减少，审核部门审核速度持续加快。

三是强化合同指标管控。建立法律、物流、合同承办部门等单位参与的合同指标管控联动预警机制，及时向指标落后单位发出预警通知。建立合同指标考核通报机制，及时通过《法律工作信息月报》及《合同管理情况季度通报》对各单位合同指标进行通报；编制公司《合同承办指引》，对合同订立依据和形式、合同条款起草、合同附件适用等进行规范化操作。

（三）以“保障履约”为目标，创新履行阶段管控

一是加大履约服务保障。法律工作管理部门发挥业务优势，提出专业法律意见，协助业务部门妥善处理合同履行争议和纠纷，在依法合规的基础上，维护公司应有利益。

二是加强履约监督管理。针对工程建设合同等履行风险高发领域，从条款执行、证据保存及合同变更纠纷管理等方面开展履约监控，定期通报存在问题，督促相关部门单位履行合同管理职责，增强合同履约意识。

三是编制《合同履行监控指引》。明确各有关部门管理职责分工，对履行主体、合同标的、合同款项支付、履行时间地点等关键履行环节明确监控内容和监控方式，便于合同承办部门依约定履行合同义务和行使合同权利，及时记录履行变更情况并作出处理，减少履行中的法律风险和维护公司合法权益。

（四）以“管理闭环”为驱动，做细履行后阶段管控

一是建立合同管理考核机制。细化完善14项合同履约考核指标，编制形成《合同考核管理实施细则》，将合同履行及纠纷处置法律风险防控设置为组织绩效考核指标。开展合同全过程管理检查和评价，形成对现有问题的汇总和工作完善的建议，制定切实可行的改进措施，实现合同全过程闭环管理。

二是提升合同承办人员业务能力。制定并落实合同培训计划，针对合同签订及履行要点、新合同管理系统运用等内容，采取现场培训、网络课件学习等多种形式分阶段、有针对性地对各级合同承办人员开展培训；编制合同承办人资格考试题库，落实合同承办人“凡进必考”制度，提升承办人员办理合同的业务素质和能力。

三、工作成效

（一）合同签订前管理机制更加健全

公司发布《合同管理实施细则》等7项管理制度与业务指导书，编制《合同承办指引》等3份工作指引，法律、招标、财务等部门通力协作，将合同全过程管理理念落实到合同管理各个环节，推动合同管理规范化、程序化，为实现合同全过程管理奠定了基础。

（二）合同签订审核管理更加规范

公司合同管理指标数据亮眼，合同签订及时率、合同一审通过率、合同

签署登记备案率等合同核心指标均位居各省级电网公司前列。累计完成60类合同标准文本的修订（编制）工作。截至2020年3月底，公司合同平均审查时间已降至不足9.8日，合同一审通过率达79.92%，审查效率和质量持续提升。

（三）合同履行风险管控更加有效

累计编制50期《法律工作信息月报》，抽查合同3040份，指出相关问题合同210份，通报相关合同问题部门100余个（次）。积极处理合同纠纷争议，合同履行检查及问题整改、合同统计分析及通报形成常态化闭环工作机制，合同履行监控管理水平得到有效提升。

（四）合同履行后管理深入推进

合同考核评价有效提升了承办部门主体责任意识。针对基层合同承办人员开展的合同全过程管理法律法规及制度流程培训效果明显，合同承办人岗位职责更加清晰，《合同承办指引》落实有力，合同承办水平提升明显，未发生因承办原因导致的合同纠纷。

四、经验启示

（一）坚持合同管理与业务目标相结合

必须确保合同文本起草、合同审查、合同履行等都围绕业务目标开展服务。根据目标要求，重点落实业务部门主体责任，包括合同起草质量、合同履行规范及全过程风险防控等，法律部门作为合同归口管理部门，主要突出合同管理制度、程序和规则制定，以及合同审查、合同履行监督、评价考核等过程中的管控职责，法律与业务部门分工协作，合力防范合同风险。

（二）坚持全过程标准化与精益管理相结合

首先要规范合同标准文本及其使用、合同承办要求、合同审查审批流程和方法、合同履行报告要求、合同变更与解除程序等，通过合同全过程所有工作内容、方法、时限等标准化设计，提高合同管理效率和质量。落实合同文本起草质量、合同审查质量、合同履行质量等质量标准要求，并加强全过程质量监督检查，明确考核标准，提高合同管理精益化水平。

（三）坚持风险导向与全过程管理相结合

充分识别和评估合同流程及各类合同的主要风险，对于高风险合同需要制定应对方案，并将风险评估情况作为合同审查、审批的前置条件，确保合同签订前风险可控。同时强调对重大合同、高风险合同的履行监督，动态监控合同履行过程中的风险变化和风险发生情况，及时调整应对措施，确保合同履行过程风险在控。

健全合同指标体系，促进合同全过程管控

（海南电网公司）

一、背景

根据网公司《关于全面推行精益管理总体工作方案》和《关于加快推进依法从严治企的意见》的统一部署和要求，全面推行精益管理是实现公司创建世界一流电网企业战略目标的必由之路，也是网公司“十三五”时期法治工作坚持的发展策略。为贯彻落实网公司法治工作会议精神，针对合同管理常用指标难以准确衡量合同管理水平，难以适应当前合同全过程管理需求的实情，积极探索建立合同精益管理评价指标体系，在网公司合同精益管理工作的统筹安排下，以实现信息化应用为目标，扎实开展了合同评价指标体系精益化管理项目研究，全面落实合同精益管理要求，确保经营行为主载体合法合规。

二、工作举措

（一）立足实际，深入开展调研访谈

一是对标走访广东、深圳等单位，通过业务对点访谈方式，针对不同的管理层级、业务模块、访谈对象及指标区域等关键要素，开展点对点访谈讨论以及问题分析，编制了《合同管理评价指标体系子项目整体调研报告》。**二是**通过组织调研访谈，获取和借鉴各单位合同管理评价指标方面的有益经验和做法，收集记录现有突出问题，将合同管控手段贯穿于事前防范、事中监控、事后治理。依托制度、岗位、流程、考核等管理要素，对合同管理全过程各类管理要

求进行“解构”与“重构”，确保指标建设的体系化、完整度和严谨性，实现体系建设、落实到岗、可信息化应用等项目成果落地的目标。

（二）突出重点，提炼整合量化指标

一是项目通过六西格玛 DMAIC 为实施路径，充分运用六西格玛方法论和工具，综合各业务领域，着重梳理关键指标、能实施落地的指标以及可信息应用的指标，细化重点指标，进行量化和评估，全面梳理包括绩效、分析、统计指标共 64 项，进一步整合关键指标 14 项，最终提炼出时效、质量及风险等三大类关键指标 10 项，进一步明确了指标指向、内容、考评标准等内容。**二是**通过不同的业务区间和管理阶段，进一步深入总结和提炼有效指标，如调研过程提及的合同相对方资质资信情况、合同退回修改情况、合同变更或解除管理、合同纠纷证据管理以及合同管理涉及的违规违法等情形，具有借鉴和深入提炼的价值。

（三）推进实施，反复校验指标成果

一是通过导出和分析电子商务信息系统合同模块相关数据，组织编制合同管理关键评价指标信息化应用 IT 需求书，并就测试中发现的问题对合同管理评价指标及 IT 需求书进行反复完善和修改。**二是**选取海口供电局、三亚供电局、文昌供电局和定安供电局等供电局进行全面实用性测试，包括协同信息部对电子商务信息系统合同模块合同管理指标进行模拟测试和开展合同专项抽查工作，实现合同管理评价指标获取的自动化、信息化，确保指标数据的真实性、便捷性，提高效率。

三、工作成效

（一）合同指标评价成果更加体系化

项目高效完成并取得实质性成果，形成了合同指标评价体系《诊断报告》

《优化方案》《信息化可行性报告》等项目成果，成为公司精益项目中的先进典型，荣获南网 2017 年精益项目成果“三等奖”。网公司印发了《关于印发合同管理评价指标的通知》，明确 10 项关键评价指标并进行全网推广应用，并以季度、年度为统计周期，纳入合同通报内容，推动合同评价指标实质性应用。

（二）指标推广应用实施更加信息化

2018 年 10 月，指标成果在电商合同模块中完成了固化和应用，实现了合同签订及时率、合同标准文本使用率、合同倒签率、合同一审通过率等关键指标的数据获取和统计分析，能够对各部门、各单位的指标情况进行实时监控和跟踪反馈，将指标纳入公司绩效考核和督办任务，落实季度、年度指标的督办坚持和通报。借助指标信息化应用平台，促进了中标后 30 日内合同签订的及时性，有效提升了合同起草会办、审批签订等流程的效率，强化了标准文本固化应用，合同签订及时率从 2017 年的 60%上升至 2020 年的 96%，合同标准文本使用率从 2017 年的 60%上升至 2020 年的 91%，合同倒签率从 2017 年的 6.43%下降至 2020 年的 0.77%，如图 3－26 所示。

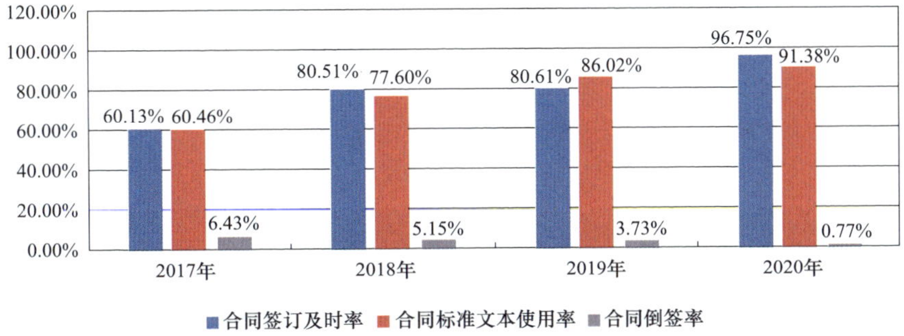

图 3－26　合同管控关键指标历年对比

四、经验启示

（一）扎实做好前期准备工作是关键

前期的准备工作是后续工作的基础，公司高度重视项目，组建成立子项目团队，协调各部门和单位，外委项目具备丰富经验的项目单位，对各合同管理相关部门人员进行了深入访谈，通过对包括物资部、基建部、下属供电局等多个单位和部门的采访与探讨，对标借鉴省外单位经验，收集到大量的意见与建议，进而通过组织集体研讨，对问题进行精准归纳与整理，确保项目成果与业务实践深度融合。

（二）积极推动成果落地实施是目标

推广应用才是成果的价值和目的，项目成果促使合同指标评价体系初步建成，评价指标体系的建立，有助于合同管理四大环节、十三个节点的合规风险防控，为合同系统信息固化工作提供了明确路径和有力指导，实现了合同管理的可量化和评价，完成了信息化落地应用，促进合同管理水平迈上新台阶。

积极推行触电伤亡事故处理联席机制

（鼎和保险公司）

一、背景

在鼎和财产保险股份公司（简称鼎和保险公司）为集团下属各单位提供的保险服务中，供电责任险是其中的重要组成部分。在供电责任险理赔服务过程中，触电人身伤害案件作为其中的重点，一段时期以来处于案件数量及赔款金额不断攀高的态势。大量触电人身伤害案件的产生，给人民群众造成了生命健康的损害，同时，也给中国南方电网公司带来了重大的经济损失和形象损害。公司作为专业化的保险公司，有义务也有能力为集团在触电人身伤害案件的防控与处理中，提供更到位、更优化、更及时的保险服务。2016 年，中国南方电网公司将涉电公共安全事故的防控作为主要工作，召开专题会议，责成相关部门研究对策，提高标准和要求，以更有力的措施，进一步强化涉电公共安全的管理和防控。

鼎和保险公司及时贯彻落实相关要求，从优化工作流程着手，在触电人身伤害发生后的诉前、诉中、诉后三个阶段，逐步建立健全以供电企业为办案主体，鼎和保险公司及时介入并全程参与的联席工作机制。通过建立及时报案机制、沟通会商机制、协同办案机制等，使供电企业在案件的证据收集、处理策略制定、和解结案、诉讼开庭、上诉及申请再审、执行生效法律文书、案件总结的全过程均能得到保险服务的覆盖。联席工作机制的不断完善，以及后续相应管理措施的出台，推动保险服务更加深入触电伤人案件日常防控当中，使此类案件的处理更加规范、快捷、简便，体现了鼎和保险公司的保险价值作用，真正实现了降低诉讼风险、减少经济损失、维护中国南方电网公司形象的最终目的。

二、工作举措

（一）深度调研，制定制度

2016年鼎和保险公司将其正式确定为公司的重点工作之一，以贵州电网有限责任公司为试点，寻求优化触电人身伤害案件的管控。2017年鼎和保险公司在充分调研的基础上，出台《关于进一步提升触电人身伤害案件保险服务的意见》，进一步明确了案件处理的流程及要求，并就相关机制与各省网公司签订了合作协议。同年网公司下发了《触电人身损害责任纠纷案件处理工作指引》，将相关工作以制度形式进行固化，统一部署、合理分工、明确流程和各方责任，对联席工作机制的建立和实施起到了决定性作用。

（二）引入律师全流程参与制度

为保证联席工作机制的实施，确保案件的法律服务能力，鼎和保险公司引入律师全流程参与制度，实现理赔服务前置。事故发生后律师第一时间介入案件，参与案件的法务咨询、现场查勘、调查取证、应诉答辩、案件处理等各环节工作，提供专业法律意见，实现案件的专业化处理，最大限度减少纠纷，维护电网单位和鼎和保险公司的权益。为保证律师参与制度的执行落实，鼎和保险公司还进一步完善了合作律师管理制度，严格实施考核，保证法律服务质量。

（三）多层次走访，推动联席工作机制落地

鼎和保险公司与各电网单位持续落实触电人身伤害案件处理联席工作机制，定期或不定期通过召开各类沟通研讨会议，及时发现问题，解决问题。对广西电网、云南电网和海南电网进行实地调研，梳理问题，逐项采取措施。使触电人身伤害案件在诉前、诉中、诉后的全过程均得到保险的及时服务和支持，形成各省网公司、供电局与鼎和保险公司紧密协同一致，共同维护网公司权益

的整体格局。

（四）持续宣传培训，提升保险专责技能

针对触电伤亡案件的特点，将联席工作机制的精髓融入保险理赔流程，设计了“共处危机　鼎力相助”的 H5 宣传链接及配套宣传折页，为供电单位保险经办人提供了专业指导。在广东、广西、云南、贵州、海南五家省级电网公司及广州供电局和深圳供电局范围内展开供电责任险交流活动，由高校法学教授、知名律所律师及鼎和保险总公司核赔人为 520 多名供电单位员工介绍供电责任险相关法律知识、触电伤亡案件处理经验、保险理赔关键节点，并就保险条款、事故处理流程、疑难复杂案件的解决方案等问题，进行了充分探讨。

三、工作成效

针对触电伤亡类案件，从制度建设、流程优化、技能培训等多方面入手，取得了成效，连续四年实现案件数量和赔偿金额的双下降。各省级电网公司及下属供电局与鼎和保险公司的合作协调更加紧密，处理案件更加合理，保险服务水平得以进一步提升。

2016～2019 年，触电伤亡类案件数量分别为 316 件、223 件、194 件和 110 件，如图 3－27 所示。

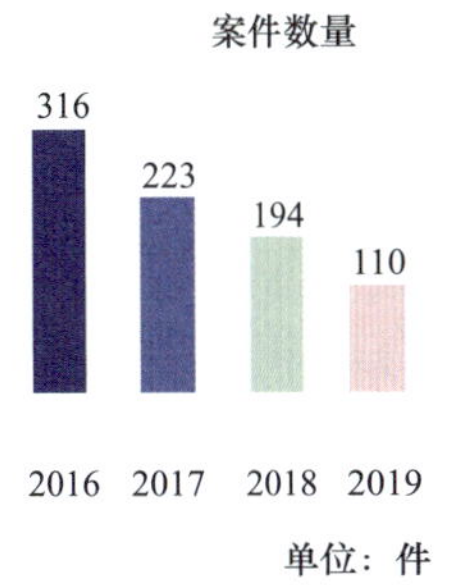

图 3－27　触电伤亡类案件数量

四、经验启示

（一）加强数据分析回溯工作

结合触电人身伤害案件的发案情况、理赔情况等各因素，定期根据理赔数

据，对发案原因、调解情况、诉讼情况、赔付情况等问题进行保险专业分析，提供风险控制建议，可以有效降低诉讼风险。

（二）规范触电伤人案件处理程序

建立有效的触电伤人处理程序，梳理现有管理制度和流程，建立职责明确、协同联动、规范高效的人身触电案件工作流程，并将其纳入保险合同条款，逐步法治化和规范化，最终实现人身触电案件的大幅下降。

（三）加强事故处理流程的宣导和培训

定期开展触电伤亡事故的相关培训交流活动，由资深理赔人员、法律专业人员等对供电责任险相关法律知识、各类型案件处理经验、保险理赔关键节点进行宣导讲解，充实供电企业保险专责的保险法律知识，减少人员更换带来案件跟踪脱节问题。

（四）提高案件调解协商比例

通过规范合同条款，对理赔人员进行培训，依靠律师专业力量支持，在事故发生初期，与供电企业和伤者积极协商，力争通过自行协商或者调解的方式处理纠纷，将触电事故带来的社会影响降到最低。

用法治方式推动境外资产管理创新

（南网国际公司）

一、背景

中国南方电网公司孟振平董事长在 2020 年依法治企工作领导小组会议上强调，依法治企是依法治国的微观基础，是国有企业维护自身合法权益、提高企业管理水平、实现高质量发展的必然要求；要进一步加强法治南网建设，把社会主义法治要求贯彻落实到公司改革发展各领域、各环节、各方面，为推动公司加快建成具有全球竞争力的世界一流企业提供法治保障。

“十三五”时期是南方电网国际有限责任公司（简称南网国际公司）业务做大做强的关键时期。境外投资和资产管理是国际公司业务的重要组成部分，管理质量事关企业经营目标的实现。南网国际公司作为中国南方电网公司国际化战略的实施者，以法治思维为引导，以全球视野和专业化管理手段，充分依托母公司的资源优势，坚持用法治思维推动境外资产管理效率改革，以法治方式规范资产管理创新。

二、工作举措

（一）搭建境外参控股公司股权管理体系

为规范南网国际公司对境外资产的监督和管理，确保国有资产保值增值，南网国际公司在资产运营管理阶段，坚持法治思维，在向国网国际、三峡国际、中广核能源国际等国内知名电力国际公司对标调研的基础上，编制《境外控股子公司管理办法》及《境外参股公司管理办法》，搭建并完善了南网国际公司参控股资产管理的整体框架。落实制度要求，纵向成立单个资产的管理团队，横向建立财税、公司治理、专业技术、资产平台等工作小组，确保境外资产管理体系实现有效运行。

（二）结合项目实际完善股权管理要求

南网国际公司以管理制度为指导，按照“一项一策”的原则，进一步完善修订了智利川斯兰科公司、马来西亚埃德拉公司、卢森堡恩赛沃公司三个参股公司的管理方案，编制《南网国际公司参股公司股权管理手册》及项目分册，持续完善股权管理体系。完善控股公司治理结构，系统梳理股东会、董事会（股委会）议事规则，规范各治理主体的职责权限，结合资产管理需要，制定了《派出董事管理办法》，促进派出董事更加独立履职，建立授权和监督相对应的管理体系。

（三）资产运营平台系统成功建设并上线运行

为更好地落实境外资产管理的要求，南网国际公司开展了境外资产运营管理平台的建设工作，通过项目监测、运营分析、工作平台、支撑数据库等四大模块，实现对海外资产主营业务、核心资源和关键流程的在线监测分析。该平台一期已于 2019 年 12 月底进入系统正式运行，为南网国际公司的境外资产管理效率、资产运营水平提升提供了有效的信息化支撑。

三、工作成效

（一）境外股权管理体系更加完备

以《境外控股子公司管理办法》及《境外参股公司管理办法》为基础，搭建了境外资产管理体系的基础制度框架，为南网国际公司境外业务的健康稳步发展奠定了坚实的制度基础。同时结合《监管电网资产的公司治理研究》国际业务课题研究，开展国际监管电力资产的公司治理现状与案例研究，为公司开展现代化企业改革及资产管理提供有益的支持。

（二）参控股公司授权管理有效优化

南网国际公司坚持对参控股公司采用“层级管控”“分类授权”“一项一策”管理，通过股权管理手册和参控股公司管理办法的综合运用实现境外股权管理体系规范运行。

（三）管理能力与质量实现双提升

境外资产管理体系的创新，进一步规范了资产运营管理，有效提升了资产管理质量和效力，为管理好境外资产、维护公司作为股东的权益、保障资产保值增值提供了有效的体系支撑。

四、经验启示

（一）必须坚持将法治思维贯彻到各层级各领域的工作中

境外参控股公司的管理过程中广泛涉及企业经营管理各方面事务，因涉及到不同国别法律规定，法律风险高，如防范不到位可能会造成股东权益的受损，还将严重影响到企业形象。只有将法治思维深入贯彻到境外资产管理的各层级，覆盖到各领域，多措并举方能达到有效管控、维护股东权益的目标。

（二）必须强化制度有效执行

天下之事，不难于立法，而难于法之必行。管理制度的生命力在于实施，制度的权威也在于实施，制度有效且严格地实施，才能彰显其存在价值。因境外项目个体差异较大，必须结合具体项目实际，“一企一策”建立健全制度并严格执行，方能将制度要求落实到具体的工作中，实现各环节、各节点的有效串联，才能让制度更有生命力。

强化合同精益管理，提升法治运营质量

（超高压公司）

一、背景

合同管理是依法治企工作的重要组成部分，是提升法治央企建设质量的重要抓手，也是防范企业重大风险的管理重点。在实际工作中由于少数员工未充分认识到合同管理对防范企业风险、规范企业经营的重要意义，导致国家法律法规和公司合同管理制度未有效认真执行，合同标准文本使用率不高、合同发起会办不及时、职能部门审查时间较长、合同履约监控不力等问题亟待解决。为有效解决以上问题，防范化解合同风险，中国南方电网有限责任公司超高压输电公司（简称超高压公司）认真贯彻落实中国南方电网公司合同管理工作要求，聚焦合同签订前、合同审查、合同履行全过程，持续开展了合同精益管理，不断提升合同质量，完善合同管理制度，建立健全合同管理长效机制。经过努力，超高压公司合同管理关键指标显著提升，合同管理更加规范，合同运营质量显著提升。

二、工作举措

（一）坚持以问题为导向，开展合同精益管理研究

超高压公司选取基建项目合同管理案例开展评价分析，查找合同签订、合同履行、合同系统应用方面存在的薄弱环节和问题，从提高公司合同审查效率、提升合同质量、降低合同法律风险 3 个方面，提出了 9 项应对举措，并以 10 项

合同管理评价指标作为提升合同管理水平的抓手。

（二）全面承接与公司实际相结合，修订完善合同管理制度

超高压公司有效承接有关法律法规、中国南方电网公司合同管理办法要求和招标及非招标制度等采购要求，以合同精益管理研究发现的问题为导向，切实解决历次审计、监察发现的问题，在基本保持公司合同签订、支付的审查、审批流程不变的基础上优化完善了《超高压输电公司合同管理实施细则》。通过制度，进一步优化调整了合同管理部门职责，强化了合同发起会办期限要求，对未在规定期限内发起合同会办程序的，须提交承办部门负责人签署意见的《合同超期会办说明表》。减少审查环节，建立 AB 角审查机制，提高审查效率。

（三）依托合同管理信息化，强化合同管理评价指标管控

根据网公司统一部署，正式启用了电商合同管理模块系统，顺利完成了合同信息系统的优化完善和推广工作。并以信息系统运用为基础，建立了“合同签订及时率”“合同案件损失金额”和“标准文本使用率”等 10 个指标的合同管理考核评价体系，按季度、年度作为统计周期。建立“周统计、月报表、季通报”合同全过程管理指标管控机制。将指标完成情况纳入组织绩效考核，以考核督促各部门提升合同管理水平。合同管理系统基本内容如图 3－28 所示。

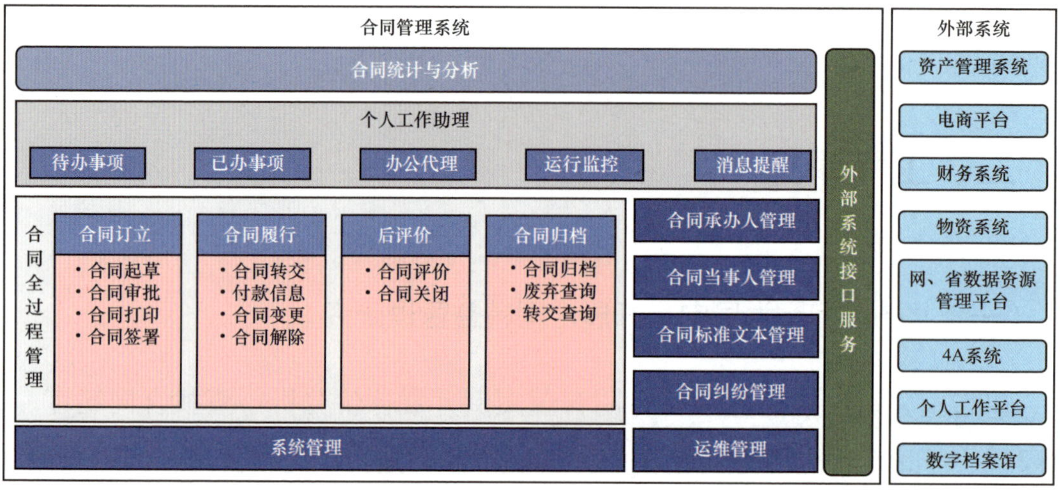

图 3－28　合同管理系统基本内容

（四）建立合同履行管理机制，加强合同全过程管理

超高压公司改变以往“重签约、轻履约”的习惯思维，扎实开展合同履行情况管控。结合民营企业账款清理工作，加强合同履约台账管理，对全部合同开展实时监控，按月发布《合同签订及履行情况登记表》，对合同履行情况定期提示、预警，确保合同履约风险可控在控。加强对合同签订及履行情况的日常管理和动态跟踪，对发现的问题及时处理，避免形成纠纷和诉讼，损害公司声誉和权益。

三、工作成效

（一）管理流程更加规范

通过优化完善合同管理制度，规范程序，超高压公司合同管理流程更加规范，为进一步提升合同管理质量、提高合同会办效率、降低合同法律风险提供了坚实的制度基础。超高压公司合同管理改进措施效果验证图示如图3－29所示。

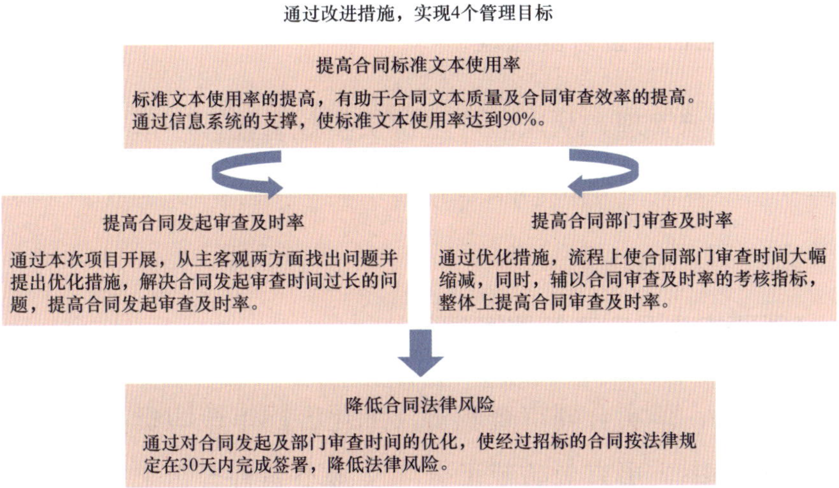

图3－29　超高压公司合同管理改进措施效果验证图示

（二）合同管理评价指标持续提升

通过持续规范管理，超高压公司合同管理评价指标完成值持续提升。截止到2020年2季度，合同管理评价重点指标均优于中国南方电网公司考核值或目标值：合同签订及时率为95.75%，比2019年提升8.3%；合同标准文本使用率为93.58%，比2019年提升7.52%；合同一审通过率为88.92%，比2019年大幅提升23.32%；合同签署备案率为94.99%，与2019年基本持平。

（三）形成了贯通全过程的合同管理机制

超高压公司基于打通电商系统采购模块和合同系统壁垒，健全采购资料移交的长效机制，实现了将中标结果自动推送到合同系统，合同承办部门或承办单位能在第一时间获取成交结果及中标通知书等全部采购资料。加强对招标采购文件的审查，有效防范合同签订前风险。同时通过合同履行监控，打通了合同签订与履行的壁垒，将合同管理链条贯通合同签订前后。

四、经验启示

（一）必须加强合同签订前管理

加强合同签订前管理，从风险产生源头实施管控，不但有效解决了采购环节给合同签订、履行环节带来的超时、文本错误等风险，更有利于提升合同管理整体质量。

（二）必须严格合同审查签署管理

规范审核行为，落实合同审查职责，细化合同审核职责和时限要求，不断有效审核质量和效率，更有效防范了合同文本不完善等带来的法律风险，有效维护了企业合法权益。

（三）必须着力规范合同履行管理

合同履行阶段，合同对方义务履行不及时、质量未达到合同约定等，会给公司利益造成实质影响，是合同管理中必须着力防范的风险。将合同管理延伸至履行环节，加强合同履行监控，不但有效防范我方违约可能带来的不利风险，还可以及时防范对方违约给公司经营带来的风险，便于及时止损和损失追回，有利于最大限度地维护企业权益。

构建满足国际业务发展的高质量制度体系

（南网国际公司）

一、背景

习近平总书记强调，制度是关系党和国家事业发展的根本性、全局性、稳定性、长期性问题，要把制度建设摆在更加突出的位置。党的十九届四中全会将制度建设提到前所未有的高度，明确提出要深化国有企业改革，完善中国特色现代企业制度。

南方电网国际有限责任公司（简称南网国际公司）经过十多年的发展，资产、利润等各项生产经营指标不断提升，项目开发、资产运营等各项工作管理不断完善，但制度建设整体上滞后于公司经营发展，部分业务事项缺乏制度管控，部分制度制定质量不高等问题依然存在。为解决制度体系建设中的问题，2019 年下半年以来，南网国际公司党委高度重视，董事长亲自部署，分管领导主抓落实，法律部门牵头，各业务部门系统推进，按照“一盘棋、搭框架、优流程、提质量”的思路持续推进南网国际公司制度体系建设，构建一套满足国际业务发展的高质量制度体系，为南网国际公司加快国际市场开发、“再造一个国际公司”提供坚强的制度体系保障。

二、工作举措

（一）坚持目标导向，“一盘棋”统筹抓好制度建设

一是全面摸底制度建设现状。面向各部门、单位开展制度建设调研，了解

制度建设现状，收集制度建设存在的问题和意见建议 20 余条。分管领导带队逐一与各部门、单位开展制度建设访谈，对各业务领域制度建设情况进行摸底，对制度建设中存在的问题和各部门、单位提出的意见建议进行讨论分析，为加强公司制度建设打下了坚实基础。

二是系统开展制度建设顶层设计。南网国际公司参照中国南方电网公司业务管理框架，以南网国际公司各部门、单位职能和业务事项为基础，梳理明确了公司一级业务、二级业务及业务事项，明确各项管理制度的分类定级、审批机构和制订计划，梳理形成了南网国际公司管理制度总体框架，如图 3–30 所示。总体框架覆盖了南网国际公司主要业务活动，基本满足南网国际公司现阶段经营管理需要，确保了制度体系“系统完备”。

类别	序号	公司制度名称	制订计划	制订计划完成时间	管理部门	审批机构	级别	备注
1. 公司治理	1	党委工作规则	修编	2020 年 3 月	办公室	党委会	基本管理制度	
	2	董事会工作规则	修编	2020 年 3 月	办公室	党委会	基本管理制度	
	3	总经理办公会工作规则	修编	2020 年 3 月	办公室	董事会	基本管理制度	
	4	领导班子碰头会工作规则	保留		办公室	董事会	重要管理制度	
	5	领导专题会议议事规则	保留		办公室	董事会	重要管理制度	
	6	纪委有关会议议事规则	保留		监察审计部	党委会	重要管理制度	
	7	“三重一大”决策管理细则	保留		办公室	党委会	基本管理制度	
	8	管控事项权限规定	保留		办公室	总经理办公会	一般管理制度	
	9	授权委托管理实施细则	保留		风险控制部	董事会	基本管理制度	
	10	安全生产委员会工作规则	废止	2020 年 3 月	工程技术部（安全监管部）	总经理办公会	重要管理制度	机构、职责等内容纳入公司议事机构统一发文管理，会议组织管理纳入《会议管理细则》
	11	党委贯彻落实中央八项规定精神实施细则	保留		办公室	党委会	基本管理制度	
	12	驻外机构党建工作管理办法	保留		组织人事部	党委会	基本管理制度	

图 3–30　管理制度总体框架图示

（二）坚持问题导向，“优流程”健全制度全过程管理

一是试行制度集中评审机制。针对原有制度制定流程可能导致制度编制质

量把关不严的情况，2019 年 9 月，南网国际公司印发《关于公司制度评审有关事项的通知》，优化制度建设管理内容和流程，试行制度集中评审、审批、印发等工作，如图 3–31 所示。2019 年，南网国际公司召开制度集中评审会议 4 次，集中评审制度 21 项，印发制度 40 项，制度制定质量明显改善。

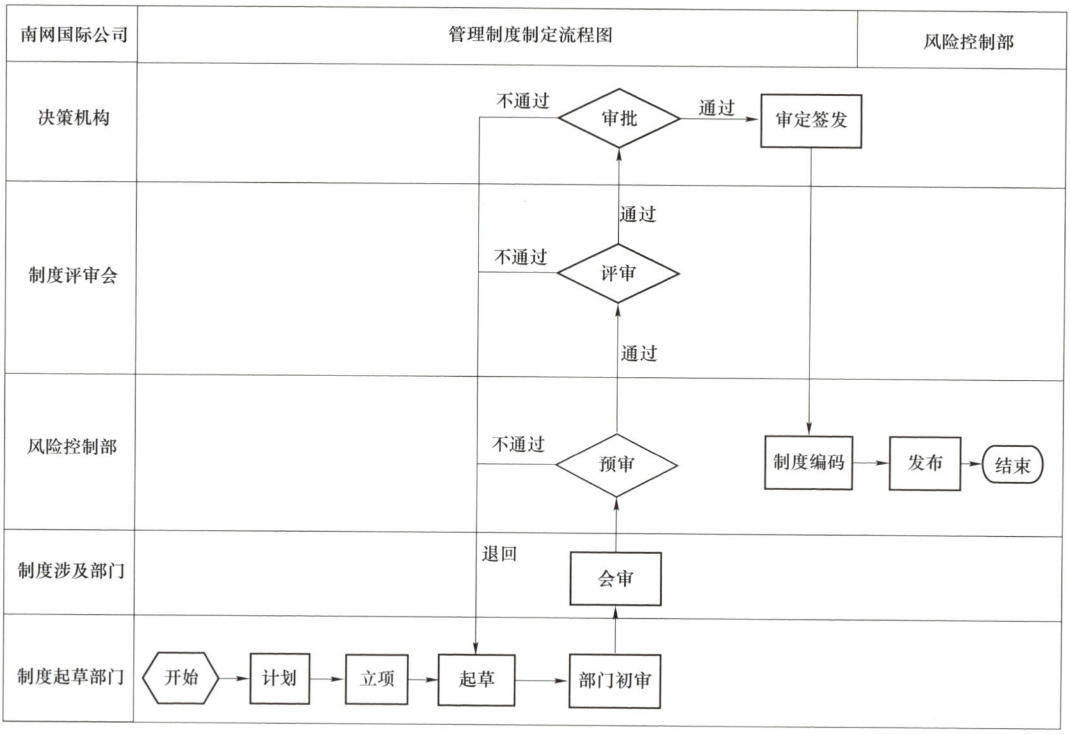

图 3–31　管理制度制定流程图

二是修编《管理制度管理办法》。在总结试行经验的基础上，南网国际公司对原《管理制度管理细则》进行修编，印发南网国际公司《管理制度管理办法》。明确制度分类分级，规范制度立项、编制、评审、审批、发布、评价的全过程管理，为制度“科学规范”提供了保障。

（三）坚持结果导向，“提质量”促进制度运行有效

一是加强制度日常管理。将制度建设纳入总经理办公会督办，每月通报制度制订进度，协调解决制度建设存在的问题。

二是梳理发布管理制度汇编。2020 年 2 月，组织对南网国际公司现有 106

项制度进行集中核查，重点纠正不规范表述、修正文字、格式等错误，确保制度的准确性、有效性和规范性。2020 年 3 月，南网国际公司召开制度汇编审查会对核查后制度进行逐项审查，并根据审查意见修改完善后发布南网国际公司《管理制度汇编（2020 年）》。

三是加强制度学习和执行。南网国际公司在每项制度发文中均明确发文 45 天内须开展制度宣贯，通过集中宣贯培训、学习测试等方式让员工及时学习制度、熟悉制度。

三、工作成效

（一）制度体系更加完备

南网国际公司管理制度总体框架以职能和业务事项为基础，明确了各项管理制度的分类定级、审批机构和制订计划，框架覆盖了公司主要业务活动，确保各项业务事项均有制度管控，做到凡事有章可循。

（二）制度管理不断规范

南网国际公司修编印发《管理制度管理办法》，明确公司制度分类分级、审批权限，建立制度集中评审、审批及印发机制，明确管理流程各环节的具体事项、要求和标准等，制度管理进一步规范。

（三）制度质量明显提升

制度建设纳入总经理办公会督办，所有制度均需经制度集中评审，由制度管理部门统一提交公司决策会、统一印发，有效避免了过往评审流于形式、印发时还留有错误等问题，确保制度更加科学规范。

（四）制度意识不断增强

南网国际公司高度重视制度建设，通过一系列制度建设举措，使全体员工更加熟悉制度、理解制度、尊重制度，在工作中按制度想事、按制度办事的制度意识不断增强。

四、经验启示

（一）领导高度重视与各部门各司其职是有效组织保障

坚持以习近平新时代中国特色社会主义思想为指导，搭建主要领导亲自部署研究，分管领导主抓落实，全体部门、单位各司其职的制度体系建设格局，为制度管理机制不断优化、管理制度体系不断完善提供了坚强有力的组织保障。

（二）坚持问题导向是重要工作方法

南网国际公司运用“PDCA”管理方法，调研收集制度建设中存在的问题，结合意见建议系统分析问题根源，对制度管理流程出现的问题提出解决措施并试行，总结试行效果并固化至制度，加强制度执行和回顾总结，保证了制度体系建设质量及建设目标的有效实现。

（三）运用系统思维是科学实践路径

党的十九届四中全会明确提出构建系统完备、科学规范、运行有效的制度体系，加快推进国家治理体系和治理能力现代化。制度建设必须坚持运用系统思维，从宏观明确建设思路，从微观抓好专项落实，防止制度间不协同、“部门立法”等问题，真正发挥制度管长期、促发展、保稳定的作用。

第四章

守法诚信篇

文化引领普法创新，推动法治理念入心入行

（中国南方电网公司法规部）

一、背景

党的十八届四中全会提出“全面推进依法治国”，确立了“建设中国特色社会主义法治体系，建设社会主义法治国家”的总目标。2015 年 12 月召开的中央企业法治建设会上，国务院国有资产监督管理委员会（简称国资委）提出了“十三五”时期中央企业法治建设总体要求，明确了“进一步强化普法宣传教育，提高全员法治素养，充分调动职工的积极性和主动性，努力形成全员守法的良好氛围”普法要求。为贯彻党中央“全面推进依法治国”战略，落实法治央企建设普法工作要求，中国南方电网公司深入践行“依法治企”管理理念及“诚信立企”经营理念，构建“两全三重”普法格局，大力推进法治文化建设，推动“知法于心，守法于行”的法治理念深入人心，为依法合规经营营造良好法治氛围。

二、工作举措

（一）抓住“关键少数”，充分发挥领导干部示范作用

中国南方电网公司坚持以法治建设第一责任人为抓手，将普法工作纳入主要负责人履行推进法治建设第一责任人职责中，压实依法治企主体责任，充分发挥领导干部带头尊法学法守法用法的示范作用。首创领导干部“六个一”法治建设活动，每年组织开展党组（党委）理论学习中心组专题学法活动，定期

举办领导干部依法治企专题培训班，将法律培训作为公司干部培训必备内容，领导干部法治思维和法治能力显著提升。

（二）着力品牌打造，大力推进法治文化建设

从法治能力、法治习惯、法治环境、法治保障、法治形象、法治意识六大要素培育公司法治文化。通过理念引领制度、制度规范行为、行为养成习惯、习惯塑造理念的过程，将法治理念渗透到业务操作各环节、融入全员思想行动、贯穿于经营管理全过程。制定法治文化示范单位建设标准，组织开展法治文化示范单位创建活动，评选出贵州电网公司独山供电局等 16 家法治文化示范单位。开展十佳普法品牌创建活动（见图 4－1），提炼整合普法特色，全力打造主题内涵深、品牌效应强的南方电网特色品牌体系。

图 4－1　十佳普法品牌评选活动图片

（三）坚持理念导入，创新构建“两全三重”普法格局

中国南方电网公司坚持践行公司“知法于心、守法于行”法治理念，创新打造“两全三重”（全员、全媒体、重点培训、重点活动、重要内容）普法格局。坚持全员普法，开展“一月一主题”活动，将合规培训、案例普法纳入主题党日活动，紧贴基层员工普法需求定期开展班组“法律诊所”巡诊，送法进班组，

推动法治宣传常态化、长效化。充分发挥报刊、广播电视等传统媒体优势，打造幸福南网“法治在线”普法宣传平台，开设全网统一的乐学南网“法治在线”法律培训平台，主动邀请大众媒体、行业媒体、新媒体等走进企业，全媒体普法助力普法成效提升。聚焦重点内容，探索精品课程培训模式，推动法治文化资源共享，开启“精准普法”新模式。突出领导干部、重点业务领域人员、法治队伍等重点人群，分层分类开展法治培训 6200 余次。紧抓“12·4”国家宪法日（见图 4-2）等关键时点，举办法治动漫微电影、“法治路，跑起来”等精彩纷呈的活动，让守法诚信成为全体南网人的共同信仰。

图 4-2 “12·4”国家宪法日活动图片

三、工作成效

（一）创新普法实践得到国务院国资委充分肯定

在国务院国资委组织开展的“七五”普法中期检查验收中，中国南方电网公司普法工作得到了国务院国资委的高度肯定和充分认可。中国南方电网公司以及广东、广西电网公司，广东电网有限责任公司佛山供电局被评为全国“七五”普法中期先进集体。

（二）打造了一批极具南网特色的法治品牌

经过多年的品牌打造，一批极具南网特色的法治品牌的影响力日益提高。广东电网公司首创的普法 AB 剧，作为唯一企业代表获评广东省 2018 年度“谁执法谁普法”十大创新创先普法项目。广西电网有限责任公司南宁供电局“知行•律诚”普法品牌荣获 2017 年度中国企业品牌创新优秀成果。公司在中央部委举办的法治宣传活动中屡获殊荣，在 2017 年第十五届全国法治动漫微电影作品征集活动中荣获三个三等奖，在 2018 年全国“我与宪法”优秀微视频征集展播活动中荣获一个二等奖三个三等奖，在 2019 年能源行业普法创新实践征文活动中共有 21 篇征文荣获优秀奖。

（三）全员法治意识和能力明显增强

通过培育法治文化，营造良好法治环境，中国南方电网公司“依法治企”管理理念逐步深入人心，全员法治意识和法治能力明显增强，公司依法决策、依法经营、依法管理的氛围正逐步形成，依法治企能力水平显著增强。近三年，中国南方电网公司负有责任的法律案件发生率从 2016 年的 5.31%下降到 2019 年的 1.89%。

（四）法治文化更加深入人心人行

中国南方电网公司依托“两全三重”普法格局开展了近三千场次普法活动，受众面覆盖 30 万人。通过报纸、电视、网络、手机等平台，在全媒体开展法治宣传，其中“知行南网”法治在线企业号两年来共发布文章 1200 余篇，阅读量达 50 万人次，宣传成效得到公司员工和社会各界的热烈反响。五年来，公司先后荣获“中国企业信用 500 强”“中国服务业企业信用 100 强”荣誉称号，连续 14 年获得国务院国资委经营业绩考核 A 级，法治力量和价值在公司经营发展中进一步彰显。

四、经验启示

（一）领导干部是关键

群雁高飞头雁领。领导干部是一个企业的“领头雁”，企业普法工作成效直接取决于领导干部法治建设责任的落实。中国南方电网公司坚持抓住领导干部这个“关键少数”，把法治建设作为谋划部署全局工作的重要内容，把普法作为法治工作的重点内容，为普法提供制度、人员、机构和经费等保障，真正发挥领导干部尊法学法用法守法的示范作用，确保普法工作取得实效。

（二）全员参与是重点

普法工作的目标是提升全员法治能力。中国南方电网公司坚持全员普法，通过将法治学习作为企业党委（党组）理论学习中心组学习、管理培训、员工教育的必修课，增强法治理念，提升法治能力，使全体干部员工成为法治的忠实崇尚者、自觉践行者、坚定捍卫者。

（三）融入业务是基础

法治央企建设明确了将“依法治企要求全面融入企业决策运营各个环节”的要求，普法工作作为依法治企工作的重要组成部分，脱离业务需求就成了“无源之水”，难以发展和取得成效。

（四）文化建设是核心

文化是企业的“根”和“魂”，推动管理变革，实现全面依法从严治企，根基在文化。在企业依法治企工作中，必须坚持文化建设先行，发挥法治文化浸润人心、指导实践的价值和作用，真正实现办事依法、遇事找法、解决问题用法、化解矛盾。

推动建立全国首家电力行业人民调解委员会

（广西电网公司）

一、背景

随着我国社会经济的快速发展，不同阶层表现出来的利益追求呈现多样化、差异化特点，在对美好生活需要和发展过程中所衍生出的矛盾和纠纷也越来越复杂多样，电力矛盾纠纷也不例外。电网企业承担着建设“法治央企”的重要使命，也面临着自身改革和电力体制改革带来的强烈冲击和挑战。客户在面对突如其来的改革和发展浪潮中，当自身的利益在电力建设、运营中受到影响时，矛盾矛头将直指电网企业，使得电网企业在复杂的法律环境中，纠纷案件呈逐年上升趋势。面对日益复杂的法律环境，单一的诉讼方式难以及时有效地化解各类矛盾纠纷，传统诉讼方式因历时长、成本高、受抵触大等特点不利于快速解决问题，亟需探索非诉讼调解机制介入，为高效解决大部分电力矛盾纠纷提供有效法律支撑。

2017 年 10 月，广西电网有限责任公司先行先试，联合广西壮族自治区司法厅于广西防城港市正式挂牌成立国内首家电力行业人民调解委员会（简称电调委），联合人民法院建立诉调对接机制，联合公安机关共同成立“电力 110”，通过社会公共治理和司法实践的共同创新，推动涉电纠纷快速、高效解决，在有效保证电网安全稳定的同时，有力促进社会和谐稳定发展。

二、工作举措

（一）优化调解工作机制

开展电调委工作人员到供电企业跟班、交流等形式，加强与供电企业的沟通交流，进一步了解日常电力工作开展情况，有效促进调解工作顺利进行。优化激励奖励机制创新，对调解成功的案件根据案底金额开展“阶梯式”奖励，充分调动电调委工作人员开展调解的积极性。

（二）完善电调委的运作管理

完善规章制度，编制完成 10 项电力行业人民调解工作制度，并严格按照制度开展工作，树立依法、规范、高效的正面形象。开展自身管理创新研究，深度剖析自身存在问题，提出改进建议和措施，提出新发展方向，完成《新时代电调委的深化研究与创新发展》研究，为电调委进一步发展打下基础。

（三）积极发挥化解纠纷维护稳定作用

开展“大排查、早调解、护稳定、迎国庆”“树障妨碍排查”“防外力破坏”等专项行动，电调委深入现场开展拉网式排查，做到出现一宗调解一宗，依法化解矛盾纠纷，保障各方合理诉求和利益，服务地方经济社会发展，发挥人民调解维护和谐稳定“第一道防线”作用。

（四）充分调动各方力量开展电力法治宣传

建立健全电调委与司法机构、供电企业、媒体机构协同联动机制，充分调动各方资源，全力做好联合调解与宣传。抓住节假日等重要时间节点，深入村屯等纠纷频发地区开展电力法制宣传活动，受到群众的认可和欢迎。

三、工作成效

（一）积极开展业务创新，管理水平更优

电调委管理能力和水平明显提升，实现了电力行业人民调解规范运作。优化人员选聘流程和要求，配置 3 名专职调解员，分别由熟悉电力生产经营、法律法规及人民调解工作的专家担任，有效提升调解的权威性和有效性。采用基本工资 +“阶梯式”奖励方式，充分调动了人员工作积极性。

（二）联合调解成效显著，有效挽回经济损失

电调委成立近 3 年来，累计受理电力矛盾纠纷案件 55 宗，成功调解 51 宗，直接挽回经济损失近 200 万元，有效化解了涉电纠纷矛盾，节约了司法资源，维护了社会和谐。在 2019 年新中国成立 70 周年“大排查、早调解、护稳定、迎国庆”专项活动中得到国家司法部的点名表扬。

（三）联合普法宣传扎实，社会形象和知名度提升

调解员充分利用到村屯纠纷现场调查取证、接触当事人的有利时机，边调解边宣传《中华人民共和国电力法》《电力设施保护条例》等相关法律法规知识，介绍电调委的工作性质和职能，提升电调委的知名度和影响力。充分利用雷锋活动日、“3·15”“12·4”等特殊日期，组织开展专题宣传。积极联合各部门、各单位开展普法进乡村、进校园、进企业等各类法制宣传活动。累计开展大规模电力法制宣传 19 次，发放法治宣传单 6000 多份和书籍 1000 多本，解答法律咨询 500 多人次，在提升广大人民群众依法用电、安全用电意识方面发挥了重要作用。开展各级指导交流 16 批次，积极推广普及行业调解机制。

四、经验启示

（一）电调委适应了新时代电力法治环境客观需要

电调委始终坚持当事人自愿原则、依法合规调解原则。致力于公平公正调解行业内部矛盾纠纷和缓解双方紧张关系，降低非调解途径的成本和风险，让双方利益达到相对平衡，促进社会和谐稳定发展。同时电调委工作更倾向于矛盾纠纷一线现场，更体现电力行业专业性，在提升事后调解效率的同时，还重点增强事前预防及风险辨识防范能力，更有利于依法化解新时代电力纠纷和矛盾，为知法守法遵法营造了良好氛围。

（二）坚持“法”与“德”让电调委工作更有温度

在电调委工作中，在坚持依法调解的基础上，提倡“法”与“德”相结合有机应用，既要始终保持“法”的刚度，同时也保留“德”的温度，让调解工作更加依法规范，同时更富人情味，有效缓和了矛盾，更彰显了社会主义精神文明建设内涵。

打造法治文化品牌，建设卓越法治云电

（云南电网公司）

一、背景

文化是企业的“根”和“魂”，推动管理变革，实现全面依法从严治企，根基在文化。在南方电网企业文化的引领下，云南电网有限责任公司（简称云南电网公司）坚持品牌先行，把法治文化建设与维护电网安全稳定、营造良好电力营商环境、建设法治央企紧密结合，持续提升法治保障能力，为公司改革发展营造了良好的法治环境。

2013 年，中国南方电网公司加快企业文化建设工作，明确界定法治文化是企业文化的子文化，出台了中国南方电网公司法治文化建设方案，明确了思路目标和任务要求。云南电网公司充分把握这一契机，将公司法治文化建设与“国家法治宣传日”活动紧密结合，提出了“云电法治周”品牌建设的构想，确定将每年 12 月 4 日所在周命名为“云电法治周”，集中开展宪法学习，组织法治主题宣传，打造“云电法治周”品牌成为公司法治文化建设的一项重要工作。

2014 年，国家将 12 月 4 日确定为国家宪法日。为此，“云电法治周”品牌更加强调宪法主题宣传。2015 年，国务院国有资产监督管理委员会（简称国资委）印发了《关于全面推进法治央企建设的意见》，云南电网公司“云电法治周”品牌建设聚焦法治央企建设目标，更加注重与公司改革发展和生产经营的深度融合、与各业务部门的协同联动，加强了电力法律法规、安全用电知识、优化电力营商环境、公司治理、经营管理等法治主题宣传，不断丰富“云电法治周”品牌的内涵和外延，品牌的主题更加鲜明，内容更加完善，价值更加显现。2018 年，“云电法治周”获得了中国南方电网公司“十佳普法品牌”荣誉称号。

七年来，云南电网公司倾力打造“云电法治周”品牌，构建“1+N”法治文化品牌群，展示了公司良好的法治央企形象，赢得了社会各界的广泛赞誉。“云电法治周”品牌成为云南电网公司“十三五”法治建设的一张靓丽名片。

二、工作举措

在“云电法治周”品牌引领下，云南电网公司从理念导入、品牌打造、业务融入、示范引领、精品创作、减负增效等方面，全面推进法治文化建设，持续提升法治保障能力，推动依法治企管理理念入脑入心、落实落地。

（一）理念导入

公司注重法治理念宣贯，适时举办法治主题沙龙和法治访谈活动，积极宣贯南方电网依法治企管理理念，宣传“人人讲合规、时时显合规、事事要合规”的合规理念。宣贯公司“知行合一　法治云电”法治品牌形象，引导公司员工不断增强法治意识，逐步养成依法治企、合规经营的法治习惯。

（二）品牌打造

公司致力打造法治品牌，充分发挥品牌的引领作用。除“云电法治周”品牌外，公司各单位逐步培育出了自己的子品牌，如曲靖供电局“獬小曲”、迪庆供电局“迪电法宝”、昭通供电局“昭达猬”、楚雄供电局“法润彝电”和昆明安宁供电局“宁”文化等法治文化品牌，初步形成了“1+N”法治文化品牌群。

（三）业务融入

公司以品牌建设推动法融业务，保护公司价值创造。法治全面护航公司改革发展，在整合地方电力企业、处置无效资产、推进配网建设等战略性、全局性工作中，及时提供可靠法治保障。

（四）示范引领

公司积极开展法治文化示范单位创建，发挥先进单位的榜样作用。自 2013 年以来，公司系统共命名了 9 家法治文化示范单位，其中有两家单位被命名为南网公司法治文化示范单位。2019 年，楚雄南华供电局被评为“依法治县法治单位创建示范点”。

（五）精品创作

优秀的法治文化作品是法治品牌的重要载体。公司积极组织创作法治文化作品，参加各类法治文化竞赛。2018 年，在全国第十五届法治动漫微电影大赛中，作品《一束光》获二等奖，《獬小曲课堂之带你了解国家监察委》《幸福南网　与法同行》获三等奖。2019 年，在“壮丽 70 年　法治新时代”优秀微视频大赛中，公司“法治边陲　电亮傣乡”微视频获优秀奖。

（六）普法减负

公司落实“不忘初心　牢记使命”主题教育活动要求，注重为基层普法工作减负，实现了普法工作量减效增。公司结合年度法治宣传重点，统一编写宣传资料，统一制作宣传展板、微动漫、微视频及微课件，提供给公司各单位直接用于宣传学习，有效减少了普法工作量，提升了法治宣传效果。

三、工作成效

在品牌建设的推动下，云南电网公司干部员工法律意识明显增强，法治观念明显转变，法治习惯初步养成。公司有效推动了依法治企各项工作，加强了与地方人大、政府行政管理部门、司法部门和社会各界的良好互动，营造了有利于公司发展的法治环境。

（一）打造了法治品牌形象

在“云电法治周”品牌建设中，公司推出了云南电网特色的“知行合一　法治云电”法治品牌形象。“知行合一”是对南方电网依法治企管理理念的有机承接，要求公司员工主动将法律法规和规章制度内化为法治品格，外化为日常行为习惯，形成法治自觉。“法治云电”是对法治央企的有效承接，要求公司各单位传播法治理念，完善法治机制，践行法治方式，提升法治保障能力，实现合规经营、守法诚信。

（二）推进了法治央企建设

“云电法治周”活动的开展和法治品牌的打造，促使业务部门牢固树立“管业务必须管风险”的意识，法治工作找到了切入点，有效实现了法融业务。法治工作在公司重大决策、公司治理、生产经营、优质服务等业务活动中起到了不可或缺的作用，有效维护了电网安全，防范了重大经营风险。公司开展的依法治安，真正体现了法治的价值保护功能。

（三）营造了和谐法治氛围

“云电法治周”品牌聚焦法治央企建设目标，注重与公司改革发展和生产经营深度融合、与各业务部门协同联动，注重电力法律法规、安全用电知识、优化电力营商环境、公司治理、经营管理等法治主题宣传，充分展示了良好的法治企业形象，受到了政府法治宣传部门和社会各界的广泛赞誉，明显改善了公司经营的法治环境。

（四）实现了合作模式创新

通过“云电法治周”活动的开展和法治品牌的打造，形成了公司独特的法治工作新模式。对内打造了法规部门统筹，生产、营销、安监、党建、宣传等多部门全面参与，各单位共同发力的法治建设平台；对外加强了与各级人大、政府部门、司法部门、广大电力客户和社会各界的交流与互动，形成了企业搭台、政府参与、各界响应、共商法治的良好合作模式。

（五）推动了地方立法执法

随着公司法治工作的“朋友圈”越来越大，公司参与地方电力立法、电力市场交易规则制定和推动电力行政执法等工作得到了人大、政府和司法机关的鼎力支持。云南省已形成了“三条例一规章”电力法规体系。公司参与政府部门制定了电力市场运营规则、电力市场主体准入与退出管理规定等政策文件，支持了云南电力市场化交易有规可循，有序推进。公司促成昆明供电局与市工信局成立全省首家电力执法技术支持办公室，建立与市电力执法办公室联合执法机制，通过行政执法已彻底治理电力安全隐患 11 596 项。

四、经验启示

（一）法治品牌建设必须坚持党的全面领导

法治品牌建设应当牢牢把握“央企姓党”根本属性，推动党建融入法治文化建设，确保党的领导贯穿公司法治文化建设的全过程和各方面，确保法治文化建设的正确政治方向。企业领导倡导什么样的文化，企业就会形成什么样的文化，要充分发挥各级党政主要负责人在企业法治品牌建设工作中的示范引领作用，发挥好头雁效应，形成领导干部履行推进法治建设第一责任人职责，担当依法治企重要组织者、推动者和实践者主体责任的良好法治文化氛围。

（二）法治品牌建设必须坚持法融业务

法治品牌建设要协同公司战略全局、融入公司安全生产和经营管理各项工作，关注事前、事中和事后各种风险，找准主要矛盾和矛盾的主要方面，全面服务于公司安全生产、市场营销和依法维权一线，及时提供法治保障。法治品牌建设要积极倡导运用法治思维和法治方式，推动公司经营管理、改革发展，及时有效化解矛盾和问题，变不确定为确定，保证公司合规经营，行稳致远，基业长青。

（三）法治品牌建设必须坚持系统思维

法治品牌建设是法治文化建设的重要内容，对法治文化的形成、发展、传播、推广具有引领作用。要坚持应用文化的三层次理论，围绕器物、制度和组织、精神和价值理念三个层次，系统谋划，协同推进，以先进的理念、完善的制度、先进的物质技术和品牌形象，把法治文化提升到更高层次，以先进的文化推动公司管理变革和创新发展。

品牌打造是一项需要长期坚持的工作。云南电网公司将不忘初心，牢记使命，全面贯彻党的十九大和十九届二中、三中、四中全会精神，加强法治品牌建设，不断推进公司治理体系和治理能力现代化，持续优化电力营商环境，不断满足人民追求美好生活的电力需要，助力公司高质量发展。

首创“学培考认”模式，提升全员学法用法能力

（深圳供电局）

一、背景

党的十八大以来，全面依法治国深入推进，法治观念更加深入人心。习近平总书记在中央全面依法治国委员会第一次会议上的讲话中指出：“要加大全民普法力度，培育全社会办事依法、遇事找法、解决问题用法、化解矛盾靠法的法治环境。”对于推动全民尊法学法守法用法做出了明确的要求，是提升全体员工法律素养的根本遵循和目标。

2017 年初深圳供电局有限公司（简称深圳供电局）进行了法律服务需求调查，发现 92%的员工表示“想学法，但不知从何下手、学哪些”。在日常法律咨询服务中发现员工遇到涉法问题时考虑问题的角度和处理方式，还比较欠缺法治思维，反映出普法的效果与普法的重要性还存在不匹配的问题。为解决这一痛点，深圳供电局将提高全员学法用法能力作为普法工作重点，自 2017 年起，探索形成“学培考认”普法模式，连续 3 年开展法律素养必修课培训及考试工作，推动广大员工学法意愿转换为学法行动和用法实践取得实效。

二、工作举措

（一）以问题为导向，针对痛点首创员工《法宝》

深圳供电局连续召开了三场法律服务需求座谈会，积极主动了解广大员工学法意愿、学法需求、学法痛点。以问题为导向，全面统计近三年来受理的 2362

份法律咨询问题及法律事务管理中发现的问题，以此为重要支撑精准定位员工必修的法律知识。从最基本的法律入门知识着手，在7000多部法律法规中选取了与通用业务密切相关的18部法律法规，编制形成《深圳供电局有限公司法律素养必修手册》，称为员工《法宝》，并作为干部员工“必修内容”，为普法提供有效支撑。

（二）以考试为抓手，把法规当作安规一样来考

《法宝》编写完成后，深圳供电局紧锣密鼓地准备培训课程，聘请专业师资，对授课内容进行试听并不断反馈修改，力求保证大家从课堂上学到的每一分钟都是“干货”。在短短两天的时间，实现法律基础、法律体系、宪法、民法总则、公司法、物权法、合同法、招标投标法和禁止性法律法规、程序性法律法规等培训内容“一网打尽”目标。按照“技能人员考安规、管理人员考法规”要求，将法律素养的法规考试提升到和安规考试同等重视的层级。将法律素养应知应会法律知识考试作为部分岗位门槛性强制要求，将法律素养考试题目纳入深圳供电局岗位胜任能力题库，以考促培训效果巩固、促法律素养提升。

（三）以服务为手段，多举措实现管控目的

深圳供电局同步上线了“法之王者”网络普法游戏，与法律素养必修知识培训课程相结合，将《法宝》中的知识点通过喜闻乐见的游戏载体呈现，做到在游戏中学习、在游戏中复习，提高学法趣味性和参与度。

（四）以改进为提升，精益求精完善培训体系

自2018年开始，深圳供电局每年都根据当年法律法规的变化以及法治工作的要求对培训课件进行修订，并在培训中不断培养锻炼法律人员的技能，培训师资由原来外部专业师资授课转为公司法律专职人员授课。为保证实现培训人员全覆盖，每年对公司新任的干部或新到岗专责开展针对性培训及考试。

三、工作成效

（一）法律培训体系不断完善，全员学法短板补齐

法律素养必修课培训及考试采取培训教材（书籍）编写、培训课件设计、培训过程中的网络趣味学法、培训后的现场网络考试及发文认证等五方面举措，实现了培训的全过程闭环管理。同时，让大部分不具备法律专业背景知识的干部员工进行体系化、系统化法律培训，是深圳供电局法律培训的有益探索和实践。

（二）全员法治意识不断增强，法律创造价值凸显

深圳供电局鼓励全员学习《法宝》，通过《法宝》人手一本、“法之王者”网络普法游戏以及“12•4”国家宪法日自学等多种方式，确保“存量”反复学、“增量”必须学。上述举措，有助于深圳供电局干部员工更好地掌握相关法律知识，潜移默化的提升法律素养，增强法律意识。深圳供电局连续四年未发生因自身违法违规经营引发的法律纠纷案件。

（三）管理人员法律素养不断提升，中坚力量有效防控风险

自 2017 年起，深圳供电局连续 3 年组织管理人员 1262 人参加为期两天的法律素养必修课培训及考试，实现对公司管理人员法律培训的全覆盖，进一步提升了公司干部员工学法守法用法能力。同时，通过“学培考认”模式的实践，树立了“技能人员考安规、管理人员考法规”的理念，有效践行中国南方电网公司“依法治企”管理理念。

四、经验启示

（一）法治建设是“一把手工程”要自上而下推动

深圳供电局董事长、党委书记切实履行法治建设第一责任人职责，高度重视员工法律素养的提升。董事长、党委书记亲自推动“学培考认”模式探索和实践，通过系统的学习培训，点燃尊法学法的火种，掌握守法用法的钥匙，不断提高运用法治思维和法治方式深化改革、推动发展、化解矛盾、维护稳定的能力，为企业保驾护航。

（二）聚焦员工学法重点难点坚持科学学法是关键

针对员工为什么要学法，学什么法，怎么学法，能够看得懂、学得会等学法痛点难点，深圳供电局聚焦公司干部员工的法律意识、知识、能力和意愿四大问题，科学谋划培训路径，形成《法宝》——课程汇编——培训——网络普法游戏——考试等普法模式，有效增强干部法治意识，提升关键岗位用法能力，提高广大员工学法守法积极性，使“知法于心、守法于行”法治理念内化于心、外化于行、固化于制，充分发挥法治的引领和规范作用，为公司保驾护航。

（三）通过喜闻乐见形式快乐学法是助力

深圳供电局一直坚持考倒员工不是本事，帮助员工学法用法才是开展培训与考试的初心和工作的落脚点，为了让员工更好地学习素养知识以及更好地去参加培训及考试，深圳供电局借用最火的网络手游“王者荣耀”的形式，开展“法之王者”普法网络游戏，形式新颖、喜闻乐见、更有助于员工快乐学法，成效得到了广大员工的认可。

以“精准普法”为抓手，推动依法治企落地

（广东电网公司）

一、背景

党的十九大对坚持全面依法治国、深化依法治国实践作出了全面部署，习近平总书记强调，要把全面依法治国放在“四个全面”战略布局中来把握。中央企业作为国民经济的重要支柱，是落实全面依法治国战略的重要主题，应当在建设社会主义法治国家中发挥重要作用。新形势下，深入推进中央企业法制建设，提升依法治企能力，能够为国企改革提供重要的法治支撑保障，是做强做优做大中央企业的迫切需要。

广东电网有限责任公司（简称广东电网公司）积极响应国家战略号召，主动贯彻落实“法治央企”的建设要求，以“精准普法”为抓手，重点解决法治宣传教育系统性不足问题，提高普法针对性和实效性，聚力营造良好的法治环境，塑造守法诚信企业形象，推动法治文化融入企业发展。

二、工作举措

为进一步贯彻落实中央依法治企要求，广东电网公司认真落实“权益维护者、风险管理者、价值创造者、管理规范者”四个法治建设功能定位，于2018年开展“推动精准普法，加强依法治企”项目研究。通过内部访谈、分层调查等，全面梳理内部案件和普法材料，总结普法工作短板。结合外部普法工作经验，并匹配一系列普法管理工具，构建广东电网公司特色“1631”精准普法模型，如图4-3所示，形成流程化、体系化的精准普法机制，全面提升公司普法工作。

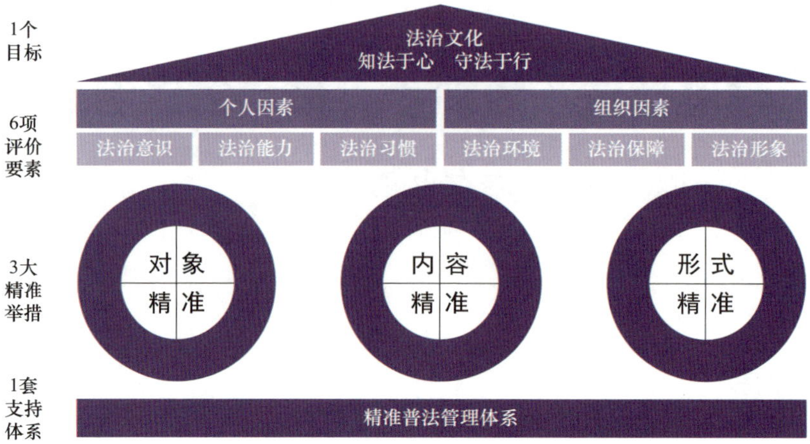

图 4-3 广东电网公司特色“1631”精准普法模型

（一）采取“三分”策略，实现对象精准

一是目标分层，分别对领导干部、员工和法治人员 3 类角色和目标进行划分，从意识、能力、习惯三层分别定义出对不同岗级人员的要求。**二是**对属性进行分类。内部普法对象主要从层级、专业、属地、基础属性四个维度进行细分组合，外部普法对象主要分为政府单位、社会大众、用电单位、用电居民四大类。根据不同人群特性策划普法内容，精确投放普法形式。**三是**能力分段。主要以普法学分为基础，增加学法能力评价，提高每位普法个体的学法积极性，并对法治专业人员开展“优才计划”，拓宽职业通道。

（二）推行“四精”管理，确保内容精准

通过系统整理典型案例，梳理普法内容。一是风险精准聚焦，利用案件、隐患、投诉等信息开发动态聚焦工具。二是课件精细筹备，通过知识“碎片化”策略，利用智能手段实施精准投放。三是学法任务精确布置，通过完善《普法地图》，编制普法计划，使学法任务精确到人。四是法律知识实时精到，通过完善新法速递和共享流程，扫除内部法律盲区。

（三）遵循“五化”建设，达成形式精准

一是形式定制化，根据对象的四大属性定制普法形式。二是服务智能化，利用人工智能手段，提升普法精准度。三是学考灵活化，通过搭建普法考试通关平台，增添更多的趣味性。四是防控一体化，结合法律管理风险“五进”要求，加强业务融合。五是联动多元化，对内加强对安全用电、停电管理、电力设施保护等主题的普法宣传，如图 4-4 所示；对外强化与外部资源合作，全方位提升法治企业形象。

图 4-4　“警企联动”，开展电力安全普法宣传

三、工作成效

（一）诉讼案件降本增效，依法维权取得显著成效

在精准普法的带动下，广东电网公司通过主动维权挽回或避免经济损失金额增幅上升，诉讼维权成本降低，现场普法培训成本降低，法律咨询成本降低。全面实现“十三五”期间案件胜诉率不低于 90%。

（二）违纪违法风险降低，依法合规经营步入正轨

广东电网公司各业务领域依法合规经营得到加强，法律服务保障体系进一步完善，业务层面法治支撑得到增强。随着内外部普法覆盖度和精准度持续提升，有效减少了内部违法违纪事件发生的风险。外部案件发生率和客户投诉数量有所降低，有效打击了盗窃电行为，塑造了电网法治品牌。图 4-5 为某普法志愿队组织开展电力法律法规宣传活动。

图 4-5　某普法志愿队组织开展电力法律法规宣传活动

（三）精准普法实效凸显，法治文化理念深入人心

“精准普法”的持续推进，加强了内外法治文化建设，为广东电网公司厚植法治文化之根。对内，通过组织开展领导干部法治建设“六个一”活动，制定年度任务清单，充分发挥“头雁效应”，培育“关键少数”法治习惯。编制市场营销、基建领域《普法地图》，搭建普法考试通关平台。编制安全生产、市场营销、人力资源等重点领域案例普法课件等学习资料，将典型案例纳入各业务领域“关键岗位”法律培训。法治文化理念不断深入人心，法律工作与业务领域的有效融合逐步实现。对外，通过贯彻落实《广东省供用电条例》，结合电网安全、电力建设和行政执法等方面存在的问题，推动地方人大政府电力立法和行

政执法。以与广东财经大学联合创建的法治协同创新中心为平台，加强对外联动交流。积极参与地方普法活动，守法诚信的法治形象不断深化。广东电网公司已培育了一批“七五”普法先进单位和个人，先进典型作用得以充分发挥。2019年，广东电网公司和下属佛山供电局被评为全国“七五”普法中期先进单位，1人荣获全国“七五”普法先进个人。

四、经验启示

（一）推行法治文化建设，重点在于精准施策

法治文化建设贵在精准。针对不同层级、能力和业务领域的普法对象，通过系统分类，把握重点，精准施策，有效解决中央企业普法过程中存在的任务不清晰、业务关联度不强、内容枯燥难懂和形式匹配度低等问题，能够有效提高企业法治文化建设的效率。

（二）推进法治文化建设，关键在于示范引领

一木不成林，百花方为春。法治文化建设的关键是通过先进典型的示范引领，通过以点带面，在全公司、各层级实现百花齐放、整体协同推进的全员普法新局面。

（三）推动法治文化建设，根本在于全面落实

推动法治文化建设的根本在于重视解决法治宣传教育的薄弱环节，解决法治宣传教育系统性不足的问题，系统性实施普法，促进法律培训与业务相融合，推动法治文化融入企业发展，助力提升依法治理能力。

强化案件“全过程”管理，依法主动维权显成效

（广东电网公司）

一、背景

习近平总书记强调，要把全面依法治国放在“四个全面”战略布局中来把握。在“全面依法治国”的战略目标下，国家司法体制改革全面深化推进，为广东电网有限责任公司（简称广东电网公司）依法治企创造了新环境、提出了新要求。

当前，广东电网公司法治工作面临新的挑战：涉法历史遗留问题需要破解，重大法律案件仍处于案发高位，基层单位违法违规行为和突破法纪底线问题仍屡有发生，这些薄弱环节制约着企业经营管理与改革发展。同时，随着国企改革、输配电价、增量配电网等改革的纵深推进，广东电网公司面临较大的法律风险，迫切需要增强法治意识、补足法治短板、提升法治能力。面临新环境、新形势、新问题，广东电网公司须积极转变思路，主动化解难题，最大限度地维护广东电网公司的合法权益。

二、工作措施

广东电网公司以法律案件全过程管理为重点，牢固树立该赢的案件“一宗都不能输”的意识，坚持“以我为主”的办案原则，健全事前案件预评估、事中过程节点管控、内外部资源调配与事后评估、追责、分析总结的闭环管理体系，实现法律案件的全过程管理，最大限度地维护广东电网公司的合法权益，

保障企业可持续健康发展。

（一）坚持“以我为主”原则，确立办案模式

广东电网公司大力推进“以我为主”的法律办案模式，及时掌握重大诉讼风险，研究部署诉讼策略方向。**一是**加大培训力度，提升系统各单位法律案件管理人员的独立办案能力。通过法律人员自主办案锻炼，以及加强法律诉讼技能培训，增强法律人员办案能力，降低对外部法律服务机构的依赖度，实现对案件全过程管理和控制。**二是**化被动为主动，树立主动维权意识。对于损害广东电网公司合法权益的行为，更加主动及时采取法律维权措施。加大对电力设施保护、电费追收等案件的主诉力度，依法维护广东电网公司的合法权益。

（二）强化“全过程”管理，控制办案过程

广东电网公司健全完善案件全过程管理，抓好诉讼过程关键节点管理，规范诉讼过程管理，加强内外部沟通协调。明确案件诉讼处理主体责任，落实发案单位和相关业务部门责任，抓好案件证据收集，协同推进案件办理。强化法律案件责任追究机制在基层的落实执行，确保符合问责条件的案件及时进行调查，按“三不放过”的原则，追究责任单位及人员责任。

（三）秉承“一案一分析”思路，加强案例分析应用

广东电网公司抓好“一案一分析”工作，结合具体经营管理业务做好针对性分析，提高总结分析质量。加强案例分析应用，将典型案例运用在中心组学法、干部员工培训等法治教育中，扩大案例学习的覆盖面。加强同类案件发案规律及常发区域研究，编制同类案例办案指引手册，指导公司系统内同类案件办理。每年组织编制典型案例启示录及案例库，供各单位资源共享。

（四）倡导“合作双赢”理念，研究建立联动共建机制

研究建立企业与司法机关联动共建机制，与当地司法机关建成联动共建机

制，确立企业与司法机关之间的和谐良好关系，加深司法机关对电网企业及国企改革、电力改革的认识和理解，为案件办理提供有利环境。通过与司法机关共同研究电网相关司法案例、课题等方式，探讨形成指导性法律课题成果，在共建共享中实现企业的可持续健康发展。组织干部员工参加法院庭审旁听，加强干部员工对电网诉讼案件司法实践的了解。邀请法官、检察官等司法机关工作人员到企业开展法律案件讲座、培训，增强干部员工法律意识。

三、工作成效

（一）案例胜诉率稳中有升，维权效果凸显

广东电网公司妥善处置重大法律案件，2016 年以来办理重大法律案件 12 宗，避免经济损失逾 12 亿元，案件总体胜诉率达到 95.76%，为公司避免或挽回经济损失近 16 亿元。

（二）主诉案件占比增加，维权意识增强

广东电网公司加大主诉维权力度，全面开展法律案件隐患排查处置工作，重点在电力设施外力破坏索赔、工程项目施工及物资供应合同违约责任追究、危及电力设施安全隐患清查排除，以及用户陈欠电费追收等领域深入挖掘和及时发现主动维权需求。2017～2019 年，共主动提起诉讼案件 322 宗。

（三）案件全过程管理机制基本建立，实现规范管理

在案件管理上，广东电网公司通过推进全过程的案例管控模式，实现规范化管理，形成对法律案件的事前、事中、事后各环节进行全过程管理的机制。广东电网公司大力推进案件隐患排查处置，以 2018 年为例，发现隐患 122 起，化解处理 58 起，涉及金额 5524 万元。严格落实案件问责，每月开展负有责任案件“回头看”，对符合问责条件的案件启动调查问责。

（四）案件分析应用能力大幅提升，案例启示共享

广东电网公司通过实施“一案一分析”机制，改进提升案件分析应用，形成办结案件案例库及案例启示录，实现广东电网公司法律案例库共享及分领域案例库共享。同步将法律案件价值应用于经营管理，查找管理漏洞，有效提升法治管理能力。其中，汕头供电局一宗以产权分界划分触电人身损害赔偿责任的案件，经最高人民法院推荐，成为国家普法教育案例，在中国教育电视台播放宣传。

四、经验启示

（一）找准定位，明确“以我为主”办案模式

在案件办理中，必须认清各单位法律案件管理人员的办案主体定位，坚持“以我为主”的办案模式，加强内部法律人员对案件办理的全程把控，在避免对外部机构过度依赖的同时，强化案件沟通协调机制，强化领导高度重视、上下协同形成案件办理合力。

（二）规范管理，实施“全过程”案件管控机制

在案件管理上，促进案件管理的规范化，对法律案件事前、事中、事后各环节管理进行规范。对于重大案件和问题，发案单位切实落实主体责任，领导班子加强研究分析，精心部署推进，切实提高案件办理质量。严格落实法律案件分析和问责机制，对败诉案件深入分析原因，发布法律风险提示函，对符合问责条件案件，及时开展调查和问责。

（三）坚定信念，强调“一宗都不能输”办案决心

在案件处置上，必须树立该赢的案件“一宗都不能输”的决心和意识，找

对方法，精准发力，通过科学有效的应诉策略实现案件的突破。对于案件任务重、涉案金额大、案件周期长的重点疑难案件，广东电网公司予以高度重视，通过专家论证专题研讨会、以案例检索为重点的审判思路研究、模拟法庭推演、以交谈问询为主要方式的证据分析挖掘等多种方式，切实提高应诉必胜率。通过完善应急管理，加强安保防范和舆情监控，妥善管控案件处置过程中的紧急事件和舆情风险，为案件处置营造良好氛围。

与时俱进推动立法，不断优化外部法治环境

（广西电网公司）

一、背景

随着电力体制改革不断深化，电力市场机制不断完善，电力建设实现跨越式发展，对电力监管立法工作不断提出了新任务、新要求。《中华人民共和国电力法》自 1996 年 4 月 1 日正式实施以来，于 2018 年 12 月 29 日做出第三次修正，但仍存在不适应电力体制改革深化等新形势的问题，给电力企业在生产经营改革中带来风险。

推动地方电力立法是维护公司合法利益，实现公司战略目标的有效手段。广西电网有限责任公司（简称广西电网公司）积极响应十九大提出的深入推进科学立法的要求，为妥善应对国家电力立法废止或修订等带来的法律空白或冲突，主动推动地方电力立法，持续解决电网建设、用电安全和电力设施保护等方面的实践矛盾和困难，覆盖公司主营业务的广西电力法规规章体系基本形成，实现电网经营管理各个环节有法可依，为电力事业健康发展营造良好的外部法治环境。

二、工作举措

（一）建立立法工作模式，及时提出电力立法需求

广西电网公司通过与立法部门共同成立课题研究小组，建立公司内部立法调研论证机制——提交立法建议——提交立法调研报告的立法工作模式，及时

提出立法需求。十三五期间，广西电网公司与广西壮族自治区法制办共同成立研究小组，调研发现涉电公共安全作为当前社会热点和行业难点，规范用电安全行为、消除用电安全隐患已成为迫切需要解决的问题。经过评估论证，提出了有关立法需求。2016 年推动出台《广西壮族自治区安全用电管理办法》，系统性解决了系列突出问题。

（二）建立合作机制，对地方电力立法系统规划

广西电网公司与广西壮族自治区法制办签订《战略合作框架协议》，明确了努力构建覆盖电网安全、供电服务、电网建设等主要领域的广西电力法规规章体系的目标。围绕这一目标，公司按照每年“调研存储一项、列入计划一项、正式出台一项”的工作计划，大大加快了电力立法的速度。

（三）积极主动，高效推动地方电力立法工作

围绕广西壮族自治区政府立法工作目标，广西电网公司在推动立法过程中，找准定位、强化沟通、全程参与、用心服务、抓大放小，确保参与的及时性、针对性和有效性，高效推动地方立法取得有效进展。

（四）开展立法后评估，为后续立法工作赢得主动

为巩固电力立法的积极成果，进一步完善地方立法的科学性，公司主动开展立法后评估工作。通过调查和评估了解电力法规规章制定实施后存在的问题，判断是否实现了立法目的，总结分析立法过程中制定与实施的成功和不足，客观评价立法质量，为完善和健全电力法规规章以及推动有关电力法规规章纳入地方政府立法计划奠定了坚实基础。十三五期间，广西电网公司及时开展《广西壮族自治区电力设施保护办法》实施效果评估，有针对性地提出解决、完善建议，促使广西《电力设施保护办法》的修改条件成熟，成功推动列入广西壮族自治区政府 2020 年立法计划。

三、工作成效

（一）电力法规体系建立，立法成果日益凸显

近年来广西电网公司推动出台了《广西预防和查处窃电行为条例》《广西壮族自治区供电用电办法》《广西壮族自治区电力设施保护办法》《广西电网建设促进办法》《广西新建住宅供配电设施建设维护管理办法》《广西壮族自治区安全用电管理办法》6部地方电力法规规章，成为南网系统推动出台地方电力立法最多的省公司，覆盖公司主营业务的广西电力法规规章体系基本形成。

（二）不断与时俱进，推动地方电力法规持续完善

当前，我国电力工业处于改革与发展的关键时期。电力体制改革不断深化，电力市场机制不断完善，电力建设实现跨越式发展，这些都对电力设施保护立法工作提出了新任务、新要求，立法工作需与现实需求相衔接、相协调。为推动形成并不断完善与电力市场发展相适应的电力法规体系，切实保障电力安全可靠运行，广西电网公司积极促成《广西壮族自治区电力设施保护办法》列入广西壮族自治区政府2020年立法计划预备项目，努力推动广西电力设施建设和保护事业向更深层次、更宽领域、更高水平发展，产生积极而深远的影响。

四、经验启示

（一）优化工作机制，切实提升推动立法能力

坚持政企合作，积极与政府有关部门建立合作机制，将立法资源和力量延伸，有助于找到思想共同点和利益交集点。坚持高位推动，建立立法工作小组，将立法工作纳入法规部门职责工作之一，聚焦公司核心业务，密切关注重要立

法事项，对重大问题、重大分歧能够及时进行高位研究和协调解决。坚持内外结合的工作机制，集聚立法合力，有效提升立法工作能力，对推动立法工作具有积极意义。

（二）重视立法后评估，将利益诉求转化为立法意志

立法效果评估是检验一部法律是否具有科学性、是否被普遍遵守和认可、法律本身及实施环境是否存在问题的基本标准，对推进立法工作的针对性、可操作性具有重要的实践意义。采取立法机关牵头、电网企业参与和第三方评估相结合的方式积极参与立法后评估工作，对地方电力法规规章实施情况、总体质量、适应经济社会发展情况、实施绩效等方面进行客观全面评估，提出系统性建议，将利益诉求转化为立法意志，维护公平正义，使立法工作与时俱进。

夯实电力行业信用体系建设，全方位打造云南电力品牌形象

（云南电网公司）

一、背景

2019年，国务院办公厅印发了《关于加快推进社会信用体系建设构建以信用为基础的新型监管机制的指导意见》，对社会信用体系建设提出了新的要求。云南电网有限责任公司（简称云南电网公司）作为中央企业的一员，积极响应国务院相关部委的号召，用自身行动主动践行社会信用体系建设。结合电力行业自身特点，按照中电联电力行业信用建设工作要求，在信用评价申报、诚信融入制度、推进上下游企业信用创建等方面持续发力，稳步推进电力行业信用体系建设工作，全方位打造云南电力品牌形象。

二、工作举措

（一）强化信用品牌宣传，积极采取“外宣内推”促进电力行业信用评价工作落地

一是配合开展外宣，在参加能源主管部门及相关单位的会议等各种场合中，积极支持云南评价中心开展中电联信用体系建设宣传工作。**二是**积极支持云南评价中心为省内参评企业提供咨询辅导、材料初审、意见建议等服务工作，推动提高参评企业申报材料的质量。**三是**做好公司内部信用体系建设活动组织，公司系统内10家供电局申报了信用评价。

（二）多措并举，全面推动公司诚信体系建设

一是以制度保障公司诚信创建。2019 年修订完善《合同管理实施细则》《案件管理实施细则》《生产项目承包商管理业务指导书》《文明创建管理办法》等制度，将诚信建设贯穿到合同、案件、文明创建等工作中。**二是以合同履约监控推进诚信体系建设。**强化合同全过程管理，将合同履约情况纳入合同监控中，将对方当事人存在滥用诉权、恶意诉讼、虚假陈述、虚构事实等不诚信行为纳入案件管理监督范围。**三是以民营企业账款清理体现企业诚信。**2019 年，公司提前圆满完成了清理拖欠民营企业账款及农民工工资工作目标。**四是以创建员工报账信用等级评价提升员工诚信意识。**云南电网公司财务共享服务中心创新试点构建员工报销信用等级管理机制，切实提升会计基础信息数据的真实性、可靠性、完整性。诚信体系建设举措如图 4－6 所示。

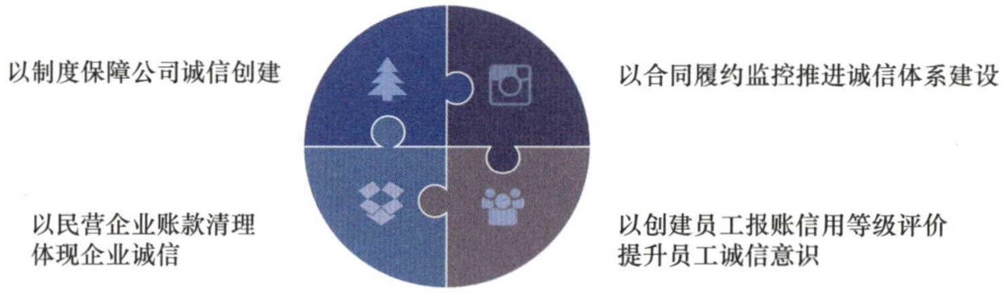

图 4－6　诚信体系建设举措

（三）做好信用评价“穿针引线”，构筑行业上下游信用链

一是重点推进电力供应商诚信建设。将廉洁诚信纳入供应商管理；对供应商从资质能力、履约和运行应用三个维度进行综合评价；从诚信、履约和质量全方位，登记到退出全过程，开展全面信用管理；持续做实电力供应商诚信评价。

二是重点推进电力用户诚信体系建设。启动“诚信用电”客户评价研究；通过分析用户属性、交费情况、用电行为等信息，提炼用户信用特征，设计用户信用标签；针对不同信用等级的客户提供精准化、差异化服务策略；构建“诚

信用电”客户评价体系，如图 4－7 所示。

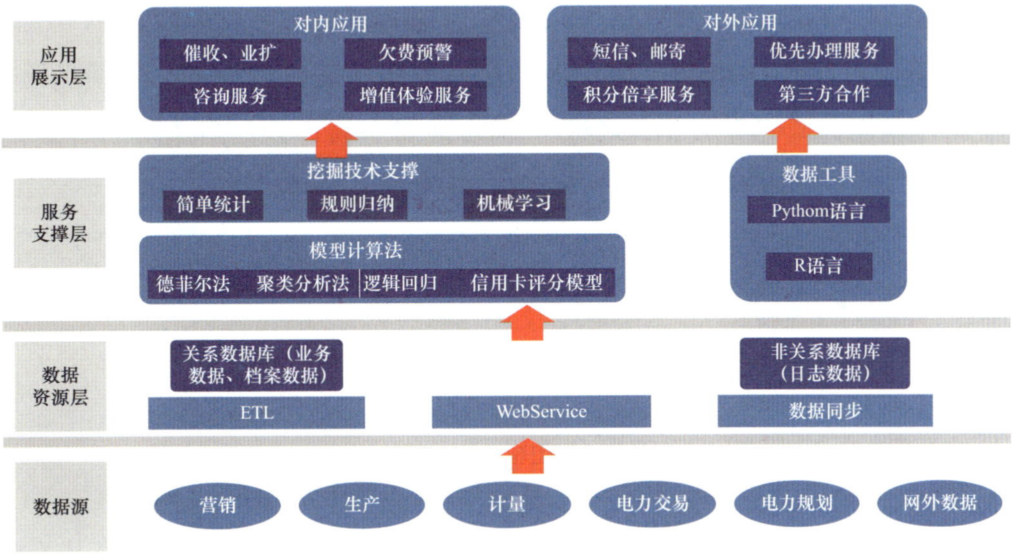

图 4－7　“诚信用电”客户评价体系总体框架

同时，根据用电客户执行电价的不同，将“诚信用电”客户评价体系分为居民及非居民两类，分别设置评价指标。评价等级参照国际通行的“四等十级制”评价模型，具体等级分为 AAA，AA，A，B，C，D，E 等；评分与等级的对应关系见表 4－1。

表 4－1　　　　评分与等级对应关系

等级	评分	说　明
AAA	900～1000	AAA 级别的客户其信用极好，可以放心供应电能，到期结算电费，并考虑提供优先、个性化服务
AA	851～900	电力企业应与其保持良好的供电关系，提供以客户为中心的优质服务，继续提高客户满意度
A	751～850	A 级别的客户信用虽然不错，但其处于优良信用的最末段，应当注意其经营状况的变化，对该类客户的信用跟踪测算要实行紧缩政策，一经发现有经营状况变坏趋势，即需降低其信用等级
B	651～750	电力企业可采取一定的优惠政策或宣传策略，与其建立长期良好的合作关系，努力减少这类客户的流失
C	500～650	电力企业可采取相应的引导措施激励客户主动改善自身信用，同时还应积极发现有潜力的客户
D	300～500	电力企业可适当采用法律手段及时催缴电费和拉闸限电，并严密监视该类客户的信用行为
E	300 以下	E 级别为信用最末段，该类客户必须安装卡式电表，否则拒绝供电

三是重点推进电力市场信用体系建设。2017年试行云南电力市场售电公司信用评价机制，与负面行为观察机制协同识别交易行为信用风险；以评价等级为标准筛查存在风险的市场主体，借助交易信用保证机制提升其信用风险防控能力；通过信用风险预警及信用奖惩机制实现对交易行为信用风险的有效管控，有效推动行业上下游信用链构筑，维护了电力市场秩序。

三、工作成效

（一）电力行业信用评价申报全面铺开

截至2019年底，云南省共有上百家企业注册或者申报了信用评价，在省内形成了较好的认知度和影响力。云南省内完成11家企业（其中10家会员单位）初评、7家企业（其中5家会员单位）复评工作，初评数量较上年增长了22.2%。

（二）创建了员工报销信用等级管理机制

一是信用评级。信用等级管理分为员工个人信用分值管理和部门信用等级管理，员工报销单据决定个人信用分值，个人信用分值影响部门信用评级。**二是员工分值管理。**员工个人信用分值根据经办人填制报销单据质量和效率评分。按照费用合规性、发票合格性、报销及时性、填单规范性、附件完整性等5个方面设计评分标准。**三是评级成果应用。**对连续2个季度个人信用分值低于70分的员工，财务共享服务中心有针对性地组织报账业务培训并在下一季度对其进行跟踪回访，仍低于70分的员工，再次组织报账培训。1个年度内，累计3个以上季度信用分值低于70分的，下一季度取消其本人报销权限。

（三）民营企业账款清欠取得实效

一是清欠目标有效完成。提前圆满完成了将所有无分歧账款“清零”、年底前基本清理完毕全部有分歧账款的清理目标。**二是相关制度得到完善。**制发了《云南电网有限责任公司往来款项管理业务指导书》（Q/CSG－YNPG4FM0001—2019）、《物资合同货款清理及支付专项工作问与答》《物资合同货款清理及支付专项工作指引》等。**三是规范和统一了往来款项管理。**每月、每周定期通过会议、工作联系单、邮件、电话沟通协调，逐步建立起了定期“亮晒”、业务财务紧密沟通联系、办理及支付民营企业款项“绿色通道”等机制，做到业财信息同步、步调一致，业财对账形成常态。

（四）电力交易信用管理体系日臻完善

一是信用评价指标体系更具针对性。售电公司评价指标从 7 大维度 22 个指标演变为 3 大维度 15 个指标；用电企业和发电企业指标从 7 大维度 18 个指标演变为 3 大维度 10 个指标，指标数量化繁为简。**二是信用评价得到持续开展。**昆明电力交易中心以季度为评价周期，累计组织开展了 11 期市场主体交易行为信用评价，形成并发布了 11 期评级结果和评价分析报告。**三是评价结果被广泛应用。**部分用户开始将评价等级作为选择售电公司的重要参考，部分售电公司在拓展用户时也会通过用户评价等级关注其履约、支付及守信等情况。

四、经验启示

（一）服务业务是根本

云南电网公司作为市场主体之一参与市场活动，生产经营风险的有效防范是企业管理工作的重中之重。通过推进、引导和开展供应商、服务商、电力客户信用评价，从资质、履约能力、市场秩序遵守等多维度、多方位对市场主体开展信用评价，有助于公司全面掌握各市场主体的有关情况，全面提升公司的风险防范能力。

（二）建章立制是保障

目前，信用评价结果主要在客户服务领域进行试点，通过对该评价结果的运用，客户精准化服务、差异化服务策略更加准确可行。信用评价结果是对市场主体安全管理、经营效益、诚实信用等综合能力的一次全面评价，该成果在安全生产、招投标、合同管理等领域的有效运用，将有利于公司选择合作方，充分发挥公司的市场主导作用。

民族特色普法融业务，助推企业合规经营

（贵州电网公司）

一、背景

党的十八大以来，党中央将全面依法治国战略纳入四个战略布局，以习近平同志为核心的党中央提出一系列全面依法治国新理念新思想新战略，为推进全面依法治国提供了根本遵循。

“唯奉法者胜，唯明法者进”。新时代，中国南方电网公司为落实全面依法治国新理念新思想新战略，将“依法治企”上升为企业的管理理念。贵州电网有限责任公司（简称贵州电网公司）切实践行“依法治企”管理理念，立足工作实际及贵州民族特色，创新普法方式，打造“以法明心，依法正行”等法治文化主题普法系列活动，使法治宣传与地方特色交相辉映。不断增强普法工作的针对性和实效性，促法治教育入耳、入心、入脑，形成法治文化建设与日常生产经营相互促进、相得益彰的良性互动关系。

二、工作举措

（一）在员工中奏响法治文化“主旋律”，培育法治主力军

一是实行普法定制培训，提高文化认知度。依托普法地图，明确普法对象和普法方式，制定学习计划及安排，分层分类为干部员工定制培训菜单。利用中心组学习、政治学习等平台，为领导干部开展《宪法》及党内法规学习；为基层供电所举办典型农村触电法律纠纷案例解析；为营销人员举办“供用电法律风险防

控”培训；为工程项目管理人员举办“施工合同履约风险管理”讲座。针对性、差异化培训，提高员工对法治文化的认知，提升岗位法律风险防控能力。

二是创办员工普法播客，增强文化认同感。开办普法播客“年哥慧姐跟您聊”，利用“播客”这种极具信息时代特点的载体，将典型电力案例分析、法律法规等知识，通过聊天式的问答互动亲切呈现，并利用网络传递给员工，变得更利于接受和吸收。针对员工语言习惯差异，分别制作普通话和地方方言两种不同版本，针对不同地域、不同年龄阶段的员工，让宣传效果成为主导。

三是打造多元宣传阵地，提升文化吸引力。举办“模拟法庭”，通过体验式教育，普及相关法律知识和司法程序。设置“法律诊室”“法治文化展示厅”“法治文化宣传长廊”，及时传递法律法规和政策，如图 4-8 所示；设立“法律顾问接待日”，为员工工作生活中遇到的法律问题提供咨询。

图 4-8　设置“法治文化展示厅”，及时传递法律法规和政策

（二）向企业用户吹响法治文化“小喇叭”，扩大法治辐射面

一是在“心”上着力，树立诚信守约法治观念。坚持“重合同、守信用”法治文化建设，引导企业上游各类供应商、下游各用电客户树立契约意识，践行“诚信、服务、和谐、创新”的企业理念。在××公司故障停电损失的纠纷中，供电局通过主动上门与客户沟通双方权利义务规定，解释其中关于自备电

源约定及第三方提供双电源的承诺，取得用户理解，化解索赔纠纷，同时也营造了诚实守信的法治氛围。

二是在“行”上着力，培育主动维权法治习惯。聚焦电费回收风险，坚持有理有据、依法合规原则，主动依法催收，促成公司与客户之间互利互惠的长效机制，以法治行动实践“为客户创造价值”的服务理念。

（三）面向社会唱响法治文化“协奏曲”，拓展法治朋友圈

一是做实“三联动”，优化企业外部法治环境。与地方公安机关签订“警电联动”协议书，联合下发《关于严厉打击窃电违法犯罪活动的通告》，有力打击了窃电、破坏电力设施行为。针对地方野蛮施工导致电力设施受损等情况，主动与地方政府沟通，建立政企联动保安全机制，有效控制了施工导致电力设施受损势头。开展法检企共建，通过开办预防职务犯罪讲座、参观反腐警示教育基地，营造风清气正氛围。积极开展法企共建，签订合作备忘录，派遣法律人员到法院跟班交流学习，增强企业与法院的互信互知。

二是做活“法律六进”，让法治文化更进人心。制作流动法律知识宣传长廊，在赶集、赶场等人群密集地展示宣传，让法治长廊“动起来”。借助少数民族山歌对唱习俗，组织基层供电所员工将电力法律规定编成歌词，在走乡串寨中，或与百姓对歌，或是即兴演唱，随时随地山歌普法，让法治山歌“唱起来”。将依法合规用电要求导演成民族花灯情景剧，在基层一线和农村地区展演，使法治宣传与地方特色交相辉映，让法治花灯戏“跳起来”。将百姓日常生活细节拍成系列法治动漫、微电影，在各类媒介上普及安全用电知识，让法治微电影“播出来”，推动依法合规用电观念深入人心。

三、工作成效

通过“知法于心，守法于行”等主题系列法治文化建设工作，法治文化成效日益显现。

（一）渗透，法治观念深入人心

基层干部员工遵纪守法的意识逐步提升，先后涌现出“年哥”“慧姐”“山歌普法能手吴光池”等一批法治建设先进人物。五年来，基层干部员工违法违纪事件逐年减少。同时形成政府主导、企业主抓、群众参与，依法保护电力设施氛围，杜绝了人力因素破坏电力设施的违法行为。

（二）融入，法治习惯开始养成

多年来，通过将法治文化融入企业经营管理各环节，贵州电网公司经济合同、作业标准、重大经营决策法律审核率均实现100%；基层单位的法律诊室和“法律顾问接待日”由之前无人问津到逐年增加；供电所员工依法管电、百姓依法合规用电的习惯逐步养成，窃电行为得到有效遏制。

（三）提升，法治能力不断提高

五年来，通过法治文化主题普法活动的深入开展，贵州电网公司法治文化呈现出欣欣向荣的景象，涌现出一批法治文化建设先进单位。贵州电网有限责任公司安顺镇宁供电局将法治文化建设与企业管理提升紧密结合，获得中国南方电网公司首批法治文化示范单位称号。贵州电网有限责任公司安顺关岭供电局创建关岭供电局三“关”品牌法治文化，获得贵州电网公司法治文化示范单位称号。贵州电网有限责任公司都匀独山供电局先后获得贵州电网公司“2015—2017年度法治文化示范单位”、贵州电网有限责任公司都匀供电局“2016年法治工作先进单位”等荣誉。

四、经验启示

（一）领导重视，是法治文化建设的保障

领导重视是法治文化建设取得实效的保障。领导作为法治建设的“关键少

数”，领导班子高度重视、组织机构健全，为工作稳健起步奠定了坚实基础。领导班子带头学法用法遵法，为法治文化建设发挥了率先垂范作用。

（二）引导示范，是法治文化建设的关键

发挥普法先进的示范作用，发挥典型案例的引导作用，是推进法治文化建设的关键。在普法中注重普法先进的发掘和价值发挥，注重新平台新方式的应用，注重在处理企业客户索赔、欠费等纠纷中文化理念的导入，推动法治文化从理念层到实践层的转换。

（三）氛围营造，是法治文化建设的沃土

法治文化建设成效好坏取决于内外部法治氛围的营造。在注重内部普法的同时，还应加强与外部联动，争取政府部门、司法机关对供电企业的理解和支持；做活“法律六进”，让电力法律法规真正走进千家万户。

创建法律“4T”服务模式，擦亮云电特色法治服务品牌

（云南电网公司）

一、背景

新时代，云南电网有限责任公司（简称云南电网公司）肩负西电东送、云电外送、云南省委省政府打好绿色能源牌、建设美丽云南的历史使命，法治与合规是公司履行职责之轮、完成使命之翼。云南电力发轫于百余年前的商办昆明耀龙电灯公司，依规依法治理贯穿发展始终。中国南方电网公司提出依法治企是依法治国的微观基础，是国有企业维护自身合法权益、提高企业管理水平、实现高质量发展的必然要求。法律服务作为公司法治合规工作的重要组成部分，优化提升法律服务质量有助于推动公司干部员工法治意识和法治能力的提升，有助于提升公司法治合规工作水平。伴随法治建设，云南电网公司一直高度重视法律服务及普法工作，经过多年努力，公司法律服务实现了从专人负责到专司负责再到“一部一中心+智库+律所”法治工作平台服务的跨越和发展。为深入贯彻习近平总书记依法治国新理念新思想新战略，推进法治央企建设，提升公司依法治理、依法经营、依法管理，进一步强化普法宣传教育，提高全员法治素养，在深入分析普法需求的同时，开展法律服务探索研究，创新了以法律服务制度为基石，以“4T”服务为核心，以法律诊所建设为载体，以法治“菁才”培养为保障的法律服务模式，为推动企业法治央企建设提供了更有价值的法律服务支撑。

二、工作举措

为持续推进公司法治央企建设，公司法规部、法治合规共享中心认真分析新形势、新要求、新挑战、新目标，立足新平台建设完善，聚焦问题和不足，坚持“同心、同向、同力、同行”目标，开展法律服务探索研究，创新了以法律服务制度为基石，以“4T”服务为核心，以法律诊所建设为载体，以法治“菁才”培养为保障的法律服务模式，如图 4–9 所示。

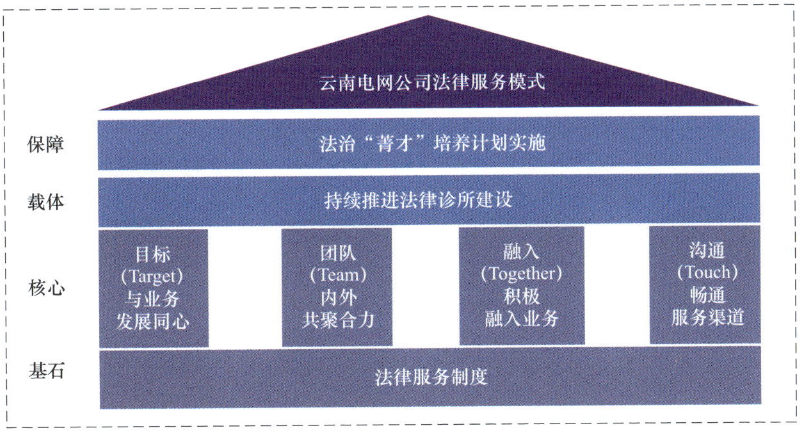

图 4–9 云南电网公司法律服务模式框架图

（一）聚焦服务基层，制度建设强基础

为进一步做好基层法律服务，云南电网公司法规部、法治合规共享中心在总结历年来公司法律巡诊咨询服务、外聘法律顾问管理等日常工作积累经验的基础上，并结合公司法治合规共享中心法律服务集约化管理的要求，在《公司法律服务手册》的基础上编制印发《公司法律服务实施细则》，法律服务正式进入制度化管理。**一是**将日常法律服务首问负责制和谁主办谁负责原则明确到制度中，规范了专项法律服务及重大项目法律服务联系函，进一步规范法律服务业务流程并统一工作标准。**二是**通过明确外聘律所管理主体、建立与外聘律所沟通工作机制、开展外聘律所工作评价退出机制等，规范外聘律所管理。完善法治智

库管理机制，优化法治智库参与公司重大、复杂法律事项的研究和处理的渠道和方式。

（二）坚持“四同”目标，打造4T服务新模式

坚持“同心、同向、同力、同行”目标，打造**目标（Target）、团队（Team）、融入（Together）、沟通（Touch）为核心的法律服务模式**。具体内涵是：**目标：**发展同心，助力公司美好明天。云南电网公司法规部、法治与合规共享中心作为公司法务部门，秉承“一个团队、一个文化、一个目标、一个要求”的原则，面向公司各部门、各单位开展法治与合规服务。坚持党建与中心工作深度融合、法治工作和业务管理深度融合，用管理的方法解决法律与合规问题，做到“只做一件事，做好一件事”，为公司决策层、管理层和一线员工提供可信赖的法治合规解决之道。**团队：**内外同力，共聚法治合规力量。作为公司法治与合规的服务团队，在公司全面依法治企委员会领导下，致力提升内部法治队伍服务能力的同时，组成了外部智库和律师事务所构成的专业法律顾问团队，协调运转“一部一中心+智库+律所”，推动法治工作向全局性、战略性升级。服务重点是下沉服务基层一线，将内外部法治队伍的专业优势更多地运用到公司基层一线，实现专业人做专业事，让基层一线安心安全生产和优质服务工作。**融入：**坚持同行，搭建服务共享平台。围绕法治与合规管理职责，倡导精确、谨慎、主动、富有情怀的职业精神。坚持问题为导向，坚持一线视角，坚持专业服务，坚持与业务同行，积极响应公司各层级法律服务需求，努力当好业务管理的法律伙伴，搭建法治与合规服务共享平台。**沟通：**保持同向，沟通收获更好未来。为畅通沟通服务渠道，法规部和法治合规共享中心遵循“一口对外、内转外不转”服务原则，搭建线上+线下、专业分工+片区服务+主辅修的服务联系机制，用法律服务解决工作中的疑惑、带来管理上的收获、针对不同专业领域提供有效法律支撑。

（三）关注风险防控，打造互动式法律巡诊

一是以我为主、协同各方，打造高效响应的法律服务机制。持续推进法律

诊所建设，服务方式从被动接诊向主动问诊转变，分层分级开展法律巡诊，适时为专业部门和基层单位提供面对面、零距离的法律服务。**二是精准普法并丰富法律服务的渠道。**针对学员非法律专业的特点，以案说法提升知识转移能力。充分应用同类案例的警示教育作用，重点通过“重大责任事故罪”“涉电公共安全”“供用电合同纠纷”等公司重大合规风险相关案件进行讲解和培训，通过鲜活的案例、令人警醒的不利后果、可借鉴吸取的管理建议，使枯燥的法律条文、抽象的法治思维具体化、形象化、可操作化。促使学员围绕本职工作主动思考如何做到依法合规，如何防范法律风险，如何通过法治思维确保安全。**三是搭建“端对端”的问题解决机制。**在巡诊、培训、交流等过程中，一方面主动获取基层法律需求和主要法律问题，另一方面延伸建立了问题收集解决机制。收集到的问题记录并汇集，持续输入到部门《问题清单》中，分析问题根源与要因，思考问题解决建议或措施，再通过参与公司各专业会议、部门沟通等途径反馈具体业务部门，通过“点—线—面”延伸，协同专业部门综合施策持续推动问题解决。针对涉电公共安全隐患治理、电费催收、停电、有效送达等难点、痛点和堵点，协同公司法治智库、律所团队，积极应用律师函、支付令、诉讼等法律武器，为基层一线量身定制法治“处方”。云南电网公司近两年合同和案件指标对比如图 4－10 所示。

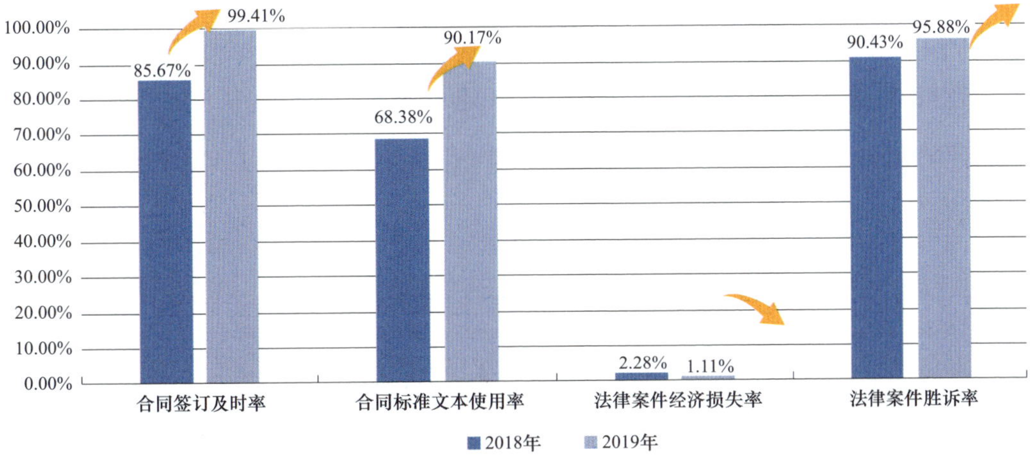

图 4－10　云南电网公司近两年合同和案件指标对比

（四）重点提升服务能力，持续推动“菁才”培养

坚持打造一支精法律、善沟通、懂业务、能实务的实干型法律团队，把公司法律专业打造成在南网叫得响的优势专业目标，实施2019—2021年法治“菁才”培养计划。**一是建立法律人员“主辅修”制。**成立三人学习矩阵知识型团队，按照法律专业簇群，以“主修专业法律人员+辅修专业法律人员+专业技术人员”方式组成3人学习矩阵，围绕公司法治痛点、堵点开展专题学习和研讨，放大三人学习知识赋能功能。**二是开辟“一周一观点”法治共识管理机制。**坚持建设学习型团队，通过每周分享工作中的法律咨询回复、案例启示等，长期坚持开展团队学习交流、专业研讨，持续积累、完善过程资产，利用信息技术等构建公司法治知识积累、共享、运用的平台，建立网络云盘知识共享库，凝聚共识，形成对内有约束力、对外有说服力的法治观点。**三是创新“一周一沙龙”问题直通车机制。**坚持以制度文件简单有效为目标，相关制度编制完成后在开展书面征求意见的基础上，创新开展“一周一沙龙”，邀请制度涉及部门、基层单位专业人员，通过现场“拍砖”等方式，及时修订与现场不符、与需求不符、与问题不符的内容和要求，提升了制度、工作指引等可实施性、有效性。**四是创新推进专职法律人员“六个一”活动。**专职法律人员每年至少代理一宗法律纠纷案件、发布一个典型案例、撰写一篇法治文章、提示一次法律风险、组织一场法治宣传专项工作、讲授一堂法治课。**五是建立专业人才库。**按照网公司专业人才库建设要求，建立云南电网法治人才库，选拔培养初级法律人才、中级法律人才、高级法律人才，加强入库人才储备，健全法律人才梯队。

（五）“一部一中心+智库+律所”法治工作平台建设为公司法律服务提供新平台

一直以来，云南电网公司都在不断探索法治管理框架。自1995年至2019年，云南电网公司法律服务走过了5个历程，如图4-11所示。至今，“一部一

中心+智库+律所”法治工作平台建设已初步完成，内外互补、各有侧重的法治平台搭建为法律前台服务提供更加坚强的后台支撑。

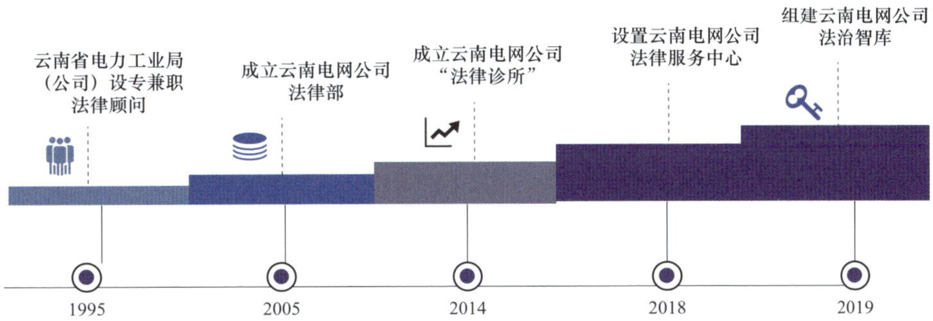

图 4－11　公司法律服务发展历程

三、工作成效

（一）公司生产、营销等专业领域的重大风险管控能力持续提升

一是与生产部门一起通过法律服务等方式推动依法治理涉电公共安全隐患，2019 年公司产权社会人员触电事件同比下降 47%，未发生涉嫌重大责任事故罪刑事立案案件。**二是**与营销部门共同开展营销全过程法律风险防范研究，持续修订完善营销业务领域合同标准文本，高低压智能交费（费控）业务推广中未发生相关法律纠纷或案件，实施 2020 年供用电合同电子化及供用电合同档案全程电子化信息化项目，建立保障水电铝硅产业用电的领导小组及工作专班，为全面做好水电铝硅产业供电服务并有效防范应对风险构建了统一组织和策略。2019 年公司通过法律手段追回电费 1.9 亿元，公司主动追回电费成效在网公司法治专业会上受到肯定。

（二）巡诊、培训等服务成效显著，得到各级员工肯定

一是巡诊服务更加贴近一线和基层。2019 年公司法规部、法治合规共享中心共开展法律诊所 22 次，收集并回答法律问题 152 个，法律巡诊的实践深入，

进一步打通了连接基层的法治直通车。全年结合巡诊创新开展 4 个三级单位法治工作评价，推动法律诊所从单纯问诊向“咨询+评价”互动式诊断转变。2019 年公司及各单位共接受法律咨询 5164 人次，开展法治宣传教育活动 549 场次。**二是法治培训更加融入业务和现场。**2019 年 8 月至 2020 年 1 月，法规部、法治合规共享中心积极参加公司组织举办的 24 期共计 32 场次现场作业技能实操培训班，为地市供电局分管副局长、县区级供电局局长、“金种子”班组长和变电/输电/配电/营销/基建五类业务领域穿透式培训对象共计 1662 名学员讲授了“依法治安、依法保安—法治思维强化安全生产管理”课程，培训效果良好。2019 年公司及各单位共开展法治培训 310 场次，共有 11 902 名员工参与培训。

（三）主动维权成绩显著，法治保障能力不断增强

一是为广南电力股权收购、版纳清源、禄丰工业园配售电公司股权转让工作等重大决策提供了法治保障。积极参与处置无效低效投资、清退民营企业欠款等工作，有效防范法律风险。**二是**积极运用律师函、支付令、主动起诉等法律工具维护公司权益。依法回收丽江隆基、云铝公司巨额欠费，以法治力量维护了电价政策的权威和正常的电力市场秩序。2019 年公司提起主动诉讼 46 宗，发出律师函 48 份，申请支付令 2 次，涉案近 1 亿元的振兴煤矿停电案件全面胜诉。全年通过诉讼及非诉方式共计挽回或避免经济损失 4.24 亿元。

（四）法治菁才培养机制已建立，法治队伍建设取得实效

一是法律人员法治建设“六个一”专项工作有效实施，法律人员自主代理案件 40 宗，发布典型案例 38 个，撰写法治文章 37 篇，提示风险 43 次，组织法治宣传活动及法治培训教育 93 场，法律人员业务能力显著提升。在南方电网法律专业技能竞赛中公司荣获团体二等奖，两名个人分获二等奖、三等奖。**二是**公司建立公司律师团队，云南电网公司 17 名法律人员获得了云南省司法厅颁发的公司律师证，公司法律服务更加专业化、专职化。**三是**专职法律人员持证人数较上一年新增 3 人，持证率达到 80%目标。**四是**合同、案件指标提升明显。

如图 4－12 所示，其中合同签订及时率在五省区中排名第一；案件胜诉率由 2018 年全网倒数提升至第二。五是建立云南电网法律人才库。按照网公司专业人才库建设要求，选拔培养初级法律人才 6 人、中级法律人才 8 人、高级法律人才 8 人。

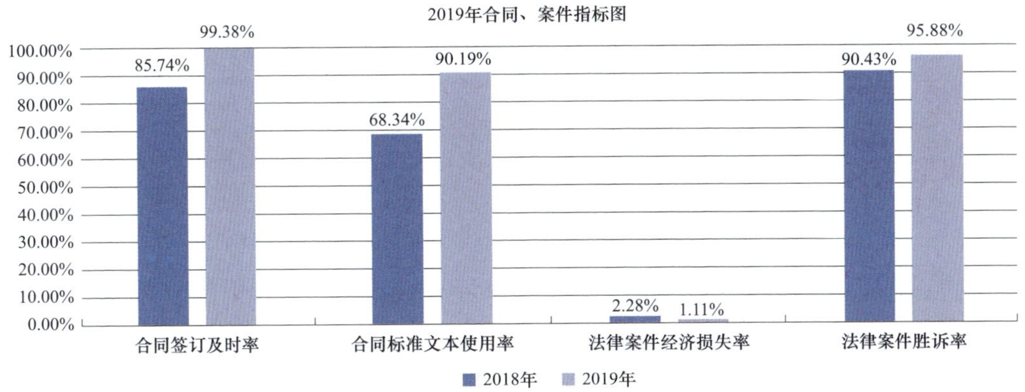

图 4－12　云南电网公司近两年合同和案件指标对比

（五）“一部一中心+智库+律所”法治工作平台建设为公司法律服务提供新平台

一直以来，公司都在不断探索法治管理框架。1995—2019 年，公司法律服务走过了 5 个历程，如图 4－13 所示。至今，“一部一中心+智库+律所”法治工作平台建设已初步完成，内外互补、各有侧重的法治平台搭建为法律前台服务提供更加坚强的后台支撑。

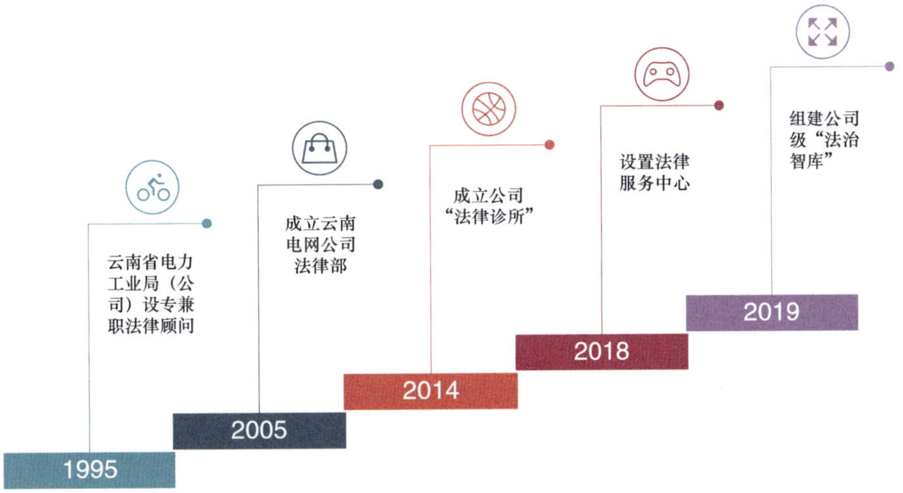

图 4－13　公司法律服务发展历程

四、经验启示

（一）法律服务是提升员工法治思维和能力的关键途径，更是感知公司法治态势的有效渠道

法律服务过程，是一次面对面“普法”的过程，与相关员工进行法律思维、法律知识、法律法规具体规定的交换，有利于快速提升员工的法律素养。同时，在服务的过程，也是对公司各层级管理单元法治能力和水平的一次检验，有利于快速直接了解公司法治态势。

（二）“一部一中心+智库+律所”法治平台建设和法律人才队伍培养是保证法律服务有效开展的重要举措

从法治环境来看，随着依法治国的深入推进，全民法治意识日趋提升，内外部法治环境日趋复杂；从国企依法治企要求来看，国务院国有资产监督管理委员会提出了诸如加强企业内部控制、合规、全面风险管理体系建设等要求，以上这些，都对企业法治水平和能力提出了更高的要求，也对如何更好地整合、发挥内外部法律人员效能提出了新的要求。

（三）法律服务要坚持面向基层和服务一线

贴近一线是法律服务的重要举措，法律服务就是要坚持提质转型与下沉服务为重点，坚持规范高效、协同内外原则，聚焦一线基层法律热点、痛点和服务需求，持续打造“有求必应”的服务模式，为公司干部员工提供更加便捷的法律服务，为公司生产经营提供更有价值的法律服务。

提升法律案件办理质效，依法维护公司经营成果

（深圳供电局）

一、背景

为全面贯彻落实习近平总书记全面依法治国新理念新思想新战略，深入贯彻落实法治央企建设的系列要求和中国南方电网公司法治工作各项精神，深圳局积极增强法治建设力度，全力推动企业经营依法合规，取得良好成效。

随着经济社会不断发展以及人民群众依法维权意识的不断提升，供电企业经营过程纠纷案件风险逐步增加，社会人员触电事故被诉案件和向电力客户主张电费债权主诉案件多发频发，案件处理不好不但可能影响公司经营目标实现，还可能给企业发展带来不利影响。深圳供电局有限公司（简称深圳供电局）坚持依法维权目标，统筹内外资源，进一步提升法律纠纷案件处理能力和质效，巩固经营发展成果，为公司改革发展生产经营提供有力保障。

二、工作举措

（一）出台内部系列规范，完善法律纠纷案件管理

一是修订完善《法律案件管理实施细则》，编制公司《法律案件管理业务指导书》，进一步完善法律纠纷案件管理规范。在南方电网系统内首创法律纠纷案件预警与分级响应机制，明确了法律纠纷隐患排查责任主体，根据纠纷类型、标的额以及影响程度三个维度划分纠纷风险等级，明确纠纷节点预警与分级响应内容，有利于公司法律纠纷的提前预防和妥善处置，减少或者避免公司经营

风险。

二是编制公司《法律案件问责管理办法》，明确案件问责原则、范围与等级、主体与对象、方式及程序等内容，实现问责到人、过责相当，倒逼发案部门（单位）加强案件风险防控，有效遏止负有责任法律案件的发生，实现案件闭环管理。

三是制定《公司防范行政处罚法律风险工作指引》规范行政处罚信息报送要求，明确调查取证、陈述申辩、行政听证、行政复议等七个关键环节处理要点，统一规范公司应对行政处罚的处理方式、标准，为公司有效应对和减少行政处罚发生提供法律支撑。

（二）注重案件全过程管理，促进业务整改提升

一是法律案件发生前，以业务部门为主体，重点开展隐患排查、隐患消除和纠纷处理，做好证据的收集与保存，争取把握诉讼主动权。

二是案件处理阶段，从案件移送受理、风险分析评估、诉讼策略选择、参与庭审辩论等关键环节加强对案件的规范管理，确保公司合法权益实现最大化。

三是案件裁判后，及时追踪案件执行情况，确保生效裁判及时履行，依法实现公司维权诉求，挽回和避免经济损失；同时落实“一案一总结”“一季一报告”机制，针对案件暴露法律风险提出有效管控措施，推动同类案件整改，促进完善业务管理，避免重复发案。

（三）分类开展案件治理，妥善解决各类法律纠纷

一是开展协助政府中止供电、高低压触电、电力设施外力破坏、违法施工行政处罚等一系列法律风险专项治理，梳理公司历年同类案件，分析发案原因，指出案件存在的法律问题或者法律风险，及时提出有效整改措施，督促发案部门（单位）规范业务管理，降低诉讼风险，减少公司经济损失。

二是开展系列案件及重大法律案件专题研讨，分析法律风险，优化诉讼策

略，圆满解决职工持股企业改革系列涉诉案件以及知本大厦排除妨害等重大法律案件，有力巩固公司经营成果。

三是对历史遗留683宗“三类”案件存在的9类问题提出15项管控建议，有效解决了基层单位营销“三类”案件的积存问题，避免了国有资产流失。

（四）加强办案经验总结，实现案件经验共建共享

一是精选20宗各业务领域以及10宗日常生活频发案件编制典型案例启示录，并以图文并茂与短、平、快的呈现方式制作5类法律案件管理微课件，为指导应诉实践、规范经营管理、维护公司及员工合法权益提供有益参考。

二是开展“送法下基层”、法律实务培训等活动，向基层单位传授办案经验，有针对性地集中解决基层单位的法律疑难问题，提升法律纠纷案件办理质效。

三、工作成效

（一）法律案件管理有序推进，依法维权成果凸显

“十三五”期间，深圳供电局法律案件指标完成情况良好，未发生经营业绩责任制红线事项，也未发生因自身违法违规经营引发的法律纠纷案件，无历史遗留重大法律纠纷案件，法律案件总体呈现下降趋势，有效挽回或避免经济损失13 783.03万元，有力维护了公司合法权益。

（二）案件专项治理作用显著，有效避免重复发案

深圳供电局结合业务实际，围绕市场营销、安全生产、规划建设等法律案件多发领域，重点针对协助政府中止供电、高低压触电、电力设施外力破坏、违法施工行政处罚等高风险业务开展专项治理，提出35条风险防控建议，推动业务整改，有效避免或者减少同类法律案件的重复发生。

（三）案件分析总结不断完善，企业风控能力持续提升

深圳供电局通过法律案件“一案一总结”“一季一报告”的工作机制，加强案件分析总结，及时指出案件暴露出的业务及管理问题，针对性提出有效完善措施，促进管理改进和业务提升。结合其他同类型的典型案例，采取“以案说法”的方式，分别从案情简介、法律分析、处理结果等方面深入剖析，提出对企业有益的经营管理启示，以期达到“以案促改”的良好效果，提高企业法律风险防范能力。

四、经验启示

（一）依法主动出击是维护公司合法权益的重要举措

对供电企业常见的拖欠电费、违约用电、漏计电量等案件，要注重诉讼时效，并及时采取协商谈判、民事诉讼等方式积极解决争议，保障国有资产顺利回收。对盗窃电能、高低压触电、外力破坏电力设施等案件，要加强与电力主管部门、公安机关、安全生产监督管理部门等政府有关部门的沟通协调，同时注重证据的提前收集和保存，主动参与触电事故调查，重点关注事故原因、事故性质、事故责任的认定等信息，跟进调查进展，发表专业意见供事故调查小组或者第三方鉴定机构参考，确保调查结论客观公正，依法维护公司合法权益。

（二）坚持“以案说法”是防范企业经营风险的有效途径

以“知识发现、知识整合、知识共享”为目标，加强法律案件办理知识管理，建立以典型案例汇编、纠纷案件管理微课件、以案说法微视频、法律案件管理培训课件为核心的案件知识数据库，借助微信公众号、企信云等新媒体加强案件知识输出和成果转化，深度挖掘案件价值，有效发挥“以案说法”对企业经营风险防控的积极作用。

（三）强化法务实践能力是提升办案质效的必由之路

严格落实“以我为主，协调各方”的办案机制，开展法律专职人员“1+1”案件代理模式，提升法律人员在案情分析研判、调查取证、策略选择、协商谈判、参与庭审、案后执行等环节独立执业能力，不断提升法律人员诉讼实务处理能力和业务知识水平，提升案件办理质效。

强化特色法治宣传，画好守法诚信的“同心圆”

（南网科研院）

一、背景

2016年，中共中央、国务院转发了《中央宣传部、司法部关于在公民中开展法治宣传教育的第七个五年规划（2016—2020年）》，要求通过深入开展法治宣传教育，传播法律知识，弘扬法治精神，建设法治文化，充分发挥法治宣传教育在全面依法治国中的基础作用，推动全社会树立法治意识，为顺利实施“十三五”规划、全面建成小康社会营造良好的法治环境。

中国南方电网公司认真落实中央精神，印发了《南方电网公司法治宣传教育第七个五年规划（2026—2020年）》，明确了“七五”普法重点任务和举措。南方电网科学研究院有限责任公司（简称南网科研院）积极落实中央和中国南方电网公司有关要求，以健全普法宣传机制、提升全员法律意识为目标，南网科研院制定并印发了《法治宣传教育第七个五年规划（2016—2020年）》，为南网科研院“七五”普法工作布好局。

二、工作举措

（一）抓“关键少数”，领导法治建设“六个一”活动出实招

一是提高重视程度，开展法治专题学习。南网科研院党委中心组深入学习宣贯党的十九大精神和习近平总书记关于全面依法治国重要论述，加强《宪法》等法律法规学习，充分发挥“领头雁”作用，实现法治理念入心入脑。

二是结合工作分工，开展领导班子法治讲座。领导班子结合自己分管的领域，在党委会或支部讲堂上进行法治专题讲座，主题涵盖商业秘密保护、专利法、招投标、国际业务风险防范、职务犯罪等主题，普法效果良好。

三是强化风险意识，对涉法议案组织法律论证。领导班子成员认真落实“三重一大”决策相关规定，对涉法议案，在决策前充分征求并听取法律意见，在决策时重点关注相关议案事项的风险防控措施落实，有效防控相关风险。

（二）加大普法宣传力度，提升全员合规意识

一是深耕义务，加大合规宣传。“十三五”期间，南网科研院聚焦合规义务落实，开展《网络安全法》《国家安全法》《电子商务法》等普法宣传，结合节假日等重要时点，重点开展《强化驾驶安全，杜绝酒驾醉驾违法活动》《妇女权益保障七问答》《国家安全普法九应知》等普法宣传活动。结合合规重点业务领域，开展了国际商事仲裁、知识产权、物资管理、合同管理、劳动用工、科技项目管理等领域专题法律培训，有效提升了相应业务人员的法律合规意识。

二是树牢底线，加大纪律教育宣传。南网科研院高度重视廉洁风险防控工作，每年修编完善廉洁风险库并落实闭环工作。开展纪律教育月活动，结合“不忘初心、牢记使命”主题教育，通过党委理论学习中心组、主题教育读书班、党支部主题党日活动、党课等形式，强化领导干部纪律法规学习，引导党员自觉用党章党纪和法律法规来规范自己的言行。推送“党务书架”小程序和廉洁教育简报 2 期，利用院内新闻、宣传栏等开展廉洁教育专题宣传报道 3 次，安排全院近 300 名党员赴黄埔区育廉馆参加主题为“反腐倡廉、警钟长鸣”的警示教育活动，党员们通过鲜活的案例切身体会到“清正廉洁做表率”的重要性。

三是创新形式，提升普法工作效果。承接中国南方电网公司“知法于心、守法于行”法治理念，南网科研院积极推进“用法于行，引领创新”特色法治文化建设。综合利用“法律诊所”、微信平台、短信平台、宣传展板、办公平台

等宣传媒介，将宣传内容推送至全体员工工作、生活、学习及娱乐场景中，切实提高普法宣传效果，塑造了合法合规整体法治文化形象。开展合规宣传站、合规充电站、合规演练站系列活动，加大合规管理体系的宣传力度。

（三）重视人才培养，着力打造高素质法治工作队伍

一是坚持人才为本，加强法律专业队伍建设。南网科研院高度重视法律专业人才培养，着力在人员选拔、教育培训、责任落实、探索创新上下功夫，努力打造一支内外有效合作且适应科研院工作需要的高素质法律人员队伍。法律工作人员认真落实党风廉政建设各项工作要求，保持岗位清明、有担当。

二是优化组织职能，构建大监督体系。2019 年，南网科研院印发了《关于完善监督体系提高党委监督能力的实施细则》，成立了监督委员会，统筹协调巡察监督、审计监督、合规监督、财务监督、干部监督、党建监督、工会民主监督等监督力量，并将法律合规职能划入监督部，强化合规监督能力，构建了具有南网科研院特色的大监督体系。

三是加强工作联系，建立法治工作联络人机制。为进一步提升法治及内控工作的效果，南网科研院各部所均设立合规联络员和内控联络员，分别负责合规和内控工作的日常沟通联络，承接本部所合规和内控相关工作措施的落地执行，同时定期对联络员进行培训，不断提升其专业履职能力，增进法治工作开展效果。

（四）立足科研院特点，打造知识产权普法品牌

一是创新形式，开展知识产权普法宣传。南网科研院作为中国南方电网公司科技创新的具体实施主体，主动承接中国南方电网公司“尊重知识、崇尚创新、诚信守法”为核心的知识产权法治文化建设活动，将知识产权普法宣传作为普法重点。制作完成“唐僧师徒巧治火焰山”“金银大王共研宝葫芦”“天庭法院明断弱水案”等“西游论法”主题普法宣传视频，并结合业务实际总结常用知识产权法条及应用注意事项，制作完成八集案例普法视频，知识产权普法

宣传成效显著。

二是发挥优势，参与相关知识产权课题。配合中国南方电网公司开展知识产权保护调研，梳理了南网科研院知识产权保护的现状及管理建议，研究探索知识产权全流程管理，对中国南方电网公司知识产权管理提供了有力支持。

三是融入业务，组织专题培训。结合科研生产实际，对知识产权转化、知识产权保护、共有专利处分等组织相应的合规专题培训，以实际案例释法，提升知识产权风险防控的效果。

二、工作成效

（一）法治氛围更加浓厚

通过领导干部法治建设“六个一”活动，面向全院的普法宣传以及针对重点业务和关键人员组织的合规培训，南网科研院初步形成了分层次、分领域的普法工作格局，通过以上率下形成良好的法治氛围。

（二）守法诚信成为新风尚

通过加大党章党纪和法律法规的宣传力度，干部员工纪律意识和底线意识得到增强，守法诚信的法治氛围得以形成，推动企业运转更加规范有序。“七五”普法期间，南网科研院未发生重大违纪违法问题。

（三）普法成果屡获殊荣

南网科研院制作的“西游论法”系列宣传视频在南方电网第一届法治微动漫微电影比赛中荣获微动漫一等奖及最佳策划奖；拍摄的“我与宪法”微视频，被公司总部推送到国家档案局展播，产生了较好的反响。

四、经验启示

（一）要重点提升领导干部的法治意识

南网科研院通过开展领导干部法治建设“六个一”活动，切实提升了领导干部的法治意识和对法治工作的重视程度，通过以上率下的良好示范作用，对提升全员法治意识起到良好的促进作用。

（二）要选择行之有效的普法形式

在信息时代，人们接触信息的方式已经和传统方式有了较大的区别，普法工作要取得良好的效果，必须能够精准施策，结合具体场景特点，进一步细分领域、细分受众，采取针对性的普法形式，同时提升普法工作趣味性，切实提升普法工作的效果。

（三）要聚焦业务打造特色法治品牌

南网科研院作为一个知识密集型企业，知识产权管理对企业的发展有着至关重要的作用，因此法治工作也立足这一特点，逐步打造知识产权普法品牌，通过品牌效应，不仅提升了普法宣传教育的效果，也对主营业务的发展提供了有力支撑和保障。

提升案件管理效能，充分释放案件价值

（云南电网公司）

一、背景

自从国务院国有资产监督管理委员会于2015年印发《关于全面推进法治央企建设的意见》以来，公司围绕法治央企建设总体目标，全面推进依法治企。五年来，公司法治央企建设水平显著提升，基本上把公司打造成了治理完善、经营合规、管理规范、守法诚信的法治央企。同时，公司搭建“一部一中心+智库+律所”的法治工作平台，法治工作更加体系化、规范化，案件全过程管理升级有坚实的基础。

随着国有企业改革、电力体制改革举措不断落地，企业内外部环境发生着巨大变化，案件类型更加多元化，对案件管理提出了更大挑战。司法领域落地了立案登记、繁简分流、诉访分离、非诉讼纠纷解决、智慧司法等系列改革举措，引领企业案件管理升级。企业、员工、电力用户、供应商等法治思维逐渐增强，维权意识随之提升。

二、工作举措

（一）以“四个机制”为基础升级案件全过程管理

公司2017、2019年两次修订《案件管理实施细则》，优化案件管理流程，推动案件管理迭代升级。全面落实网公司案件管理“四个机制”，通过系列举措做实案前预警及纠纷处置机制、案中“以我为主、协同各方”机制、案后分析与评价机制、监督问责与风险防控闭环机制，如图 4-14 所示。

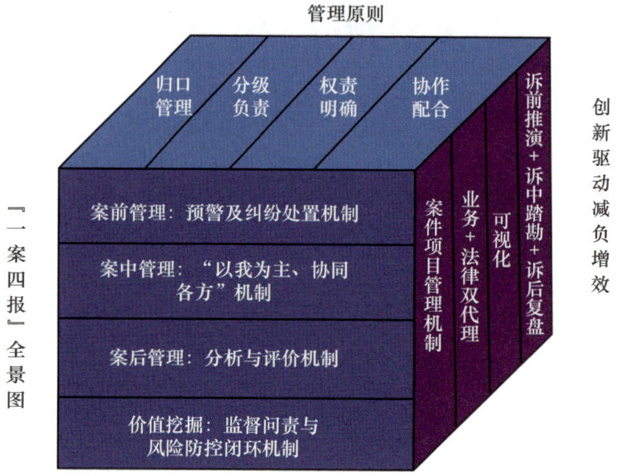

图 4-14　案件全过程管理示意图

从隐患排查着手，提升案前预警及纠纷处置机制实施效能，排查、评估隐患后，专项管控、做好提示、编制指引。印发公司重大法律风险管控及专项行动计划，提出专项管控计划督促落实；加强涉电公共安全领域法律案件风险预警及隐患排查工作力度，2018 年以来共计排查各类隐患 12 万余项，提出法律案件预警及风险提示 180 余次。优化完善《触电侵权纠纷案件法律风险防范与处理指引》，新编《电气火灾损害纠纷案件法律风险防范指引》《规范客户停电工作指引》，进一步对社会人员触电风险防范、相关案件处理及公司依法停电工作进行了规范。

法融业务，做实案中“以我为主、协同各方”机制，着力提升案件办理质量。启动阶段强化程序规则，以《诉讼申请表》、“三重一大”决策流程为载体严肃启动流程，夯实主诉前分析论证。案件启动后遵循“以我为主、协同各方”机制，成立案件办理项目小组，业法融合共同办理。诉讼方案编制更加系统，小组成员、外部专家通过沙盘推演、攻防演练充分揭示诉讼风险，提前防控。通过《案件全过程管控表》“一案四报”，上下联动、动态跟进，做好诉前、诉中管控。通过法律+业务“双代理”、案件旁听在庭中“实战”、在庭中普法。

做好案后分析与评价机制，螺旋式提升案件管理水平。做好个案分析总结，季度、年度案件总结，回顾案件牵引指标、新发、办结情况，向下级法律部门输出办理经验，向各级业务部门输出管理改进建议。

充分挖掘案件价值，以监督问责及风险防控闭环机制推动降低有责案件数、降低案件经济损失额。编制典型案例，举一反三，2015 年以来编制印发 6 个领域典型案例 62 个。印发《风险预警》《风险提示书》揭示风险及防控举措、跟踪闭环。引入安全生产领域“四不放过”，查清案件原因、问责责任人员、落实整改措施、教育相关人员。

（二）多措并举释放案件价值

一是充分保护价值创造。通过主动诉讼、支付令、司法确认、司法调解、律师函、法律参与谈判等多种方式或其组合运用在多业务领域主动维权，避免或挽回企业损失。

二是释放风险防范价值。编制并向特定部门、单位发送风险提示书，提示案件暴露出的风险，提供风险防控建议。编制同类型案件暴露出风险的防范指引，详细提供了风险产生原因及其应对措施，公司共编制指引 12 个。

三是释放管理优化价值。公司案件管理工作坚持法融业务，由果推因，可以发现公司相关合同、管理制度、流程及执行中存在的问题或缺漏，推动合同、管理制度、流程优化，提升管理水平。

四是释放案例普法价值。以典型案例为蓝本，编制宣传图册、微信软文释放普法价值，并在系列交流培训中引用法律案例宣传法律知识。

（三）创新驱动减负增效

一是案件信息数字化。首先研发《案件全过程管控表》，将个案的 10 余份文档资料解构为 38 个字段信息，将案件结构化、数据化，实现案件信息的汇集和快速输入输出。其次，将《案件全过程管控表》数据模型在案件管理系统中固化，实现案件信息的电子归档，积累了大量数据资产。

二是案件管理可视化。指标看板管理，动态监控关键指标信息，及时发现薄弱点，适时调整管理着力点；诉讼可视化，用时间轴将案件事实化繁为简，实现事实情况的快速提取掌握，用关系图厘清不同涉案主体之间、不同事实情况之间的法律、逻辑联系，通过观点图掌握案件可能面临的诉讼风险，及时优化诉讼方案。

三是“两盘”管“两端”。公司在案件管理领域创新引入成熟的“沙盘推演”和“复盘”管理工具，诉前沙盘推演全面排除诉讼盲区、提前化解诉讼风险，有效提升了胜诉概率。诉后复盘固化案件办理经验、提炼近远期管理提升举措。

四是法庭“实战”、普法。公司建立了“双代理”和“案件旁听”机制。法律人员（代理律师或专兼职法律人员）+业务人员共同代理案件，案件相关业务部门主要负责人及相关人员旁听案件审理，通过旁听以案普法。

三、工作成效

（一）关键指标逐年提升

2015～2019年，公司共办结案件980宗，胜诉856宗。案件胜诉率由2015年的74.49%提升至2019年的95.88%，由全网倒数提升至全网第二、五省区第一；经济损失率由2016年的8.53%降低至2019年的1.11%；经济损失额由2016年的2833.6万元降低至2019年的257.5万元，如图4－15所示。

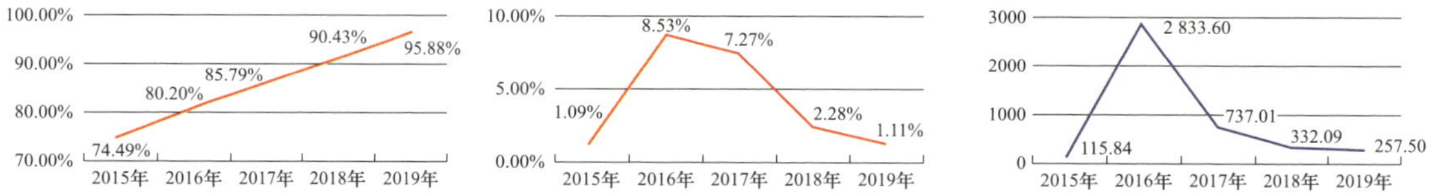

2015～2019年胜诉率对比图（%）　2015～2019年经济损失率对比图（%）　2015～2019年经济损失额对比图（万元）

图4－15　案件指标图

（二）保护价值创造，协同公司重大管理意图

2015～2019年，云南电网通过法律案件共计避免或挽回经济损失8.89亿元，共发生10宗重大案件，9宗办结胜诉，1宗正在办理，共计办理主动诉讼案件

146 宗，有效解决了电费回收、相互妨碍等难题。云南电网第 1 宗名誉权纠纷案办结胜诉，有效推动了市场各方主体对招投标秩序的遵循。涉案金额近 1 亿的某煤矿案办结胜诉，起到了“定分止争”的作用，促进了用电市场主体诚信合规意识提升。“以打促谈”推进高耗能用户大额欠费纠纷解决，有力维护国家电价政策权威和电力市场秩序，有力支持建设公平公正的现代电力市场体系。深度参与和指导改革后企业股权纠纷、施工合同纠纷，有力支持改革后企业依法合规健康发展。

（三）有力支撑依法治安

积极与保险公司对接，优化涉电案件索赔流程，推进触电案件应赔必赔，转移公司经济损失。与省钓鱼协会联络，结合协会省级赛事等重要时间点开展线下钓鱼安全风险宣传；向全国主要渔具生产厂家开展鱼竿触电风险提示，努力推动渔具安全警示标识及相关标准完善。开展社会人员触电案件专题分析，为涉电公共安全专项治理提供支持。定期走访业务部门，就案件办理发现的问题及趋势进行探讨交流，向业务部门发出《合规风险提示书》或提出相关管理改进建议。按季编制印发典型案例，推进各层级各业务防范合规风险、优化管理流程，从源头上防止同类案件重复发生。

（四）主动维护权益，走向一线、服务一线

践行“法律服务走向安全生产第一线、走向优质服务第一线、走向依法维权第一线”的要求，积极介入纠纷处理，切实维护公司权益。通过主动起诉、发律师函、申请支付令等方式解决催费、追究违约责任等相关问题。多种法律武器的灵活运用不但有力策应了公司相关经营管理活动，也使法律人员成为各业务、各单位可信赖的伙伴。

（五）协助执行助推营商环境提升、防范化解市场风险

2015～2019 年，云南电网无差错协助法院执行案件 80 余宗，高效发挥对

司法机关的协助作用和市场主体间的桥梁纽带作用，在法治领域切实履行企业社会责任，助推“合同执行”，优化营商环境。积极协调省外兄弟单位、省内下属单位之间提供财产线索、配合执行，追回历史欠款。依法办理债权债务抵销，避免公司电费流失，有效防范化解市场风险。组织法院、申请人、被执行人多方会商，避免了因水电站破产关停导致巨额上网电量损失。

四、经验启示

（一）数字化智慧化转型是提升案件管理水平的有效路径

当今世界已经进入信息时代，信息生产力属于新兴的社会生产力，使用信息技术来改造管理已经成为一个全球性的趋势。案件信息化管理的精髓是信息集成，其核心要素是数据平台的建设和数据的深度挖掘及应用。通过 Excel 表形式将案件信息结构化、信息化的方式仍较为低效。案件管理系统已使用多年，虽几经完善推广应用但仍然存在接受程度和使用率不高等问题，目前国内智能识别、抓取、法律术语结构化等技术已较为成熟，在成熟技术的基础上优化案件系统智能识别填报、智能总结分析、智能研究预判等功能，能有效提升案件管理水平。

（二）案件管理应借力成熟管理工具

跨部门、跨层级项目组、诉前沙盘推演、诉后案件复盘等都是成熟的管理工具，将其引入案件管理领域，不仅能提升个案办理质量，也能推进类案的规范化办理、疏通管理堵点、优化管理流程、畅通沟通渠道。案件管理的系统化提升，也应随着法治工作的升级迭代借助成熟管理工具不断优化。

（三）固化类型化案件办理经验，减少“重复劳动”

电网企业法律案件多集中在安全生产、市场营销和规划建设等领域，同类不同个案之间有很多共同之处，固化类型化案件办理经验，形成诉讼方案、证据清单、可视化等模板，能有效减少不同人员办理同类案件需要付出的“重复劳动”，并能以此为基础，推动不同地区法院“同案同判”，提高案件胜诉率。

（四）加强相关方管理，营造良好的司法环境氛围

法律人员应加强与各业务部门及领导的沟通和服务，加强与合作律所的互动交流，加强与法院、政府等机构的沟通座谈，加强与媒体、社会大众的互动宣传。结合云南省的特色和实际，进一步总结各地法官在触电人损纠纷等案件审理中的自由裁量认知与倾向，有针对性地推动各单位与各地法院搭建有效沟通机制，持续推动云南省高院高压触电案件审理纪要的正确理解与适用。推动省高院出台相互妨碍审判会议纪要，推动应用司法途径解决线树、线房和线矿矛盾，消除安全隐患。

“四个一批”主动出击，以法律武器维护企业合法权益

（广西电网公司）

一、背景

长期以来，在电力线路下违规种植树木和违章建房形成安全隐患、用户长期拖欠电费、电力设施遭受外力破坏、供应商或承包商违约等问题，一直是困扰电网企业生产经营的痛点、难点。如何摆脱上述困境，维护自身合法权益，成为摆在电网企业面前亟待解决的问题。为此，广西电网有限责任公司（简称广西电网公司）自2018年起，连续三年开展主动维权“四个一批”专项行动，即通过法律手段消除一批线树线房矛盾、收回一批陈年应收账款、解决一批外力破坏问题、打击一批供应商违约行为，有效维护了企业合法权益，同时有效提升了广大干部员工运用法治思维和法治方式解决问题的意识和能力，为企业生产经营营造了良好的法治氛围。

二、工作举措

（一）以问题为导向，编制《广西电网公司主动起诉维权案件办理指引》

为了更好指导基层单位和一线人员依法合规开展主动维权工作，广西电网公司在经过充分调研、论证的基础上，以问题为导向，编制了《广西电网公司主动起诉维权案件办理指引》（简称《指引》）。《指引》基于电网企业安

全生产、市场营销、规划建设、物资采购、知识产权等纠纷案件高发的业务领域，涵盖案件预警、策略选择、证据收集、立案起诉、开庭审理、执行程序等诉讼全过程，明确各环节的工作步骤、职责分工、实施指引，为主动起诉维权提供了一份详细易懂、规范可行的“说明书”，成为广西电网公司主动维权工作的重要“法宝”。

（二）积极灵活，运用多种方式开展主动维权

除普通诉讼程序外，广西电网公司还积极探索使用小额速裁、先予执行等方式开展电费回收、树障清除，以及通过电力行业人民调解、发送律师函、法律人员介入协商谈判等非诉手段开展主动维权，充分调动各方面资源力量解决纠纷，大大提升了主动维权的质效。

（三）集思广益，开展主动维权经验交流分享

重视类案要案的价值挖掘，每年组织召开法律案件分析会，选取公司系统内主动维权典型案例开展经验交流分享。针对每个典型案例进行深入“解剖”，分析案情，提炼先进经验，总结有效做法，举一反三形成可复制的工作套路并向各单位推广应用，以点带面有力促进了各单位主动维权工作全面开花。

（四）发挥考核指标棒作用，调动主动维权积极性

设立主动维权工作“红黑榜”“进退步榜”，每季度以督查专报形式张榜公布各单位主动维权工作排名情况，评价维度包括新发主诉案件数量、主诉胜诉案件数量、主诉挽回经济损失额、非诉手段成功维权数量等。排名前五的单位进入红榜，倒数后两位的单位进入黑榜；排名提升较大的单位进入进步榜，倒退较多的单位进入退步榜。通过每季度比、亮、晒的方式，形成了你追我赶、争先恐后的工作氛围，极大调动了各单位主动维权的积极性。

三、工作成效

（一）主动维权工作成绩显著

2018～2019年，广西电网公司累计办结主诉案件218起，全部取得胜诉，挽回经济损失3342万元；通过非诉维权手段解决了1875个线树矛盾、电费回收、外力破坏等生产经营过程中的痛点、难点问题，在有力地维护公司的合法权益的同时，也让业务部门人员和基层一线员工通过参与主动维权工作，上了一堂生动的法治教育课，从而有效提升了广大干部员工运用法治思维和法治方式解决问题的意识和能力。

（二）案件管理由被动应诉向主动维权转变

通过广泛地开展主动维权“四个一批”专项行动，2018～2019年广西电网公司新发主诉案件497起，每年主诉案件数量均超过被诉案件，打破了以往电网企业一直“当被告”的困局。公司案件管理实现从被动应诉向主动维权转变，价值创造作用有力彰显。

四、经验启示

（一）诉讼，是效益而非成本

长期以来，在广大干部员工的朴素观念中，“打官司”是一件不光彩的事情，“闻官司而色变”。而随着依法治国的全面推进，法治程度不断提高，全社会的法治意识逐渐增强，对于电网企业而言，在面对线树线房矛盾、外力破坏、陈欠电费等难点问题时，诉讼应成为解决顽固纠纷时既有效果又有效率的重要选项。通过主动诉讼定纷止争，避免旷日持久的拉锯，将为企业创造实实在在的效益。

（二）案例，是最鲜活的法治教材

自开展主动维权“四个一批”专项行动以来，广西电网公司形成了一批主诉典型案例。通过对典型案例开展广泛宣传，对内鼓舞了士气，提升了干部员工运用法治思维和法治方式解决问题的意识；对外形成了“告赢一个，震慑一片”的效果。尤其是在树障清除方面，通过法院的强制执行，起到了“罚一儆百”的作用，大大减轻了基层单位后续处理线树矛盾的压力，充分体现了“案例是浓缩的法治，是鲜活的法治教材”。

多措并举创新应诉思路，寸土必争保公司合法权益

（贵州电网公司）

一、背景

2015年，为落实全面推进依法治国的重大战略部署，国务院国有资产监督管理委员会印发了《关于全面推进法治央企建设的意见》（简称《意见》），为法治央企建设明确了目标任务和实施路径。在《意见》中，明确提出“提升依法维权能力，加大对侵权行为的追责力度，妥善解决法律纠纷案件，切实维护自身合法权益。”贵州电网有限责任公司（简称贵州电网公司）切实落实维护自身合法权益要求，依法有效处置了贵州省A市B建材有限公司与公司的压覆矿侵权纠纷，为后续公司重大案件管理提供了有益经验。

该案中原告贵州省A市B建材有限公司（简称建材公司）为贵州省C自治州A市建筑石料用灰岩开采、加工企业。2016年9月7日，建材公司以贵州电网公司凯里供电局架设的500kV××线路通过其矿区范围，导致其无法续办安全生产许可证、无法继续生产经营为由，将贵州电网公司及供电局诉至法院，诉请两被告连带赔偿原告直接经济损失2342.36万元及同期贷款利息。因该案涉案金额巨大、案情复杂，受多种外部因素干扰以及败诉后可能对类似纠纷产生不利影响，贵州电网公司高度重视，积极应诉，在多轮庭审诉讼中，坚持“寸土必争”的诉讼思路，在一审、二审、再审一审、二审多轮庭审诉讼中，通过多措并举优化应诉思路，依法保障了企业合法权益。

二、工作举措

（一）高度重视，积极应诉

案件发生后，贵州电网公司主要负责人高度重视，多次召开专题碰头会，研究应对策略。法律管理部门主动加强与相关职能部门、责任单位的协作配合，固化工作机制，明确各自职责和工作任务以及工作核心突破点。

（二）制定策略，主动出击

在应诉过程中，主动作为，多渠道收集取证，持续完善诉讼材料，坚决维护电网企业权益不受损。在一审中，针对建材公司安全生产许可证已于涉案线路进场施工前到期这一关键事实，我方积极应对，除收集常规证据外，还到安监局收集到矿区开采安全管理、产能管理方面的法律法规文件，围绕该线路建设合法合规、线路建设与该公司无法办理安全生产许可证无因果关系、该公司据以确定赔偿金额的单方评估报告依法不具有证明力、三次政府会议纪要并不具备必须对该公司赔偿、补偿的协议效力等方面进行证据采集整理及答辩，累计向法院提供了 11 组 39 个证据及答辩状。

二审中，针对一审法院对建材公司采矿权受法律保护、凯福线对该公司矿床存在部分压覆的判决，我方补充收集到国家安全监督管理总局 39 号令及从 C 自治州安监局网站上查到相关《受理登记表》等三组计 7 份补充证据，强化我方诉求证据。针对在二审法院组织的调查质证中，建材公司突然出具了 C 自治州及 A 市两级安监局的两份往来函，欲证明系我方建设电力线路导致其不能办理办证延期手续。我方及时优化诉讼策略，重点从该两份函是两份公函且内容不属实、行政许可程序违法、两份公函出具时间在一审开庭后判决前但一审阶段却未提供此证据等角度提出了质证意见。2017 年 6 月，二审法院以原判认定的基本事实不清为由，撤销原一审判决，发回重审。

在重审时，面对建材公司突然提供的A市安监局出具的因我方建设涉案线路压覆该公司故不准予其办理安全生产许可证延期的新证据，我方重新组织整理了11组计51个证据及答辩状，并对新证据申请进行用印时间司法鉴定，并获得对我方有利的鉴定结果。针对再审一审不利判决，在第二次上诉中，我方围绕相关观点条分缕析，提交了长达11页的上诉状，并提供补充与建材公司同期停电的其他家非煤矿山后续状态证据以及遵义法院有关行政诉讼终审判书等证据，促成法院最终向省安监局去函查证相关事宜，为我方胜诉奠定了基础。2018年12月，省高院下达《民事判决书》，驳回建材公司的全部诉请，最终实现了我方诉讼目的，有力维护了公司合法权益。

（三）密切沟通，争取各级法院支持

贵州电网公司多次在庭前庭后向各级法院进行专题汇报，特别是加强与终审法院的沟通，阐明事件的严重性以及对国有资产损失的危害性。通过以上细致周密的工作，克服行政干预、地方保护等不利外界因素，最终促成贵州省高院以《咨询函》形式，就安全生产许可证办理及延期等问题向贵州省安全生产监督管理局进行咨询并得到该局复函，确保证据链完成闭合，确保了该案件最终实现全面胜诉。

三、工作成效

本案虽为民事案件，但由于地方保护因素的不利影响，使得案情复杂多变，增大了应诉难度，历经3年，经过5次审理，胜诉结果来之不易。此次侵权案件的全面胜诉，既维护了法律的严肃性，也体现了法律的灵活性，同时最大限度地保护了国家、国有企业的合法权益不受侵害。该案的办理不仅具体体现了法律工作服务公司中心业务工作，更为今后全网电网建设压覆侵权纠纷及案件的管理、应诉提供了宝贵的经验和指导作用，意义重大。

四、经验启示

（一）周密研判，抓住关键

案件发生后，贵州电网公司高度重视，主要领导多次对案情进行研究，提出指导意见，并到相关单位就证据收集、核实等开展了协调工作，有力保障了案件目的的有效实现。

（二）上下联动，固化有利证据

在本案处理中公司各级法律管理部门构建了密切的上下联动机制，根据案情进展不定期研究应诉对策。除收集常规证据外，还根据案情变化不断拓展证据收集渠道，除收集直接证据以外，还主动到当地安监局官网收集到建材公司并未递交延期办理申请的证据，以及其他同期同类被关停企业现状、因矿区附近存在居民点安监部门被判撤销安全生产许可证的行政判决书等证据，为法院还原案件事实真相、依法判决提供了有力支撑。

（三）充分准备，沉着应诉

案件处理中，对方多次在庭审中提出新的证据，给应诉带来不利影响。为应对不利影响，我方根据案情进展情况以及证据收集进展情况不断调整、完善我方答辩状，依法提出司法鉴定等质证意见，庭审发挥得当，为该案件最终实现全面胜诉奠定了基础。

普法全覆盖，守法入人心，努力培育适应境外业务发展的法治文化

（云南国际公司）

一、背景

法律是治国之重器，法治是国家治理体系和治理能力的重要依托。党的十八届四中全会提出，坚持把全民普法和守法作为依法治国的长期基础性工作，深入开展法治宣传教育，引导全民自觉守法、遇事找法、解决问题靠法，把法治宣传教育摆在全面依法治国重要位置。习近平总书记在十九大报告中要求，加大全民普法力度，建设社会主义法治文化，树立宪法法律至上、法律面前人人平等的法治理念。党的十九届四中全会提出，各级党和国家机关以及领导干部要带头尊法学法守法用法，提高运用法治思维和法治方式深化改革、推动发展、化解矛盾、维护稳定、应对风险的能力。国务院国有资产监督管理委员会《关于全面推进法治央企建设意见》中将“进一步强化普法宣传教育，提高全员法治素养，充分调动职工的积极性和主动性，努力形成全员守法的良好氛围”作为法治央企建设的重要内容。

南方电网云南国际有限责任公司（简称云南国际公司）以落实法治央企建设要求及“七五”普法相关部署为重点，立足公司实际，突出发挥法治文化的价值引领和精神熏陶作用，按照“谁管理，谁普法，谁守法”要求，推动普法工作由注重普及法律知识向注重弘扬法治精神、培育法治信仰转变，努力培育适应境外业务发展的法治文化，有效推动法治建设、普法教育与中心工作有机融合。

二、工作举措

（一）抓好“关键少数”，发挥头雁效应

云南国际公司健全并落实党委中心组法治专题学习要求，持续开展法治建设“六个一”活动，开展领导干部上讲台，促进领导干部学法用法常态化。结合公司境外项目开展实际，组织领导班子成员对涉外法律和依法经营合规要点进行专题学习，不断提升领导干部法律素养。

（二）紧扣业务实际，开展全覆盖普法教育

一是围绕“七五”普法各项重点工作，研究制定云南国际公司《法治宣传教育第七个五年规划》及年度普法工作计划，按照每月一主题，并结合“12·4”国家宪法日等重大时间节点，通过微信普法专栏、普法手册、普法展板、普法动画短片、楼道视频播放、法律知识测试、技能竞赛等多种方式进行普法宣传，将法治建设、普法教育与中心工作有机融合。

二是结合公司员工常年在境外开拓业务的实际情况，公司强化阵地建设，依托微信等线上渠道，定期向公司领导及员工推送与公司国际业务相关的法律文章，开展“一带一路”投资项目的法律关注点、国际项目参与中的反腐败规定等普法宣传，既满足公司员工在境外的学习需求，又为他们工作需要实时查阅相关资料提供了便利。

三是建立完善员工学法制度，将法治教育纳入教育培训总体规划。2016年至今，公司累计开展18次法律知识培训，内容涵盖公司业务开拓所在国国别法律、国家安全系列法律法规、境外工程建设法律风险防范、海外并购业务法律知识介绍、宪法监察法专题等，积极弘扬“知法于心、守法于行”的法治理念。

（三）坚持文化引领，培育法治信仰

云南国际公司始终把法治文化建设放在普法工作突出重要的位置来抓，作为具体落实“依法治企”管理理念的具体举措。结合推进普法宣传教育、依法治企及合规经营的探索实践，以推进境外业务合规经营为重点，开展以“心有规　行天下”为主题的公司法治文化实践，大力培育企业法治文化，不断增强干部员工依法合规意识，着力培养和营造学法守法用法的良好习惯与文化氛围，为公司国际业务行稳致远、高质量发展提供坚强思想保障。

三、工作成效

（一）重大法律风险防控有效

云南国际公司将防范法律风险作为普法宣传教育重点，强化法治思维培育，以法治推动企业经营合规、管理规范，并树立了守法诚信的良好央企形象。成立至今，未发生一起法律纠纷案件。

（二）适应国际业务的法治文化初步形成

通过“心有规　行天下”为主题的公司法治文化实践，云南国际公司开展多种形式且聚焦境外业务风险防范的普法宣传活动，干部员工学法用法能力不断提高，法律意识显著增强，有力保障了公司各项工作特别是境外业务保持在规范化、法治化的轨道运行。公司制作的普法短片《保守国家秘密》获2018年能源行业“我与宪法”优秀微视频展播评选活动优秀奖。公司法务人员连续两年被中国南方电网公司评为年度优秀企业法律顾问。

四、经验启示

（一）健全机制，确保普法责任落实到位

普法工作成效好坏关键是普法责任落实是否到位。云南国际公司通过进一步健全完善党委领导、部门实施、员工参与的普法工作机制，强化普法责任落实，改变原来法律部门单一普法的被动局面，切实提高法治宣传教育工作的科学性、针对性和实效性，让法治宣传教育焕发出蓬勃生机与活力。

（二）突出精准普法，不断创新普法载体

云南国际公司重点提高普法精准度，着力构建线上（微信端）线下（宣传手册/法治讲座等）相结合的立体式普法网络，积极发挥互联网等新媒体优势开展普法，普法宣传效果良好。新时代，企业改革发展提出更多法律服务需求，“云大物移智”技术快速发展倒逼载体方式创新，普法工作必须坚持因时制宜、因地制宜，不断创新丰富普法形式与载体，将与业务有关的法律知识及生活中的法律常识寓教于乐，提升全员法律意识，打造公司特色普法品牌。

（三）聚焦文化建设，推动法治能力提升

作为文化建设重要组成部分的法治文化，是培养公民法治素养、提升全民法律水平、形成遵纪守法良好社会风气的重要载体。企业普法工作必须要充分发挥文化建设的导向功能、整合功能、凝聚功能，把加强法治文化建设、提升全员法治理念作为法治建设工作的基础，通过分层次组织领导干部和普通员工开展法治宣传教育活动，将法治文化与企业文化有机融合，营造全员学法守法用法的良好氛围，从而推动企业法治能力的显著提升。

精准普法适销对路，打造法治“能源智库”

（南网能源院）

一、背景

党的十八大以来，以习近平同志为核心的党中央面对新形势新任务，提出了建设中国特色新型智库的新理念新思想新战略。智库作为党和政府科学民主依法决策的重要支撑，是国家治理体系和治理能力现代化的重要内容。

2017 年 12 月，肩负建设“南网智库、行业智囊”使命的南方电网能源发展研究院有限责任公司（简称南网能源院）应运而生。成立伊始，各项工作处于起步探索阶段，为政府提供能源政策建议、为行业提供研究咨询、为中国南方电网公司提供共享服务的职责，急需培育法治思维、提升防范化解风险能力；高层次人才聚集的群体特征、以研究咨询为主的业务形态，也使法治工作区别于传统电网管制业务，构建符合南网能源院特色的法治工作体系迫在眉睫。三年来，南网能源院践行依法治企管理理念，以 2020 年初步具备南方区域一流能源智库特征为目标，聚焦智库业务形态差异，通过精准普法为全体干部员工提供适销对路的法律知识与服务，努力打造法治能源智库，为中国南方电网公司建设具有全球竞争力的世界一流企业提供坚强、合规的智力支撑。

二、工作举措

“十三五”期间，南网能源院根据业务实际，细分目标群体，丰富普法内容，创新普法载体，建立了重点普法、常态化普法与个性化普法相结合的精准普法机制，推动了普法教育活起来、落下去。

（一）紧抓业务重点与社会热点，突出普法实用化

一是认真剖析业务特性和存在的主要风险，将招投标领域（见图 4–16）、合同领域、知识产权领域和保密工作作为普法的重点。解读宣贯围标、串标的法律法规，通过法治专栏广泛开展《保密法纪律宣传教育知识五问答》《知识产权及其保护问答》《安全生产相关罪名解读》等法律知识宣传，坚持学用结合，为业务开展保驾护航。**二是**注重结合热点进行普法。抗击新冠肺炎疫情期间，先后 4 期开展《疫情防控中哪些行为涉嫌违纪违法犯罪》《广东省高级人民法院广东省人民检察院关于依法严厉打击新型冠状病毒感染的肺炎疫情防控期间刑事犯罪的通告》等法治宣传，创建《疫情防控法治同行》专刊，普法更加突出时效性。

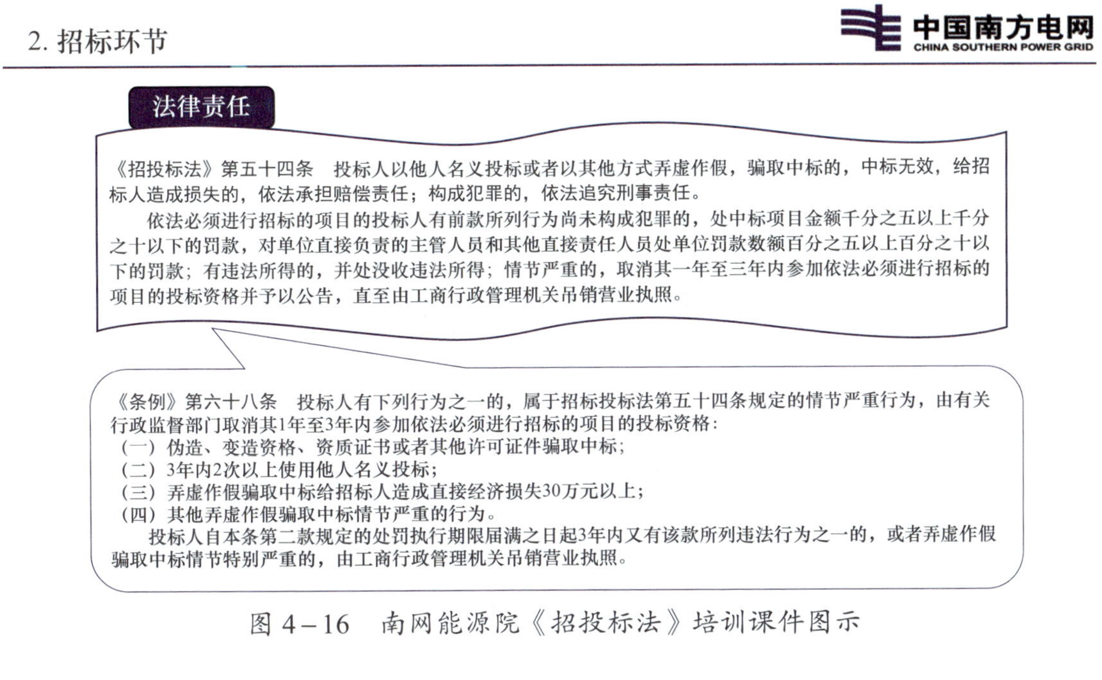

图 4–16　南网能源院《招投标法》培训课件图示

（二）建设普法阵地，坚持普法常态化

建设“一刊一屏一长廊”普法阵地，推动普法工作常态化，建设法治精神家园。**一是**在电子刊物《能源院 e 月刊》设“每月说法”专栏（见图 4–17），按月刊登《全面依法治国的这些知识你掌握了吗》《“七五”普法知识问答》《“定

金”与“订金”，法律上我们不一样》《〈中华人民共和国道路交通安全法〉最新修正法规中关于酒驾、醉驾的相关规定》《诉讼与仲裁的区别与选择》等普法短文，在干部员工中反响良好。**二是**通过自控电视宣传媒体，轮播《七十年法治回眸》《企业疫情防控法律知识十五问》《桃园三兄弟用上民法典》等热点焦点问题法律知识，让普法形式更生动。**三是**建设“法治长廊”，组合运用墙上宣传栏和地面展板（见图 4–18 和图 4–19），集中宣传《宪法与我们的一生》《习近平“典”明全面依法治国要义》《疫情防控期间员工行为依法合规“十不得”》等法治知识，形成浓厚法治氛围。

图 4–17 《能源院 e 月刊》法治专栏图示

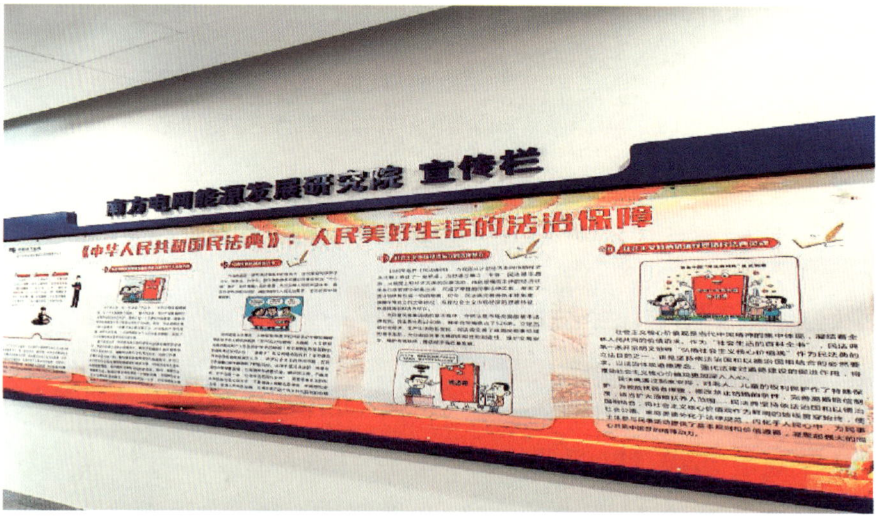

图 4–18 南网能源院普法宣传栏

图 4－19　南网能源院普法展板

（三）瞄准目标群体，彰显普法个性化

在重点普法和常态化普法的基础上，注重针对不同群体，开展个性化普法服务。**一是**健全党委理论学习中心组学法制度（见图 4－20），把宪法法律和党内法规列入中心组年度学习计划，倡导中心组成员上台讲法制课，通过领导干部带头学法，发挥“领头雁”的示范引领作用。**二是**在“3・8”国际妇女节来临之际，向全体女职工发放《女性法律维权手册》，教育引导女职工树立法律意识，切实维护女职工在企合法权益。**三是**举办招投标法律法规培训班，采购、

图 4－20　南网能源院党委理论学习中心组学法课件

合同办理及日常报销培训班，以“法条解析+案例解读+沙盘操练”的形式，提升重点岗位人员的合规履职能力。

（四）丰富普法载体，增强普法吸引力

一是通过南网工作群，向全体员工不定时推送普法公众号文章、法律网络课程和线上讲座信息，提供多种外部渠道拓宽视野、接收观点。**二是**推动普法工作与党建工作深度融合，将视频《新宪法的学习与解读》纳入党支部必学，组织党支部结合主题党日活动开展“纪律与我　与法同行”大讨论，以案说法、以案谈纪、以案论责，打出党内法规与国家法律宣传组合拳，把纪律和规矩挺在前面。**三是**发挥业务部门的合规管理第一道防线作用，推动普法工作下沉，指导企业管理研究所编制《招标风险防控操作指南》，并在各部所中心推广应用。**四是**组织参加各类普法活动，增强普法趣味性，先后参加了国家能源局普法创新实践征文、中国南方电网公司“我与宪法”主题演讲比赛、中国南方电网公司“法治路　跑起来”户外趣味竞赛（见图 4-21）、广州电力交易中心电力体制改革法律知识培训班等，扩展普法队伍及载体。

图 4-21　南网能源院组队参加中国南方电网公司“法治路　跑起来”户外趣味竞赛

三、工作成效

（一）培育了良好的法治意识和法治思维

南网能源院通过持之以恒开展普法宣传教育，尊法学法守法用法的观念得以树立，领导干部运用法治思维和法治方式开展工作、解决问题、推动发展的能力进一步提高，全体员工依法治企的责任感和使命感进一步增强，平日积极学法、时刻自觉守法、开展工作找法、解决问题靠法的行为习惯逐步养成，依法办事蔚然成风。2019 年，南网能源院服务满意度大于 92%，未发生安全生产事故事件和红线事项。

（二）提升了重大风险的防控能力

南网能源院始终坚持普法为中心工作服务，以生产经营管理中的法律合规风险事项为重点，着力构建关键领域、关键环节和关键岗位的法律合规风险防控体系，策划实施普法活动有的放矢、学思用相结合，推动法律合规风险关口前移，实现企业法治工作由事后解决向事前防守转变，普法实效性明显。成立至今，南网能源院未发生重大违规事件，重大法律风险得到有效防控。

（三）“能源智库”建设卓有成效

南网能源院成立以来，积极主动参与国家重大课题研究，2019 年完成了国家能源局“全国能源区域平衡方案研究”“水电中长期发展投资价格财税政策研究”“粤港澳大湾区能源创新发展研究”等 8 个重点课题，其中《新形势下能源高质量发展的目标、评价标准及实施路径研究》课题成果被国务院采纳并形成《推动能源高质量发展的实施意见》，以国务院国办发〔2019〕53 号文件印发；“水电中长期发展投资价格财税政策研究”成果以内参形式报送国务院最高决策层参考。同时还积极加强智库生态圈建设，成功入选中国智库索引（CTTI）来源智库，能源智库建设成效显著。

（四）推动了企业治理水平和治理能力现代化

南网能源院抓住关键少数，把法治工作打造成为“一把手工程”，以普法先行推动企业治理水平和治理能力现代化。党政主要负责人履行法治建设第一责任人职责，担任依法治企工作领导小组组长，定方向、定规划、定举措、抓落实。经过几年的法治实践，南网能源院党委会、董事会、经理层议事规则健全，清单式管理“三重一大”事项，各治理主体权责有效界定并依法履职，治理体系逐步完善，治理能力不断提升，法治固根本、稳预期、利长远的保障作用有效发挥。

四、经验启示

（一）普法要避免懒政现象，乐于主动服务

普法是法治工作的起点，是强化法治思维的重要方式。要充分认识普法的重要性，发挥工作的主动性，改变被动式普法模式，注重企业和员工普法需求的观察、收集、整理，综合分析合规管理、内部控制、监察审计、巡视巡察等发现问题，准确识别风险和缺陷，剖析其背后反映出的法治思维和法治能力的不足，然后有针对性地制定普法策略，主动输入，精准爆破，为企业“依法合规、行稳致远”打牢法治思想基础。

（二）普法要戒除形式主义，做到适销对路

不同群体对普法的需求各有差异，“一刀切”会让普法失效。要根据不同时期、不同地区、不同行业的特点，为不同对象量身定制“普法套餐”，个性化搭配普法的内容、形式和方法，精准回应群众需求，这样才能把最急需的法律知识送给最想要的人，真正使法律服务适销对路。

（三）普法要防止陷入平庸，鼓励开拓创新

新时代要有新作为，要出新招才会让普法“活起来”。南网能源院通过不断拓展普法宣传平台，探索独具特色的普法方式，以创新的理念使普法工作充满生机与活力，让群众耳目一新，推进普法教育深入人心。时代在进步，企业在发展，普法需求不断扩展变化，传播手段日新月异，受众需求日趋多样化，普法必须要准确把握法治时代脉搏，与时俱进创新形式和载体，深入融合企业改革发展、有效嵌入企业经营管理，有效吸引不同员工目光，通过不断开拓创新提升普法实效性，真正发挥法治价值和力量。

初心点亮普法“最南一站”，法治光耀自贸港建设热土

（海南电网公司）

一、背景

实现中华民族伟大复兴，离不开坚实的法治保障。以习近平同志为核心的党中央高瞻远瞩、谋篇布局依法治国新思想、新战略，开启了全面依法治国的新时代。2018 年，中央印发《关于支持海南全面深化改革开放的指导意见》，海南省即刻进入“全面依法治省”模式，在全国率先成立全面依法治省委员会，引领自贸区（港）建设快速扎实推进。作为关系国民经济命脉和国家能源安全的大型国有重点骨干企业，海南电网有限责任公司（简称海南电网公司）积极贯彻落实网公司工作部署，全面发力、多点突破、法治建设纵深推进，依法治企有序开展。

自贸领航，法治先行。海南电网公司在“十三五”期间秉持“法治是最好的营商环境”理念，持续挖掘本地特色，打造原创普法品牌，一方面提升视野和站位，围绕“描绘建设美好新海南的改革开放蓝图”和“打造海南自贸区（港）的南网靓丽形象窗口”的战略目标做好工作规划；另一方面下沉资源和力量，普惠基层和一线，将普法触角延伸至基层站所和千家万户，做到全覆盖、零死角，实现“律动天涯　法润万家”，为公司发展建设营造更加良好的法治文化环境。

责任在肩，唯有奋力担当；使命在心，定当百倍努力。五年来，公司已形成以“律动天涯”为总品牌，“V 说法”“椰律书院”等为主要二级普法名片的

品牌体系。公司所属海口、三亚、文昌等供电局分别推出了“电力普法先锋队”“普法电力微课堂”和“扬帆、起航”等具有本地特色的普法品牌。2018年“律动天涯”获评南方电网“十佳普法品牌”称号，公司获评省“七五”普法中期先进单位，海南电网有限责任公司琼海供电局获评南方电网“法治文化示范单位”，提升了普法原创品牌的影响力、覆盖面和美誉度。

二、工作举措

（一）拓展原创品牌影响，普法体系全面系统升级

围绕“律动天涯”的“春风暖天涯，自贸通天下，法治润琼岛，普法进万家”品牌内涵，五年来，公司组建和充实顾问服务团队、电力普法先锋队、送法进三沙工作队、青年志愿者服务队等普法团队，通过开展进三沙、进社区、进校园、进渔村、进乡村法律新“五进”活动，央企社会责任担当得到充分彰显。通过送法进乡村，走到田间地头，向槟榔、椰子、橡胶等热带农作物种植户提示人身触电风险，推动线路廊道清理。通过送法进校园，将依法用电、安全用电知识送到全省19个市县的小学课堂，累计向贫困偏远地区学校赠送普法动漫插页作业本等2万余本、凉扇1万余个、书包6百余个。通过送法进三沙，将普法触角延伸至祖国最南端的供电所，连续四年远赴永兴岛，联合当地小学、联建部队和渔民村开展“法治路 跑起来”等综合宣传活动。通过送法进社区，利用“12·4”宣传周、三月三等民族节庆时机，将宣传活动与提高客户体验相结合，向广大客户普及优质服务举措、电力法律法规，呼吁打击涉电犯罪，累计发放购物袋5万余只、宣传折页3万余份。通过走入社区街道、乡村站所、万户千家、海角天涯，公司用普法活动搭建与广大客户面对面心连心的沟通桥梁，活动得到海南日报、“法治海南”微信平台、省普治办《普法动态》、法制时报、地方电视台等新闻媒体的广泛报道，树立了良好的企业社会形象。

（二）组织特色普法活动，扎根热土演绎“椰树精神”

一是普法走到“最南一站”。作为祖国最南端的供电局，海南电网有限责任公司三沙供电局（简称三沙供电局）自 2013 年成立以来一直常态化组织开展普法宣传工作。三沙供电局员工克服了路途遥远、物资匮乏、工作艰苦的困难，在永兴岛上，三沙供电局与小学、渔村、机场和联建部队等单位亲如一家，每年组织开展综合普法活动都收获了“岛民”的充分参与和支持。除了组织局员工开展电力法律法规的日常学习，三沙供电局还自编自导拍摄了法治微电影《千里眼之殇》并协助公司拍摄了宪法宣传片，并积极参加网、省公司的各类普法宣传活动，是 2017 年“12·4”网公司“法治路　跑起来”活动的“最南一站”，三沙供电局的一线员工用自己的实际行动，生动书写了扎根基层、守卫海疆的普法故事。

二是践行央企社会责任。儿童是祖国的花朵，也是祖国的未来，为尽早培育学生群体的法治观念和依法、安全用电的意识，公司自 2017 年起将“送法进校园”纳入常态化开展的专题普法活动之一。“送法进校园”主要由各供电局联合属地学校组织开展，其中，小学生以法律启蒙教育为主，普及安全、依法用电等法律常识，启发学法用法的兴趣；中学生则重点宣讲《中华人民共和国电力法》《海南省电力设施保护条例》等法律法规，树立保护电力设施的法律意识和调动参与打击涉电犯罪的积极性。为提高互动和参与度，公司特别每年定制时尚可爱的印有普法微漫画的作业本作为宣传品发放，志愿者服务队设计了知识课堂、趣味竞赛、互动问答、模型展示等多样的活动形式，生动形象地介绍依法、安全用电常识等知识，强化了广大中小学生安全用电意识，有效降低了儿童触电事故的发生概率。平均每年公司向各所学校捐赠图书 1000 余册、体育用品 500 余副、科普笔记本 7000 余本、小凉扇 5000 余件、文具套装 800 余件，起到了很好的普法宣传效果。

三是防范化解法律风险。槟榔作为海南省的重要经济作物之一，在给广大农户带来丰厚经济收益的同时，也造成了巨大的安全隐患，近年来因采用不安全的器具采摘槟榔导致的触电事件频发，为此，在赴基层单位调研的基础上，公司研究印发了《关于防范和应对采摘槟榔触电纠纷案件的通知》，重点从加强普法宣传、触电法律风险防范和妥善处置触电纠纷案件等方面对各供电局予以指导，引导广大槟榔种植户规范采摘行为。通过统筹资源，公司为各供电局定制普法微动漫短视频，每年还统一发放宣传使用的普法环保购物袋，为防范社会人员触电事故的专项整治工作提供法律的专业支撑和指导。通过组织各供电局深入田间地头，走进百镇千村，结合安全生产月等节点开展“槟榔有价生命无价槟榔采摘谨防触电”的专题宣传，重点宣传《中华人民共和国电力法》《海南省电力建设与保护条例》和《电力设施保护条例》等法律法规，使采摘槟榔导致的触电事件得到了有效的遏制。

四是积极响应时代号召。海南省作为热门旅游胜地，常年吸引众多旅客前来观光旅游，自贸港的建设发展机遇也将吸引更多投资者到海南省。为此，海口、三亚供电局打造了电力普法先锋队，以“普法路上，我必先行”为理念，以青年志愿者为主体，充分发挥普法先锋作用，在繁华商业区、产业新区等地开展微信扫码、政策解读、传单发放等现场活动，宣传电网企业服务自贸港建设的惠民举措和优化办电流程等优质服务政策，为电网安全运行创建良好的外部环境。

（三）助力优化营商环境，普法搭建全新共建平台

2019 年“12 • 4”宪法宣传周期间，公司依托省普治办、省司法厅等行政主管部门资源，广泛邀请法律行业精英，成功举办海南省普治办“宪法进企业”暨公司首届“律动天涯”法治论坛活动，共有 100 余名嘉宾参与现场活动，知名律师、高校学者、律协会长分别做题为《关于海南自由贸易港法治建设目标与路径的几点思考》《自由贸易区（港）立法将给国有企业带来的机遇与挑战》《自贸区（港）建设下的法律服务新趋势》的主旨演讲。通过提高政治站位，拓宽国际视野，突破思维桎梏，思考法律服务面临的机遇与挑战，汲取各方智慧，共议法治之道，为共享研究和发展成果，形成良好共建格局奠定了坚实的基础，

用普法活动搭建了政企共商共议的新型交流平台，拓展了公司法治“朋友圈”资源，助力公司高质量发展，为公司投资兴业营造良好环境奠定了坚实基础，为构建更加法治化、国际化、便利化的营商环境贡献法治力量。活动进行全程网络直播，当天共有 1.32 万人收看了直播视频，被人民日报、腾讯新闻、南海网、法制时报和公司官方微博等媒体广泛报道。

三、工作成效

十三五期间，公司坚持以创新为引领法治宣传教育的第一动力，以弘扬法治精神、培育法治信仰、推动法治实践为主要任务，在网公司的正确领导、省普治办的亲切关怀下，公司普法工作受到社会各界赞誉，省司法厅多次对公司长期以来深入推动普法宣传培训教育工作表示肯定。

（一）扎实工作，普法成绩获肯定

2016 年 5 月，《中央宣传部、司法部、全国普法办公室关于表彰 2011—2015 年全国法治宣传教育先进集体和先进个人的决定》授予公司全国“六五”普法先进单位的荣誉称号。2019 年，公司获评海南省“七五”普法中期先进集体荣誉称号。

（二）与时俱进，普法作品结硕果

通过加强新媒体普法阵地建设，公司积极参与普法微电影、微动漫的创作活动，2017 年，成功组织承办网公司首届法治动漫微电影评选活动。2018 年 6 月 8 日，司法部、国家互联网信息办公室、全国普法办公室共同主办的第十四届全国法治动漫微电影作品征集展播活动评选结果出炉，公司选送的微电影作品《步步为营》从全国各地报送共计 5500 多件作品中脱颖而出，摘得三等奖。2018 年 12 月，海南电网公司共有 7 部普法微视频在全国能源行业“我与宪法”优秀微视频展播评选活动中分别获一、二、三等奖和优秀奖，彰显了海南电网公司扎实推动普法宣传工作的成效。

（三）深度融合，普法课程获好评

通过多年积淀，不断延伸拓展，公司持续打磨“普法精品课程”，每年均编制典型案例分析，涵盖高低压触电、市场营销、规划建设、财产损失、劳动争议等重要生产经营领域，还先后出品了《供电企业安全生产法法律工作指引》《供电侧改革法律风险防范研究》《供电企业日常业务法律指引》《电力企业招投标法律工作指引》《电力营销业务法律指引》《安全生产法 60 问释疑》等原创普法教材，该系列丛书为指导各单位办理案件，为一线工作人员快速查找工作规程提供了切实的参考和详实的学习资料，有效提升了广大员工的法治思维。五年来，坐落在天涯海角的“椰律书院”已储备丰富的培训师资、具备普法原创教材编撰能力，课程已实现与主营业务的深度融合，为服务公司经营生产起到强大的支撑保障。

四、经验启示

（一）聚焦关键群体，分层分类精准普法

通过主动靠近和融入，围绕领导干部、关键岗位、一线人员、新入企员工等重点群体定制个性化普法“套餐”，普法的重要性在潜移默化中受到关键群体的认同，越来越多的业务部门主动提出要在培训中纳入普法课程。

（二）塑造文化认同，挖掘调动主观能动

积极响应和坚决落实网公司打造“两全三重”普法格局要求，持续提升和丰富“律动天涯”普法品牌内涵，在普法周边产品的设计、开发、应用等环节考虑不同受众的审美倾向，加强品牌 Logo 的标识和传播，让广大员工更加熟知、切实受惠和真正喜爱公司的普法文化品牌。

（三）了解群众需求，普法服务塑造口碑

法律品牌的树立还体现在为职工办实事上，以法律诊所为依托，联合法律顾问采用电话接诊、上门问诊、普法巡诊的方式，为公司本部及所属各单位提供无偿法律援助咨询服务，深入基层单位累计举办各类培训讲座六十多期，接受电话咨询 5000 余次，接受现场咨询 200 余次，出具正式的法律意见书 300 余份，覆盖了全省 19 个各供电局和 8 家直属单位，提升了职工法律维权意识。

五年来，公司的普法工作在变化与发展中前行，通过打造和推广“律动天涯”法治文化品牌，塑造了公司全员法治文化认同。每一堂普法课程，每一次专题活动，每一篇以案释法，每一册普法书籍，对广大员工来说都是一次生动的普法教育。法治元素更多地在公司治理体系中凸显，法律意见更多地影响商业决策，法律人员逐渐从幕后走到台前，法治文化认同感得到增强，法治文化理念已从广大员工的思想共识转化为行动自觉，并凝聚成推进依法治国、建设美好新海南的强大能量。